HOBBES ET LE CORPS DE DIEU

« *IDEM ESSE* ENS & CORPUS »

DU MÊME AUTEUR

Hobbes et le désir des fous. Rationalité, prévision et politique, « Expériences et raisons », Paris, Presses de l'Université Paris-Sorbonne, septembre 2007, 549 pages.

Hobbes et l'histoire du salut. Ce que le Christ fait à Léviathan, « Expériences et raisons », Paris, Presses de l'Université Paris-Sorbonne, janvier 2008, 374 pages.

Édition :

Hobbes, Descartes et la métaphysique, Michel Fichant et Jean-Luc Marion (dir.), Dominique Weber (éd.), « Bibliothèque d'Histoire de la Philosophie », Paris, Vrin, 2005, 191 pages.

Traduction :

Thomas Hobbes, *Les Éléments de la loi naturelle et politique*, « Classiques de la philosophie », Paris, Librairie Générale Française, Le Livre de Poche, 2003, 388 pages.

BIBLIOTHÈQUE D'HISTOIRE DE LA PHILOSOPHIE

NOUVELLE SÉRIE

Fondateur : Henri GOUHIER — Directeur : Jean-François COURTINE

HOBBES ET LE CORPS DE DIEU

« *IDEM ESSE* ENS & CORPUS »

par

Dominique WEBER

PARIS

LIBRAIRIE PHILOSOPHIQUE J. VRIN

6, Place de la Sorbonne, V e

2009

Pour A.-G., G., J. et L.-E.

À Michel Fichant, Denis Kambouchner, Pierre-François Moreau et Jean Terrel, je veux dire, à nouveau, ma fidèle reconnaissance : qu'ils sachent que je ne sacrifie à aucun usage en leur exprimant ma gratitude.

Jean-François Courtine a bien voulu accueillir notre travail dans la prestigieuse collection « Bibliothèque d'Histoire de la Philosophie » : qu'il en soit remercié.

Imprimé en France

ISSN 0249-7980

ISBN 978-2-7116-2174-3

www.vrin.fr

TABLE DES ABRÉVIATIONS

Thomas Hobbes

Les références aux œuvres de Hobbes sont indiquées selon les règles suivantes : titre abrégé, en italiques pour les œuvres séparées, suivi de la partie (s'il y en a) en chiffres romains, du chapitre (s'il y en a) en chiffres romains, puis du paragraphe (s'il y en a) en chiffres arabes, enfin, de la page de l'édition de référence indiquée ci-dessous. Le *De Cive* est prioritairement cité dans sa version latine (1642 [1], 1647 [2]), le *Leviathan* dans sa version anglaise (1651) et le *De Corpore* dans sa version latine (1655 [1], 1668 [2]). Lorsqu'il est fait référence à un passage de la version anglaise du *De Cive* (1651), de la version latine du *Leviathan* (1668) ou de la version anglaise du *De Corpore* (1656), nous l'indiquons donc explicitement. Lorsqu'une traduction française existe, la page est indiquée après une barre oblique qui la sépare de la page de l'édition anglaise ou latine citée.

AB	*An Answer to a book published by Dr. Bramhall, late Bishop of Derry, called the* Catching of the Leviathan (texte rédigé vers 1667-1668, publié en 1682), EW, IV, p. 279-384 / trad. fr. Franck Lessay, *Œuvres*, Paris, Vrin, 1993, t. XI-1, p. 155-261.
Appendice	*Appendix ad Leviathan* (1668), OL, III, p. 511-569 / trad. fr. François Tricaud et Martine Pécharman, *Leviathan*, version latine, Œuvres, Paris, Vrin et Dalloz, 2004, t. VI-2, p. 499-555.
B	*Behemoth* (texte rédigé vers 1666-1668, publié à Londres, contre l'avis de Hobbes, en 1679, sous la forme de trois éditions non autorisées et inexactes), EW, VI, p. 161-418 / trad. fr. Luc Borot, *Œuvres*, Paris, Vrin, 1990, t. IX, 299 p.
Corr.	*The Correspondence of Thomas Hobbes*, Noel Malcolm (éd.), Oxford, Clarendon Press, 1994, 2 vol., LXXVI-1008 p.
D	*A Dialogue between a Philosopher and a Student of the Common Laws of England* (texte rédigé en 1664, publié pour la première fois de façon posthume en 1681 à Londres chez William Crooke), dans *Writings on Common Law and Hereditary Right*, Alan Cromartie et Quentin Skinner (éd.), Oxford, Clarendon Press, 2005, LXXI-

192 p. / EW, VI, p. 1-160 / trad. fr. Lucien et Paulette Carrive, *Œuvres*, Paris, Vrin, 1990, t. X, 221 p.

DCi — *De Cive* (1642[1], 1647[2]) : *The Latin version entitled in the first edition Elementorum philosophiae sectio tertia De Cive and in later editions Elementa philosophica De Cive*, Howard Warrender (éd.), Oxford, Clarendon Press, 1983, XIV-336 p.
De Cive (1651) : *The English version entitled in the first edition Philosophical rudiments concerning government and society*, Howard Warrender (éd.), Oxford, Clarendon Press, 1983, XIV-299 p.

DCo — *De Corpore*, version latine (1655[1], 1668[2]), Karl Schuhmann et Martine Pécharman (éd.), Paris, Vrin, 1999, CV-417 p. / *Concerning Body*, version anglaise (1656), EW, I, XVI-532 p.

DHo — *De Homine* (Londres, Andrew Crooke, 1658), OL, II, p. II-132.

DM — *De motu, loco et tempore* ou *Critique du* De Mundo *de Thomas White* (fin 1642-mi-1643), Jean Jacquot et Harold Whitmore Jones (éd.), Paris, Vrin-CNRS, 1973, 546 p.

DP — *Decameron physiologicum : or, Ten dialogues of natural philosophy. To which is added The proportion of a straight line to half the arc of a quadrant* (Londres, William Crooke, 1677, daté de 1678), EW, VII, p. 69-180.

DPNA — *Dialogus physicus, sive De natura aeris, conjectura sumpta ab experimentis nuper Londini habitis in Collegio Greshamensi. Item de duplicatione cubi* (Londres, Andrew Crooke, 1661), OL, IV, p. 233-296.

EE — *Examinatio et Emendatio Mathematicae Hodiernae. Qualis explicatur in libris Johannis Wallisii Geometriae Professoris Saviliani in Academia Oxoniensi. Distributa in sex Dialogos* (Londres, Andrew Crooke, 1660), OL, IV, p. 1-232.

EL — *The Elements of law natural and politic* (texte rédigé vers 1639-1640, publié en 1650 sans l'autorisation de Hobbes sous la forme de deux traités séparés), Ferdinand Tönnies (éd.), Londres, Simpkin, Marshall & Co., 1889, réimpression Londres, Frank Cass & Co., 1969, XXI-226 p.

EW — *The English Works of Thomas Hobbes of Malmesbury*, Sir William Molesworth (éd.), Londres, John Bohn, 1839-1845, 10 vol. + 1 vol. d'index et de tables / réimpression Aalen, Scientia Verlag, 1966.

FD — *A Minute or First Draught of the Optiques in Two Parts. The First of Illumination. The second on Vision* (British Library, Ms. Harleian 3360) (1645-1646), Elaine C. Stroud (éd.), University Microfilms International, 1983.

G — « The Answer to Sir William Davenant's Preface » (texte rédigé en 1650, publié en 1651), EW, IV, p. 441-458 / trad. fr. Franck Lessay, *Œuvres*, Paris, Vrin, 1993, t. XII-1, p. 173-186.

H — *Homer's Odysses* (Londres, William Crooke, 1673-1674), et *Homer's Iliads, in English. To which may be added Homer's Odysses. Englished by the same author* (Londres, William Crooke, 1676), respectivement EW, X, p. 305-536 et EW, X, p. XIII-301 / trad. fr. Franck Lessay, *Œuvres*, Paris, Vrin, 1993, t. XII-1, p. 195-204 (pour la Préface de Hobbes).

HE — *Historia Ecclesiastica Carmine Elegiaco Concinnata* (texte rédigé dans les années 1660, publié pour la première fois de façon posthume en 1688 à Londres chez Augustae Trinobantum, 103 p.), OL, V, p. 341-408.

HNH — *A Historical Narration Concerning Heresy, and the Punishment thereof* (texte rédigé vers 1666, publié pour la première fois de façon posthume en 1680 à Londres), EW, IV, p. 385-408 / trad. fr. Franck Lessay, *Œuvres*, Paris, Vrin, 1993, t. XII-1, p. 15-55.

HS — *Horae Subsecivae. Observations and Discourses* (1620) : Thomas Hobbes, *Three Discourses. A Critical Modern Edition of Newly Identified Work of the Young Hobbes*, Noel B. Reynolds et Arlene W. Saxonhouse (éd.), Chicago, The University of Chicago Press, 1995, IX-181 p.

LH — *The Law of Heresy* (Chatsworth, Hardwick Ms. 145, n° 18, manuscrit écrit de la main de James Wheldon), Samuel I. Mintz (éd.), « Hobbes and the Law of Heresy : A new manuscript », *Journal of the History of Ideas*, vol. 29, 1969, p. 409-414, et « Hobbes and the Law of Heresy : A new manuscript », dans Reinhart Koselleck et Roman Schnur (éd.), *Hobbes-Forschungen*, Berlin, Duncker & Humblot, 1969, p. 53-60 / trad. fr. Franck Lessay, *Œuvres*, Paris, Vrin, 1993, t. XII-1, p. 65-71.

Lev. — *Leviathan*, version anglaise (1651) : Crawford Brough Macpherson (éd.), Harmondsworth, Pelican Books, 1968, 729 p. / trad. fr. François Tricaud, Paris, Sirey, 1971, XXXVI-780 p. ; *Leviathan*, version latine (1668) : OL, III, VIII-569 p. (+ index) / trad. fr. François Tricaud et Martine Pécharman, *Œuvres*, Paris, Vrin et Dalloz, 2004, t. VI-2, XXXV-559 p.

LM — *Lux Mathematica Excussa Collisionibus Johannis Wallisii Theol. Doctoris, Geometriae in celeberrima Academia Oxoniensi Professoris Publici, et Thomae Hobbesii Malmsburiensis. Multis & fulgentissimis aucta radiis Authore R.R. [= Roseti Repertor]. Adjuncta est Censura Doctrinae Wallisianae de Libra, una cum Roseto Hobbesii* (Londres, William Crooke, 1672), OL, V, p. 89-150.

LN — *Of libertie and necessitie. A treatise, wherein all controversie concerning predestination, election, free-will, grace, merits, reprobation, &c. is fully decided and cleared, in answer to a treatise written by the Bishop of London-derry, on the same subject* (texte rédigé en 1645, publié en 1654 sans l'autorisation de Hobbes), EW, IV, p. 229-278 / trad. fr. Franck Lessay, *Œuvres*, Paris, Vrin, 1993, t. XI-1, p. 55-118.

LRRM — *Mr Hobbs Considered in his Loyalty, Religion, Reputation, and Manners. By Way of a Letter to Dr Wallis* (Londres, Andrew Crooke, 1662), EW, IV, p. 409-440 / trad. fr. Franck Lessay, *Œuvres*, Paris, Vrin, 1993, t. XII-1, p. 89-114.

NLW — « Manuscrit d'Aberystwyth » : Aberystwyth, National Library of Wales, Ms. 5297 (ca. 1653). Texte reproduit par Mario M. Rossi, *Alle fonti del deismo e del materialismo moderno*, Florence, La Nuova Italia, 1943, p. 104-119, ainsi que dans Thomas Hobbes, *Critique du* De Mundo *de Thomas White*, Jean Jacquot et Harold Whitmore Jones (éd.), Paris, Vrin-CNRS, 1973, Appendice II, p. 448-460.

OL — *Thomae Hobbes Malmesburiensis Opera philosophica quae latine scripsit omnia in unum corpus nunc primum collecta*, Sir William Molesworth (éd.), Londres, John Bohn, 1839-1845, 5 vol. / réimpression Aalen, Scientia Verlag, 1966.

PP — *Problemata physica. De gravitate Cap. I; De aestibus marinis Cap. II; De vacuo Cap. III; De calore & luce Cap. IV; De duro & molli Cap. V; De pluvia, vento aliisque coeli varietatibus Cap. VI; De motuum speciebus Cap. VII. Adjunctae sunt etiam propositiones duae de duplicatione cubi, & dimensione circuli* (Londres, Andrew Crooke, 1662), OL, IV, p. 297-384.

PPG — *Principia et Problemata aliquot geometrica antè desperata, nunc breviter explicata & demonstrata* (Londres, William Crooke, 1673), OL, V, p. 151-214.

PRG — *De Principiis & Ratiocinatione Geometrarum. Ubi ostenditur incertitudinem falsitatemque non minorem inesse scriptis eorum, quam scriptis Physicorum & Ethicorum. Contra fastum Professorum Geometriae* (Londres, Andrew Crooke, 1666), OL, IV, p. 385-484.

QLNC — *The Questions concerning liberty, necessity, and chance. Clearly stated and debated between Dr. Bramhall Bishop of Derry and Thomas Hobbs of Malmesbury* (Londres, Andrew Crooke, 1656), EW, V, p. 1-455 / trad. fr. Luc Foisneau et Florence Perronin, *Œuvres*, Paris, Vrin, 1999, t. XI-2, 456 p.

RG — *Rosetum Geometricum. Sive propositiones aliquot Frustra antehac tentatae. Cum Censura brevi Doctrinae Wallisianae de Motu* (Londres, William Crooke, 1671), OL, V, p. 1-88.

SL — *Six Lessons to the professors of the mathematiques, one of geometry, the other of astronomy: In the chaires set up by the noble and learned Sir Henrey Savile, in the University of Oxford* (Londres, Andrew Crooke, 1656), EW, VII, p. 181-356.

SPP *Seven philosophical problems and two propositions of geometry by Thomas Hobbes of Malmesbury, with an apology for himself and his writings. Dedicated to the King in the year 1662* (1662), EW, VII, p. 1-68.

ST *A Short tract on first principles* (1630), éd. et trad. fr. Jean Bernhardt, Paris, P.U.F., 1988, 285 p.

ΣΤΙΓΜΑΙ *ΣΤΙΓΜΑΙ, 'Αγεωμετρίας, 'Αγροικίας, 'Αντιπολιτείας, 'Αμαθείας; or, Markes of the Absurd Geometry, Rural Language, Scottish Church-Politicks, And Barbarismes of John Wallis Professor of Geometry and Doctor of Divinity* (Londres, Andrew Crooke, 1657), EW, VII, p. 357-400.

T *Eight Bookes of the Peloponnesian Warre Written by Thucydides the sonne of Olorus. Interpreted with Faith and Diligence Immediately out of the Greeke By Thomas Hobbes Secretary to y*[e] *late Earle of Devonshire* (Londres, Henry Seile, 1629), EW, VIII, p. XXXII-518, et EW, IX, p. 1-486 / trad. fr. Franck Lessay, *Œuvres*, Paris, Vrin, 1993, t. XII-1, p. 131-161 (pour la Préface de Hobbes).

Three Papers *Three Papers Presented to the Royal Society Against Dr. Wallis, Together with Considerations on Dr. Wallis his Answer to them* (Londres, 1671), EW, VII, p. 429-448.

TOI *Tractatus de refractione* ou *Tractatus opticus I* (1644), OL, V, p. 215-248.

TOII *Tractatus opticus II* (British Library, Ms. Harleian 6796, fol. 193-266) (1644-1645), Franco Alessio (éd.), *Rivista critica di storia della filosofia*, t. XVIII, n° 2, 1963, p. 147-228.

VI *Thomae Hobbes Malmesburiensis Vita, Authore Seipso* (autobiographie en prose, 1655 ?, 1679 ?), OL, I, p. XIII-XXI.

VII *Thomae Hobbes Malmesburiensis Vita Carmine Expressa, Authore Seipso* (autobiographie en vers rédigée en 1673, publiée pour la pemière fois par Richard Blackbourne en 1679), OL, I, p. LXXXI-XCIX.

IIIae Objectiones *Objectiones (tertiae) ad Cartesii Meditationes de prima philosophia* (1641), OL, V, p. 249-274 / *Œuvres de Descartes*, Charles Adam et Paul Tannery (éd.), révisée par Bernard Rochot et Pierre Costabel, Paris, Vrin-CNRS, rééd. 1996, t. VII, p. 171-196 et t. IX-1, p. 133-152.

Une remarque sur la chronologie s'impose, en particulier pour tous les textes qui sont extraits des correspondances. Il faut rappeler que le calendrier julien (ou vieux style) est au XVIIe siècle en retard de dix jours sur le calendrier grégorien (ou nouveau style) qui fut adopté dans les pays catholiques à partir du 10 [/20] décembre 1582. Il faut aussi ajouter que l'année commençait en Angleterre le 25 mars, équivalant en nouveau style au 4 avril.

Autres auteurs

SAINT ANSELME DE CANTORBÉRY :

OC *Œuvres complètes de saint Anselme de Cantorbéry*, Michel Corbin s.j. (éd.), Paris, Cerf, 1986-.

SAINT AUGUSTIN :

BA *Œuvres de Saint Augustin*, Bibliothèque Augustinienne, Paris, Desclée de Brouwer, 1949-.

RICHARD BAXTER :

PW *The Practical Works of Richard Baxter*, Londres, George Virtue, 1838, 4 vol. ; rééd., Morgan, Soli Deo Gloria Publications, 1989-2000.

SAINT BONAVENTURE :

OO *Doctoris Seraphici S. Bonaventurae... Opera omnia*, Ad Claras Aquas (Quaracchi), Ex typographia Collegii S. Bonaventurae, 1882-1902, 10 vol. + 1 vol. d'indices.

ROBERT BOYLE :

W *The Works of Robert Boyle*, Michael Hunter et Edward B. Davis (éd.), Londres, Pickering & Chatto, 1999, 14 vol. + 6 vol. de correspondance.

THOMAS BROWNE :

W *The Works of Sir Thomas Browne*, Geoffrey Keynes (éd.), Londres, Faber & Gwyer Ltd., 1928, 6 vol.

JOHN BUNYAN :

W *The Works of John Bunyan*, Lafayette, Sovereign Grace Publishers, 2000, 4 t. en 3 vol.

ROBERT BURTON :

The Anatomy of Melancholy

The Anatomy of Melancholy (1621[1]), Holbrook Jackson et William H. Gass (éd.), New York, New York Review Book, 2001, XXX-523-312-547 p. / *Anatomie de la mélancolie*, trad. fr. Bernard Hoepffner et Catherine Goffaux, Paris, José Corti, 2000, 3 vol.

JEAN CALVIN :

IRC *Institution de la religion chrétienne* (Bâle, Platter et Lasius, 1536; éd. de 1560), Marne-la-Vallée et Aix-en-Provence, Farel et Kerygma, 1995, 3 vol. (= OO, t. 3 et t. 4).

OO *Joannis Calvini opera quae supersunt omnia*, Jean Guillaume Baum, Eduard Cunitz, Eduard Reuss *et alii* (éd.), Brunswick et Berlin, C. A. Schwetschke, 1863-1900, 59 tomes en 58 vol. [= « Corpus reformatorum », vol. XXIX-LXXXVII].

STEPHEN CHARNOCK :

EAG *The existence and attributes of God*, Grand Rapids, Baker Books, 1996, 2 t. en 1 vol., IV-606-543 p.

W *The complete works of Stephen Charnock, B.D.*, Rev. James M'Cosh (éd.), Édimbourg, James Nichol, 1864-1866, 5 vol. ; rééd., Édimbourg, The Banner of Truth Trust, 1985 ; Lafayette, Sovereign Grace Publishers, 2001.

RENÉ DESCARTES :

AT *Œuvres de Descartes*, Charles Adam et Paul Tannery (éd.), révisée par Bernard Rochot et Pierre Costabel, Paris, Vrin-CNRS, rééd. 1996, 13 vol. en 11 t.

JEAN DUNS SCOT :

OO *Joannis Duns Scoti Opera Omnia, studio et cura commissionis scotisticae ad fidem codicum editat*, P. Carol Balič (éd.), Civitas Vaticana, Typis Polyglottis Vaticanis, 1950-.

MARTIN HEIDEGGER :

GA *Gesamtausgabe*, Francfort-sur-le-Main, Vittorio Klostermann, 1975-.

IMMANUEL KANT :

Ak. *Kants gesammelte Schriften*, herausgegeben von der Königlich Preussischen Akademie der Wissenschaften zu Berlin, Berlin, Walter de Gruyter, 1902, 26 vol.

Pl. *Œuvres philosophiques*, Ferdinand Alquié (éd.), « Bibliothèque de la Pléiade » Paris, Gallimard, 1980-1986, 3 vol.

GOTTFRIED WILHELM LEIBNIZ :

A *Sämtliche Schriften und Briefe*, herausgegeben von der Preussischen (maintenant Deutschen) Akademie der Wissenschaften zu Berlin, Darmstadt, 1923-, Leipzig, 1938, Berlin, 1950– (en cours de publication).

F *Discours de métaphysique suivi de Monadologie et autres textes*, Michel Fichant (éd.), Paris, Gallimard, 2004, 563 p.

G *Textes inédits d'après les manuscrits de la Bibliothèque provinciale de Hanovre*, Gaston Grua (éd.), Paris, P.U.F., 1948, 2 vol., VIII-936 p.

GP *Die philosophischen Schriften von Gottfried Wilhelm Leibniz*, Carl Immanuel Gerhardt (éd.), Berlin, Weidmannsche Buchhandlung, 1875-1890, 7 vol. ; réimpression, Hildesheim, Georg Olms, 1960-1961.

MARTIN LUTHER :

WA *D. Martin Luthers Werke. Kritische Gesammtausgabe*, Weimar, H. Böhlau, 1883-1928 ; réimpression, Graz, H. Böhlau, 1963-1968.

PHILIPP MELANCHTHON :

OO *Philippi Melanthonis opera quae supersunt omnia*, Carl Gottlieb Bretschneider et Heinrich Ernst Bindseil (éd.), Halle, C. A. Schwetschke, 1834-1852, Brunswick, 1853-1860, 28 vol. [= « Corpus reformatorum », vol. I-XXVIII].

JOHN MILTON :

CPW *Complete prose works of John Milton*, Don Marion Wolfe (éd.), New Haven, Yale University Press, 1953-1982, 8 t. en 9 vol.

WILLIAM PERKINS :

W *The Workes of that famous and worthy Minister of Christ, in the Universitie of Cambridge M. William Perkins*, Londres, Printed by John Legatt, 1613, 3 vol.

LES STOÏCIENS :

LS Anthony A. Long et David N. Sedley (éd.), *Les Philosophies hellénistiques*, trad. fr. Jacques Brunschwig et Pierre Pellegrin, Paris, GF-Flammarion, t. II, *Les Stoïciens*, 2001, 570 p.

SVF *Stoicorum Veterum Fragmenta*, Hans von Arnim (éd.), Leipzig, B. G. Teubner, 1903-1924, 3 vol. + 1 vol. d'index.

FRANCISCO SUÁREZ :

OO *Opera Omnia*, Charles Berton (éd.), Paris, L. Vivès, 1856-1877, 29 vol.

SAINT THOMAS D'AQUIN :

ScG *Somme contre les Gentils*, trad. fr. Vincent Aubin, Cyrille Michon et Denis Moreau, Paris, GF-Flammarion, 1999, 4 vol.

ST *Somme Théologique*, édition collective, Paris, Tournai et Rome, Desclée & Cie, Éditions de la Revue des Jeunes, 1925-, 68 vol.

HULDRYCH ZWINGLI :

OC *Opera completa*, Melchior Schuler et Johannes Schulthess (éd.), Turici, 1829-1842, 8 t. en 10 vol.

Autres abréviations

DTC *Dictionnaire de théologie catholique, contenant l'exposé des doctrines de la théologie catholique, leurs preuves et leur histoire*, Paris, Letouzey et Ané, 1903-1950, t. I à XV ; 1951-1972, tables générales.

HDE Heinrich Denzinger (éd.), *Enchiridion symbolorum, definitionum et declarationum de rebus fidei et morum* (1854 [1], 1997 [38]), Paris, Cerf, 2001, LI-1283 p.

OED *The Oxford English Dictionary*, Oxford, Clarendon Press, 1989, 20 vol.

PG Jacques-Paul Migne (éd.), *Patrologiae cursus completus, Series Graeca*, Paris, Garnier, 1857-1866, 166 vol.

PL Jacques-Paul Migne (éd.), *Patrologiae cursus completus, Series Latina*, Paris, Garnier, 1844-1855, 217 vol. + 1862-1864, 4 vol. d'index (= vol. 218-221).

SC Coll. « Sources chrétiennes », Paris, Cerf.

INTRODUCTION

Dans *Herrlichkeit : eine theologische Ästhetik*, Hans Urs von Balthasar consacre quelques pages à la philosophie de Thomas Hobbes. Commentant la doctrine hobbesienne de la religion, l'auteur écrit :

> Pour la religion, la Révélation et la théologie – en dehors de tout rapport avec la philosophie stricte qui ne sait rien de Dieu – la place est libre dans un espace vide [1].

Et si la philosophie, telle que Hobbes la pense, « ne sait rien de Dieu », c'est qu'elle n'aurait fondamentalement que « deux thèmes », « le corps et l'État », et qu'« une seule méthode », « maîtriser une matière sous une forme imposée » [2]. S'agissant du corps, la matière à maîtriser est un « substrat matériel » conçu « par hypothèse comme purement mécanique et atomistique », les « impressions sensibles » qui s'en dégagent étant mises en forme par un savoir, purement nominal, qui « doit être puissance et par conséquent doit calculer ». S'agissant de l'État, la matière à maîtriser est le « chaos de la personne », chaos issu de « la *cupiditas* égoïste de l'individu vers la puissance et l'instinct naturel d'éviter la mort violente » ; c'est la puissance absolue de l'État qui seule peut dompter un tel chaos ; l'exige « la nécessité pour tous d'échapper à la guerre de tous contre tous » [3].

1. Hans Urs von Balthasar, *Herrlichkeit : eine theologische Ästhetik*, Einsiedeln, Johannes Verlag, 1965, t. III-1 (*Im Raum der Metaphysik*), vol. 2 (*Neuzeit*), p. 635 : « *Für Religion, Offenbarung, Theologie wird – außerhalb jedes Zusammenhangs mit strenger Philosophie, die von Gott nichts weiß – in einem leeren Raum ein Platz offengelassen* ». Sur l'histoire de la « métaphysique » selon Hans Urs von Balthasar, voir désormais Vincent Carraud, « *La Gloire et la Croix* et l'histoire de la métaphysique », *Communio*, vol. XXX, n° 2, mars-avril 2005, p. 51-64.

2. *Ibid.*, p. 634 : « *Zwei Themen hat die Philosophie : den Körper und den Staat, nur eine Methode aber : Bewältigung unter eine aufgedrungene Form* ».

3. *Ibid.*, p. 634-635.

Au regard de cette saisie synthétique de la philosophie de Hobbes, notre question est la suivante : s'il est vrai que la philosophie de Hobbes ne semble bien avoir que « deux thèmes », le corps et l'État, est-il pourtant certain qu'alors elle ne saurait rien et même ne pourrait ni ne devrait rien savoir de Dieu ? Pour « la religion, la Révélation et la théologie », la « place » est-elle, dans la pensée de Hobbes, vraiment « libre », parce que le penseur anglais aurait « vidé » complètement et définitivement l'« espace » dans lequel elles pouvaient philosophiquement se situer ? Or, il se pourrait bien que cet « espace » soit en réalité rempli par un énoncé très précis de Hobbes : celui qui affirme la corporéité de Dieu. On le trouve tardivement mais publiquement soutenu dans le *Leviathan* latin, en 1668 donc : « *Affirmat quidem Deum esse corpus* », fait dire en effet Hobbes au personnage qui le représente dans l'Appendice III[1]. On peut aussi le lire dans *An Answer to a book published by Dr. Bramhall, late Bishop of Derry, called the* Catching of the Leviathan, texte rédigé vers 1667-1668 mais qui ne fut publié qu'en 1682[2] : Dieu, écrit Hobbes, est un « esprit infiniment fin » (*an infinitely fine Spirit*), un « esprit corporel, mais pur » (*a corporeal, but yet a pure spirit*)[3].

Cet énoncé est, de tous ceux que le philosophe anglais a élaborés, parmi les plus polémiques. Le tollé fut immense pour les contemporains de Hobbes. Si les critiques d'un John Bramhall ou d'un Thomas Tenison, par exemple, ont assurément porté sur l'architecture complète du système philosophique de Thomas Hobbes et, en ce sens, ont dépassé de loin la seule critique de cet énoncé, aussi bien l'Évêque de Derry[4] que l'Archevêque de Cantorbéry[5] ont cependant accordé tous deux une très grande attention à la logique de l'énoncé en question et à ses conséquences estimées véritablement désastreuses : faire de Dieu un corps, n'est-ce pas nier sa transcendance et le ravaler à l'ordre de l'étant commun ? Or, malgré une prise en

1. *Lev.*, Appendice III (OL, III, p. 561 / p. 547).

2. *AB* (EW, IV, p. 305-308 / p. 181-185).

3. *AB* (EW, IV, p. 310, puis p. 349 / p. 187, puis p. 228).

4. *The Catching of Leviathan, or The Great Whale* (1658), I, dans Graham Alan John Rogers (éd.), *Leviathan. Contemporary Responses to the Political Theory of Thomas Hobbes*, Bristol, Thoemmes Press, 1995, p. 120-121 (= *AB*, EW, IV, p. 301 / p. 176).

5. *The creed of Mr. Hobbes examined*; *in a feigned conference between him, and a student in divinity*, Londres, Printed for Francis Tyton, at the three Daggers *in* Fleet-street, 1670, Art. I (*Concerning the Existence, and incorporeal Nature of God*), p. 1-37. Pour Tenison, le premier article de la néfaste « *Hobbist's Creed* » est : « *I believe that God is Almighty matter* » (Art. I, éd. cit., p. 8). Rappelons que Tenison fut nommé Archevêque de Cantorbéry en 1695. Sur Tenison, voir Jon Parkin, *Taming the Leviathan. The Reception of the Political and Religious Ideas of Thomas Hobbes in England, 1640-1700*, Cambridge, Cambridge University Press, 2007, p. 260-270.

compte de plus en plus grande[1], la lecture de cet énoncé par de nombreux interprètes de la pensée de Hobbes, encore aujourd'hui, paraît souvent fort embarrassée, la position la plus commune consistant à affirmer qu'il s'agit là d'une « provocation » s'expliquant principalement – voire exclusivement – par les circonstances historiques (c'est-à-dire les polémiques et les conflits dans lesquels Hobbes s'est trouvé engagé, notamment dans les années 1660), et non d'une thèse centrale du système hobbesien, lequel pourrait très bien se développer en en faisant entièrement l'économie[2].

Or, l'étude attentive de la réception critique des thèses de Hobbes par ses contemporains – et ici les travaux de John Bowle et de Samuel I. Mintz s'avèrent toujours décisifs[3] – possède des mérites théoriques immenses, car elle nous invite, en nous permettant d'éviter le danger de nous égarer à souligner de fausses originalités ou de fausses innovations, à nous interroger sur une question très précise : comment se fait-il que des thèses de Hobbes perçues comme centrales dans son système par ses contemporains ne le soient plus pour les interprètes ultérieurs de la philosophie de Hobbes ? Les contemporains de Hobbes, du fait qu'ils ont été ses contemporains, n'ont certes pas fait nécessairement une meilleure lecture de la pensée du philosophe anglais que les interprètes ultérieurs. Et, relativement à la thèse de la corporéité de Dieu, les critiques des théologiens contem-

1. Voir Jean Terrel, *Hobbes : matérialisme et politique*, Paris, Vrin, 1994, p. 367 ; Jean-Luc Marion, *Questions cartésiennes II. Sur l'ego et sur Dieu*, Paris, P.U.F., 1996, VII, 10, p. 269-270 ; Agostino Lupoli, « "Fluidismo" e "Corporal Deity" nella filosofia naturale di Thomas Hobbes : a proposito dell'hobbesiano "Dio delle cause" », *Rivista di storia della filosofia*, vol. 54, n° 4, 1999, p. 573-609 ; Cees Leijenhorst, « Hobbes's corporeal Deity », dans Luc Foisneau et George Wright (éd.), *New critical perspectives on Hobbes's* Leviathan *upon the 350th anniversary of its publication*, Milan, Franco Angeli, 2004, p. 73-95 ; Pierre-François Moreau, *Problèmes du spinozisme*, Paris, Vrin, 2006, p. 55. Sur l'histoire de l'idée de corporéité de Dieu, avant et après Hobbes, voir Amos Funkenstein, *Théologie et imagination scientifique du Moyen Âge au XVIIe siècle* (1986), trad. fr. Jean-Pierre Rothschild, Paris, P.U.F., 1995, p. 25-132.

2. C'est en particulier la position défendue par Yves Charles Zarka, « Espace et représentation dans le *De Corpore* de Hobbes », *Recherches sur le XVIIe siècle*, Paris, Éditions du CNRS, n° 7, 1984, p. 174-176 ; *La Décision métaphysique de Hobbes. Conditions de la politique*, Paris, Vrin, 1987[1], 1999[2], p. 148-149.

3. John Bowle, *Hobbes and his Critics. A Study in Seventeenth Century Constitutionalism* (1951), Londres, Frank Cass & Co., 1969 ; Samuel I. Mintz, *The Hunting of Leviathan : Seventeenth-Century Reactions to the Materialism and Moral Philosophy of Thomas Hobbes*, Cambridge, Cambridge University Press, 1962. Signalons que les travaux de Peter Schröder permettent désormais de prolonger et de compléter les analyses de John Bowle et de Samuel I. Mintz, puisqu'ils font mieux comprendre la réception « continentale » et notamment allemande de la philosophie de Hobbes au XVIIe et au XVIIIe siècles : *Naturrecht und absolutistisches Staatrecht. Eine vergleichende Studie zu Thomas Hobbes und Christian Thomasius*, Berlin, Duncker & Humblot, 2001.

porains de Hobbes font surtout apparaître la position de la culture théologique dominante ; en ce sens, parce qu'elles ne proposent pas nécessairement de pensée nouvelle ou originale, elles présentent d'ailleurs cet intérêt précieux, voire inestimable, de nous renseigner sur une « majorité » : elles fixent ce que Hobbes récuse ou rend possible. Mais les critiques des théologiens contemporains soulignent également, lorsqu'elles font l'effort d'articuler leur réprobation à une analyse détaillée des arguments – ce qui est le cas chez John Bramhall comme chez Thomas Tenison –, quel est le centre de gravité réel de la pensée de Hobbes, dont on est alors en droit de se demander s'il est légitime, sinon de le nier, du moins de le minimiser ou de le renvoyer aux marges du système.

On pourrait être tenté de comprendre et de valider ce renvoi aux marges du système à la façon de Leo Strauss : si l'on a raison d'estimer que la doctrine de la corporéité divine ne joue aucun rôle théorique majeur dans la pensée de Hobbes, c'est parce qu'il convient de ne pas céder à la *logica equina*, cette complexion mentale typique selon Strauss des critiques du XXe siècle, qui leur fait croire que les philosophes disent toujours la vérité et qu'il faut donc les prendre toujours au pied de la lettre[1]. Et, dans son essai sur « La persécution et l'art d'écrire », Strauss fournit une liste assez longue de philosophes dont les ouvrages auraient été sujets à cette forme de censure, ou d'autocensure, qu'il considère comme propre aux époques de persécution : cette liste va d'Anaxagore jusqu'à Kant, en passant par Platon, Maïmonide[2], Grotius ou encore Descartes ; parmi ces noms, figure – bien sûr – celui de Hobbes[3].

Il n'entre pas dans nos intentions de discuter pour elles-mêmes la logique et les difficultés des préceptes de Leo Strauss concernant la lecture

1. *La Persécution et l'art d'écrire*, texte de 1941, trad. fr. Emmanuel Patard, dans *Leo Strauss : art d'écrire, politique, philosophie. Texte de 1941*, Laurent Jaffro, Benoît Frydman, Emmanuel Cattin et Alain Petit (éd.), Paris, Vrin, 2001, p. 22 ; texte de 1952, trad. fr. Olivier Berrichon-Sedeyn, Paris, Presses Pocket, 1989, p. 56. Voir aussi *La Persécution et l'art d'écrire*, texte de 1941, p. 30 : « Les vues de l'auteur d'une pièce de théâtre ou d'un dialogue ne doivent pas être identifiées sans preuve préalable avec les vues exprimées par un ou plusieurs de ses personnages, ou avec celles sur lesquelles s'accordent tous ses personnages ou ses personnages sympathiques. L'opinion réelle d'un auteur n'est pas nécessairement identique à celle qu'il exprime dans le plus grand nombre de passages » (= texte de 1952, p. 63).

2. C'est d'ailleurs peut-être la lecture de Maïmonide qui inspira à Strauss l'idée d'un ésotérisme des philosophes : en ce sens, voir les arguments développés par Rémi Brague, « Leo Strauss et les Médiévaux », dans *Leo Strauss : art d'écrire, politique, philosophie. Texte de 1941*, *op. cit.*, p. 124.

3. *La Persécution et l'art d'écrire*, texte de 1941, p. 32 ; texte de 1952, p. 66.

des ouvrages philosophiques[1]. Il importe toutefois de ne pas les caricaturer non plus. Strauss distingue deux formes et niveaux de compréhension d'un texte : l'interprétation proprement dite, c'est-à-dire la tentative de savoir ce que l'auteur « a dit et comment il a effectivement compris ce qu'il a dit, qu'il ait ou non exprimé explicitement cette compréhension », et l'explication, c'est-à-dire l'appréciation que nous faisons de la teneur en vérité du discours en question et la « tentative de connaître certaines implications de ses propos dont il n'avait pas conscience »[2]. On voit que l'interprétation proprement dite renvoie à la lecture intrinsèque du texte, lecture par laquelle il s'agit de comprendre la pensée d'un auteur telle qu'elle s'est comprise elle-même, alors que l'explication renvoie davantage à l'évaluation extrinsèque des idées du texte. Le niveau de l'interprétation représente ainsi le moment de l'établissement du sens du texte et constitue la condition préalable à toute appréhension de sa vérité[3]. Or, l'interprétation ainsi entendue doit elle-même être décomposée en plusieurs moments : elle est constituée en premier lieu par la compréhension d'un énoncé du point de vue de la signification explicite que lui accordait l'auteur, et, en second lieu seulement, par la compréhension de sa signification implicite. Il appartient ainsi au registre de l'interprétation de déchiffrer, de manière intrinsèque,

1. Voir la réponse de Strauss lui-même à certaines objections qui lui ont été faites : « Sur un art d'écrire oublié » (1954), dans Leo Strauss, *Qu'est-ce que la philosophie politique ?* (1959), trad. fr. Olivier Seyden, Paris, P.U.F., 1992, p. 213-223. La théorie straussienne concernant les rapports entre la persécution et l'art d'écrire a suscité de nombreux commentaires et de nombreuses critiques; on trouvera un état de la question dans *Leo Strauss : art d'écrire, politique, philosophie. Texte de 1941*, *op. cit.*, ainsi que dans le dossier « Écriture et persécution » de la *Revue philosophique de la France et de l'Étranger*, t. CXCV, n° 1, janvier-mars 2005, p. 3-60. Notons qu'un interprète comme Raymond Polin, tout en mettant en garde contre les dangers d'un recours systématique à une lecture entre les lignes, ne la rejette pas non plus purement et simplement : *Hobbes, Dieu et les hommes*, Paris, P.U.F., 1981, p. 9-10. Voir surtout, pour le cas de la philosophie de Hobbes, les critiques de la thèse straussienne développées par John Greville Agard Pocock, « Time, History and Eschatology in the Thought of Thomas Hobbes » (1970), dans *Politics, Language, and Time. Essays on Political Thought and History* (1971), Chicago, The University of Chicago Press, 1989, p. 162: « *Although esoteric reasons have been suggested why Hobbes should have written what he did not believe, the difficulty remains of imagining why a notoriously arrogant thinker, vehement in his dislike of "insignificant speech", should have written and afterwards defended sixteen chapters* [= les parties III et IV du *Leviathan*] *of what he held to be nonsense, and exposed them to the scrutiny of a public which did not consider this kind of thing nonsense at all* ».

2. « Comment étudier le *Traité théologico-politique* de Spinoza » (1948), dans Leo Strauss, *La Persécution et l'art d'écrire*, trad. fr. Olivier Berrichon-Sedeyn, Paris, Presses Pocket, 1989, p. 206.

3. *Ibid.*, p. 206 : « Il est évident que l'interprétation doit précéder l'explication. Si l'explication ne se fonde pas sur une interprétation convenable, elle sera l'explication, non pas du texte qu'il s'agit d'expliquer, mais d'une fiction de l'imagination de l'historien ».

l'explicite et l'implicite, et le premier avant le second, pour atteindre l'intention de l'auteur, c'est-à-dire pour juger si un propos déterminé est ironique ou mensonger[1]. C'est pourquoi la lecture entre les lignes constitue une sorte d'*extrema ratio*, que l'on se voit obligé de prendre en considération après avoir épuisé « toutes les possibilités raisonnables de comprendre un passage tel qu'il est »[2].

Mais à ce compte rien ne permet d'affirmer de façon véritablement probante que l'énoncé de Hobbes concernant la corporéité de Dieu serait à lire comme un énoncé ironique ou mensonger. S'il s'agit pour Hobbes de faire de l'ironie ou de mentir, pourquoi prendre le risque d'exposer explicitement et publiquement, qui plus est dans le cadre de la publication à Amsterdam en 1668 chez Johan Blaeu de ses *Opera philosophica, quae latinè scripsit omnia*[3], l'énoncé en question ? Et ce au moment où il vient de subir, à la suite de l'épidémie de peste de 1665 et du « Grand Incendie » (*Great Fire*) qui a détruit entre le 12 et le 16 septembre 1666 près des deux tiers de la Cité de Londres, une très violente attaque parlementaire visant à dénoncer et à réprimer ses positions théoriques et théologiques comme hérétiques et athées[4]. Que Hobbes offre en outre une version latine de sa doctrine de la corporéité de Dieu est un point majeur, car, avec les *Opera philosophica*, le *Leviathan* est désormais disponible dans la langue commune à tous les savants. Il faut même rappeler à cet égard que la meilleure traduction d'un ouvrage philosophique n'est pas toujours au XVIIe siècle celle qui se fait d'une langue vernaculaire dans une autre, mais,

1. *Ibid.*, p. 206 : « Il est pareillement évident que, dans l'interprétation, la compréhension de la signification explicite d'un énoncé doit précéder la compréhension de ce que l'auteur connaissait mais qu'il n'a pas dit explicitement : on ne peut pas se rendre compte, ou du moins on ne peut pas prouver, qu'un énoncé donné est un mensonge avant d'avoir compris l'énoncé en lui-même ».

2. *La Persécution et l'art d'écrire*, texte de 1952, p. 63 (= texte de 1941, p. 29-30).

3. *Thomae Hobbes Malmesburiensis Opera philosophica, quae latinè scripsit omnia. Antè quidem per partes, nunc autem, post cognitas omnium objectiones, conjunctim & accuratiùs edita*, Amsterdam, Johan Blaeu, 1668, in-4°. L'édition est divisée en trois parties : la première est formée par les trois sections des *Elementa Philosophiae* (*De Corpore*, *De Homine*, *De Cive*); la deuxième rassemble les *Opera physica et mathematica*; le *Leviathan* latin forme à lui seul toute la troisième partie ; son titre complet est *Leviathan, sive De materia, forma, & potestate civitatis ecclesiasticae et civilis*.

4. Voir le témoignage de John Aubrey (*BL*, p. 433) et les explications de Noel Malcolm (« General Introduction », *Corr.*, t. I, p. XXV; *Aspects of Hobbes*, Oxford, Clarendon Press, 2002, chap. 1, p. 23), de Karl Schuhmann (*Hobbes, une chronique. Cheminement de sa pensée et de sa vie*, Paris, Vrin, 1998, p. 195) ou de Franck Lessay (« Introduction à la *Réponse à un livre intitulé "La capture de Léviathan"* », *AB*, p. 123-125). Pour les premières tentatives (dès 1652) de condamnation par le Parlement du *Leviathan* comme hérétique, voir Samuel I. Mintz, *The Hunting of Leviathan*, *op. cit.*, p. 60-61.

le plus souvent, celle qui se fait par la médiation du latin : en composant son œuvre dans la langue commune à tous les savants, un philosophe l'assure en effet potentiellement d'une plus grande diffusion, puisqu'elle peut être traduite, à partir du latin, dans plusieurs langues étrangères; en ce sens, la traduction latine, si elle permet parfois de confiner un livre de philosophie à l'intérieur d'une sorte d'académie savante internationale[1], permet aussi d'en élargir l'audience à une vaste communauté de lecteurs. En 1668, s'exprimant en latin, étant parvenu à la maturité de sa pensée philosophique (le *Leviathan* est paru, l'ensemble des *Elementa Philosophiae* est aussi désormais publié), Hobbes prend la décision de produire une défense argumentée contre les accusations d'irréligion dont il est l'objet, en réduisant la foi chrétienne au strict respect de la formule canonique du concile de Nicée. Il n'y a là rien d'ironique ou de mensonger : Hobbes n'avance pas masqué. Du reste, l'anti-hobbesianisme a pris très au sérieux la version de 1668 des doctrines de Hobbes relatives au corps de Dieu, redoutant avec l'édition latine du *Leviathan* un risque d'universalisation d'une doctrine athée : Hobbes, écrit ainsi Tenison, « a fait connaître son *Leviathan* dans la langue latine, déclarant son désir (à la manière des personnes infectées) de répandre sa maladie à travers le monde »[2].

Mais, ici, un lecteur attentif des thèses de Leo Strauss ne manquera pas d'objecter que les quelques éléments qui viennent d'être avancés ne font en réalité que confirmer massivement les critères de lecture et d'interprétation énoncés dans l'essai sur « La persécution et l'art d'écrire » :

> S'il est vrai qu'il existe une corrélation nécessaire entre la persécution et le fait d'écrire entre les lignes, on dispose alors d'un critère dont la nécessité est négative : le livre considéré doit avoir été composé à une époque de persécution, c'est-à-dire en un temps où la loi ou la coutume imposait une orthodoxie politique. Voilà maintenant un critère positif : si un écrivain habile, possédant une conscience claire et une connaissance parfaite de l'opinion orthodoxe et de toutes ses ramifications, contredit subrepticement, et pour ainsi dire en passant, l'une des présuppositions ou des conséquences nécessaires de l'orthodoxie, qu'il admet explicitement et maintient partout ailleurs, nous pouvons raisonnablement soupçonner qu'il s'opposait au système orthodoxe en tant que tel, et nous devons

1. Le fait pour un livre rédigé en latin de ne pas être traduit dans une langue vernaculaire autorise parfois des hardiesses qu'un auteur, autrement, ne se permettrait pas. On se rappelle que Spinoza a interdit la traduction du *Tractatus theologico-politicus* de son vivant.

2. Thomas Tenison, *The creed of Mr. Hobbes examined*, *op. cit.*, « The Epistle Dedicatory », s. p. [= p. 5] : « *Of late he* [= Hobbes] *hath set forth his* Leviathan *in the Latine Tongue ; declaring his desire (as is the manner of infected persons) of spreading his Malady troughout the World* ».

> étudier de nouveau tout son livre avec beaucoup plus de soin et beaucoup moins de naïveté que nous ne l'avons jamais fait auparavant [1].

Que Hobbes ait composé une partie de son œuvre en régime de persécution, on ne peut certes le nier : si le philosophie anglais a pu jouir durant sa vie de puissants soutiens [2], il a aussi essuyé de nombreuses et graves attaques. En ce sens, le critère « négatif » de Strauss paraît validé dans une certaine mesure, au moins pour certains textes. Quant au critère « positif », il demande, soutient Strauss, que l'on prenne au pied de la lettre la prise de position d'un auteur, quand celui-ci embrasse une fois une opinion hétérodoxe : il s'agit, en d'autres termes, de privilégier le hapax spéculatif et de considérer la répétition impersonnelle des lieux communs de l'orthodoxie comme suspecte d'hypocrisie ; de cette manière, le hapax est élevé de son statut d'occurrence marginale, sinon fortuite et négligeable, jusqu'à devenir l'indice révélateur d'une pensée originale et anticonformiste. Peut-on et doit-on lire, dans la pensée de Hobbes, sa doctrine du corps de Dieu à la lumière d'un tel critère ? D'abord, on peut émettre quelques doutes quant au caractère textuellement marginal de la doctrine de Hobbes : on a, en effet, de bonnes raisons de penser que c'est dès la lettre (aujourd'hui perdue) de novembre 1640, écrite de Londres pour Mersenne, que Hobbes l'a défendue [3] ; de plus, pouvant certainement se déduire des nombreux textes dans lesquels est réfutée la notion de « substance incorporelle » [4], la position de Hobbes, rendue publique de façon explicite dans le *Leviathan* latin, peut prétendre viser une audience très large. Ensuite, on est en droit de se demander si la distinction entre anticonformisme et conformisme est réellement ici la plus adéquate pour saisir l'« art d'écrire » de Hobbes. L'ambition du philosophe anglais est en réalité tout autre et bien plus grande : il s'agit pour lui de montrer, ouvertement, publiquement et explicitement, que sa théologie est plus conforme aux Écritures saintes et à la foi de Nicée que la théologie de ses adversaires. Il y

1. *La Persécution et l'art d'écrire*, texte de 1952, p. 65-66 (= texte de 1941, p. 31-32).

2. L'ordre de la Chambre des communes du 20[/30] octobre 1666 d'examiner le *Leviathan* ainsi que le livre de Thomas White intitulé *The middle state of souls. From the hour of death to the day of Judgment* (Londres, 1659) – afin de déterminer si ces livres pouvaient être considérés comme des causes de la peste et du « Grand Incendie » à Londres – a été contrecarré par le secrétaire d'État (*Secretary of State*) Sir Henry Bennet, lequel fut nommé comte d'Arlington en 1672.

3. Voir Karl Schuhmann, *Hobbes, une chronique*, *op. cit.*, p. 63.

4. Voir notamment *EL*, I, XI, 4-5 (p. 55-56) ; *Lev.*, XII (p. 170-171 / p. 106-107) ; *Lev.*, XXXIV (p. 439-440 / p. 430) ; *Lev.*, Appendice I (OL, III, p. 536-538 / p. 523-524) ; *AB* (EW, IV, p. 300-314 et p. 347-349 / p. 175-190 et p. 227-228).

a assurément provocation, mais celle-ci n'est pas seulement écrite « entre les lignes » et n'est donc pas non plus à lire « entre les lignes ».

Dès lors, notre travail entend cerner si l'hypothèse suivante peut être transformée en thèse, et à quelle(s) condition(s) : la doctrine de la corporéité divine est liée à une décision philosophique directrice de toute la pensée de Hobbes, celle en faveur de ce que l'on peut appeler l'univocité complète et intégrale de l'étant (*ens*), désormais identifié au corps (*corpus*)[1]. « *Idem esse* ens & corpus », écrit Hobbes[2]. Dieu lui-même ne saurait échapper à une telle univocité : il ne se peut pas, soutient le philosophe anglais, que Dieu puisse être conçu – s'il est et, pour Hobbes, il est[3] – autrement que comme un corps. La doctrine de la corporéité divine est donc bien une doctrine philosophique fondamentale, que viennent confirmer seulement dans un deuxième temps une interprétation biblique (Col 2, 9), une argumentation patristique (Tertullien, saint Athanase d'Alexandrie) et des références conciliaires (conciles de Nicée I, de Constantinople I, d'Éphèse et de Chalcédoine) : appliquant à Dieu le régime désormais unique et commun de l'univocité de l'étant, la doctrine de la corporéité divine en assure l'achèvement complet. Si cette hypothèse était vérifiée, alors il faudrait dire que la thèse affirmant la corporéité de Dieu appartient bien au cœur même du système hobbesien : elle n'a rien d'anecdotique et ne se laisse pas ramener seulement à une sorte de goût pour l'anticonformisme ; elle ne relève pas non plus d'un enseignement ésotérique ; et si la pression des circonstances peut expliquer certains de ses traits, elle ne permet toutefois pas de justifier les raisons pour lesquelles Hobbes a pris le risque de soutenir ouvertement une thèse aussi manifestement « scandaleuse » eu égard aux principes les plus usuellement reconnus de la foi chrétienne.

1. Sur la double identification hobbesienne de l'*ens* au *corpus* et de l'*esse* à l'*accidens*, voir *DM*, XXVII, 1 (p. 312-314); *DM*, XXVIII, 4 (p. 334); *DM*, XXXIV, 2 (p. 381). Les dénominations de l'*esse* sont, pour Hobbes, des « dénominations de rien » – *Lev.*, XLVI (p. 691 / p. 685) : « [...] *the names of Nothing* ». Le *nihil*, c'est ainsi le *non ens* ou le *non corpus*, c'est-à-dire l'accident – *DCo*, II, 15 (p. 27) : « *Non Corpus sive Accidens* » ; voir aussi *AB* (EW, IV, p. 306 / p. 182) : « J'ai nié [...] qu'il y eût la moindre réalité dans les accidents ». Sur la partition entre l'*ens* imaginable et l'*ens* inimaginable, voir *DM*, XXVII, 1 (p. 312). « *Corpus* », dit le *De Corpore*, « *sive existens aliquid imaginabile* » : *DCo*, II, 14 (p. 26).

2. *DM*, XXVII, 1 (p. 312).

3. *EL*, I, XI, 2 (p. 53); *DCi*, XV, 14 (p. 227); *DM*, XXVII, 8 (p. 319); *DM*, XXXIV, 7 (p. 385); *DM*, XXXV, 16 (p. 396); *Lev.*, XXXI (p. 403 / p. 388 ; OL, III, p. 261 / p. 263); *Lev.*, XXXIV (p. 430 / p. 420); *Lev.*, Appendice I (OL, III, p. 512 / p. 502).

CHAPITRE PREMIER

UNE THÈSE « SCANDALEUSE »

Dans l'article « Unitaires » de l'*Encyclopédie*, Jacques-André Naigeon, restituant les thèses de la « secte très-fameuse » de ces « déistes cachés » que furent les Sociniens[1], évoque la thèse de la corporéité de Dieu en des termes fort proches de ceux employés par Hobbes :

> Si on demande aux *Unitaires* quelle idée ils ont de la nature de Dieu, ils ne font nulle difficulté de dire qu'il est corporel & étendu. Que tout ce qui n'est point corps est un pur néant. Que la spiritualité des substances est une idée qui ne mérite pas d'être réfutée sérieusement. Que les plus savans peres de l'Église ne l'ont jamais connue. Qu'ils ont tous donné un corps à Dieu, aux anges & aux ames humaines, mais un corps subtil, délié & aérien. Que l'Écriture favorise en mille endroits cette opinion. Que le terme d'*incorporel* ne se trouve pas même dans toute la Bible, ainsi que l'a remarqué Origene. Que l'idée d'un Dieu corporel est si naturelle à l'homme, qu'il lui est impossible de s'en défaire tant qu'il veut raisonner sans préjugés, & ne pas croire sur parole ce qu'il ne comprend pas, & ce qui confond les idées les plus claires qui soient dans son esprit. Qu'une substance incorporelle est un être contradictoire. Que l'immensité & la spiritualité de Dieu sont deux idées qui s'entre-détruisent. Que l'immatérialisme est un athéisme indirect, & qu'on a fait de Dieu un être spirituel pour n'en rien faire du tout, puisqu'un esprit est un pur être de raison[2].

1. Jacques-André Naigeon, art. « Unitaires (Théologie et Métaphysique) », dans Denis Diderot et Jean Le Rond d'Alembert, *Encyclopédie, ou Dictionnaire raisonné des sciences, des arts et des métiers* (1751-1780), Stuttgart et Bad Cannstatt, Frommann et Holzboog, 1966-1988, t. 17, p. 387 b, puis p. 388 a.

2. *Ibid.*, t. 17, p. 397 b. Un peu plus loin, Naigeon ajoute que la « corporéité de Dieu » constitue l'un des « deux principes qui servent de base » au « système » des Sociniens, l'autre

Tous les arguments développés par Naigeon ont un répondant dans la philosophie de Hobbes. Le nom de Hobbes n'est toutefois pas mentionné et l'argumentation est exclusivement attribuée aux théologiens sociniens. Ce qui indique assez, dans le contexte des débats religieux de l'époque, le caractère non seulement « hétérodoxe », mais aussi proprement « scandaleux » de la doctrine de la corporéité divine[1].

§ 1. *Un « monstre » théologique :* « the main root of Atheisme »

Si la thèse hobbesienne relative à la corporéité divine peut se réclamer de la tradition du matérialisme chrétien que Michel Spanneut a fort bien mise en lumière[2], elle heurte néanmoins frontalement la pensée de la majorité des théologiens chrétiens[3].

1) Dans la patrologie grecque, Jean Damascène, dans le *credo* de sa *Foi orthodoxe*, compte ainsi l'incorporéité parmi les traits fondamentaux de la nature divine :

> Nous croyons donc en un seul Dieu, unique principe, sans principe, incréé, inengendré, indestructible et immortel, éternel, infini, incirconscriptible,

étant « l'existence éternelle & nécessaire de la matiere, & de ses propriétés infinies » (*ibid.*, t. 17, p. 398 a).

1. Notons également que le « sceptique » de Mersenne, afin d'illustrer la « variété » et l'« opiniâtreté » des croyances religieuses à travers le monde, donne comme exemple les « Turcs », qui « pensent que Dieu est corporel, et que deux Anges le portent, qui ont les yeux si éloignés qu'un oiseau serait mil ans à voler de l'un à l'autre » ; il reconnaît en même temps que « les Chrétiens disent qu'il est incorporel, trin et un » : *La Vérité des sciences contre les sceptiques ou pyrrhoniens* (Paris, Toussaint du Bray, 1625), I, 3, Dominique Descotes (éd.), Paris, Honoré Champion, 2003, p. 149.

2. Michel Spanneut, *Le Stoïcisme des Pères de l'Église, de Clément de Rome à Clément d'Alexandrie*, Paris, Seuil, 1957.

3. Mais on peut souligner que la doctrine de Hobbes heurte également frontalement la théologie juive et la théologie mulsumane. Ainsi, Philon d'Alexandrie utilise, au moins une fois, l'expression ἀσώματος θέος (la monade étant à son image) : *De Specialibus legibus*, II, 176, Suzanne Daniel (éd.), Paris, Cerf, 1975, p. 340. Voir aussi, par exemple, pour le Judaïsme rabbinique, Moïse Maïmonide, *Le Livre de la connaissance*, I, I, 7, trad. fr. Valentin Nikiprowetzky et André Zaoui, Paris, P.U.F., 1961[1], 1990[2], p. 30-31 ; *Commentaire de la Mishnah* (1158-1168), Introduction au chapitre Helèq, dans *Épîtres*, trad. fr. Jean de Hulster, Paris, Gallimard, 1993, p. 183-184 ; *Le Guide des égarés* (texte achevé vers 1190), I, 50, trad. fr. Salomon Munk, nouv. éd. revue par Charles Mopsik, Lagrasse, Verdier, 1979, p. 112 ; I, 55, *op. cit.*, p. 128-129 ; II, 47, *op. cit.*, p. 403. Pour la théologie mulsumane, voir, par exemple, l'exposé des thèses ash'arites et mu'tazilites relatives à l'incorporéité divine dans Moïse Maïmonide, *Le Guide des égarés*, I, 76, *op. cit.*, p. 227-231, et dans Averroès, *Dévoilement des méthodes de démonstration des dogmes de la religion musulmane* (1179-1180), trad. fr. Marc Geoffroy, Paris, GF-Flammarion, 2000, p. 125-127 ; voir aussi Ibn Khaldûn, *Discours sur l'histoire universelle* (*Al-Muqaddima*, 1377), I, VI, 14 et I, VI, 15, trad. fr. Vincent Monteil, Arles, Actes Sud, 1997, p. 745-747 et p. 757-764.

> illimité, puissant infiniment, simple, non composé, incorporel, ne s'écoulant pas, impassible, immuable, inchangeable, invisible, source de bonté et de justice, lumière intellective, inaccessible [...] [1].

Dans la patrologie latine, saint Augustin estime pareillement que « corporel » n'est pas un qualificatif qui puisse s'appliquer à Dieu :

> Quant aux qualificatifs d'incorporel ou de non-corporel, on les applique à Dieu pour que l'on croie ou que l'on saisisse par l'intelligence que Dieu est esprit et non pas corps [2].

On se rappelle que, pour l'Évêque d'Hippone, se dégageant des images stoïciennes du fluide liquide ou lumineux pénétrant toute chose auxquelles il a recouru dans sa période manichéenne [3], si Dieu est incorporel, c'est parce qu'aucune limitation spatio-temporelle ne peut l'affecter :

> Nous disons donc que Dieu, souverain, vrai, seul et unique, Père, Fils et Esprit saint, c'est-à-dire Dieu, sa Parole et l'Esprit des deux, sans confusion ni séparation, Dieu qui seul possède l'immortalité et habite une lumière inaccessible, que personne ne voit, ni ne peut voir [=1 Tm 6, 16], nous disons qu'il n'est contenu dans aucun espace local, fini ou infini, et qu'il ne varie pas dans un déroulement temporel, fini ou infini. Car, dans cette substance par laquelle il est Dieu, il n'y a pas de parties moindres que le tout, comme il en est nécessairement des choses qui sont en des lieux ; il n'y a, en sa substance, rien qui fut et n'est plus, rien qui sera et n'est pas encore, comme il en est des natures qui peuvent subir le changement temporel [4].

Il est vrai que saint Augustin estime que l'erreur des « hommes charnels » – qui, « lorsqu'ils entendent attribuer allégoriquement à Dieu certains membres de notre corps, par exemple des yeux ou des oreilles, se figurent Dieu communément, par l'effet de la liberté de l'imagination, sous la forme du corps humain » – est moins grave, à un double titre, que celle des Manichéens – qui, eux, imaginent un Dieu « distendu en une masse infinie, non pas de tout côté, mais infinie et solide par trois de ses quartiers, et, en l'autre, fendue, ouverte, béante, limitée en dessus par le vide et, par en

1. Saint Jean Damascène, *De la foi orthodoxe*, I, 8, PG, t. 94, col. 808 b-c : « Πιστεύομεν τοιγαροῦν εἰς ἕνα Θεὸν, μίαν ἀρχὴν, ἄναρχον, ἄκτιστον, ἀγέννητον, ἀνόλεθρόν τε καὶ ἀθάνατον, αἰώνιον, ἄπειρον, ἀπερίγρπτον, ἀπεριόριστον, ἀπειροδύναμον, ἁπλοῦν, ἀσύνθετον, ἀσώματον, ἄῤῥευστον, ἀπαθῆ, ἄτρεπτον, ἀναλλοίωτον, ἀόρατον, πηγὴν ἀγαθότητος καὶ δικαιοσύνης, φῶ; νοερὸν, ἀπρόσιτον · ».

2. *De Trinitate* (399-422), XV, 5, 7, BA, t. 16, p. 438-439 : « *Incorporalis autem vel incorporeus ideo dicitur Deus, ut spiritus credatur vel intellegatur esse, non corpus* ».

3. *Confessiones* (397-401), I, II-III, 2-3, BA, t. 13, p. 274-278.

4. *De Genesi ad litteram* (401-414), VIII, 19, 38, BA, t. 49, p. 66-69.

bas, pénétrée en coin par la terre des ténèbres » : les « charnels » pensent au moins Dieu « sous une forme humaine, revêtue, en son genre, d'une souveraine dignité » (*summa dignitate*); imagineant Dieu sous la forme corporelle, ils se contentent en outre, eux qui ont besoin d'« être nourris de lait », du « sein de l'Église catholique »[1]. Mais il est clair, affirme saint Augustin, que Dieu est « grand, non pas en volume, mais par sa puissance »[2]; et, de ce fait, il est tout entier partout présent « incorporellement »[3] : « *ubique praesens* », « *ubique totus* »[4].

2) La thèse de Hobbes est également massivement anti-thomiste. Dans la *Summa contra Gentiles*, l'incorporéité de Dieu est démontrée dans un chapitre[5] qui est le plus long du livre avec celui des preuves d'existence[6]. Pour le « Docteur Angélique », il y va notamment, avec l'incorporéité de Dieu, de la « noblesse » de ce dernier :

1. *Contra epistulam Manichaei quam vocant fundamenti* (397), XXIII, 25, BA, t. 17, p. 446-448.

2. *De Trinitate*, VI, 7, 8, BA, t. 15, p. 488-489 : « [...] *non enim mole magnus est, sed virtute* ».

3. *Lettre 148*, 3, PL, t. 33, col. 623 : « [...] *illa substantia quae non per locorum spatia vel diffunditur vel finitur, alibi habens aliam partem, alibi aliam, in minore loco minorem, in maiore maiorem, sed ubique incorporaliter tota est* ».

4. Voir *Lettre 187* (*De praesentia Dei liber*), PL, t. 33, col. 832-848. Dans cette lettre à Dardanus, qu'il a lui-même appelée « lettre sur l'omniprésence divine », Augustin élabore une dérivation de l'omniprésence à partir de la causalité divine créatrice vouée à une importante postérité. On lit en particulier : « *Cum Deus sit natura incorporea et incommutabiliter viva, aeterna stabilitate in se ipso manens, totus adest rebus omnibus et singulis totus ; sed in quibus habitat, habent eum pro sua capacitatis diversitate, alii amplius, alii minus, quos ipse sibi dilectissimum templum gratia suae bonitatis aedificat* » (*Lettre 187*, 6, 19, PL, t. 33, col. 839). L'enseignement d'Augustin est systématisé par Hugues de Saint-Victor, lequel insiste sur la causalité créatrice et conservatrice de Dieu : *Eruditionis didascalicae libri septem*, VII, 17-19, PL, t. 176, col. 824 d-829 a. On peut reconnaître également chez Augustin une très possible influence des *Ἀφορμαί* de Porphyre : « τῷ δὲ νοητῷ κόσμῳ [...] καθ' αὑτὸ ἀσωμάτῳ, ἀόγκῳ ὄντι καὶ ἀδιαστάτῳ, οὐδ' ὅλως τὸ ἐν τόπῳ πρόσεστιν, ὥστε τὸ εἶναι πανταχοῦ τῷ ἀσωμάτῳ οὐκ ἦν τοπικόν [...]. ἀλλ' ὅλον ἐστίν, ὅπου καὶ ἔστιν· οὔτε ἐνθάδε μέν ἐστιν, ἀλλαχοῦ δὲ οὔ [...]. Τὸ δ' ἀμερὲς ἐν διαστατῷ ὅλον γίνεται κατὰ πᾶν μέρος ταὐτὸν ὂν καὶ ἓν ἀριθμῷ », « Le monde intelligible [...] étant incorporel en soi, sans volume, sans étendue, n'existe tout simplement pas dans le lieu, de sorte qu'être partout pour l'incorporel, c'est n'être pas dans le lieu [...]. Mais il est tout entier là où il est ; il n'est pas présent ici et absent ailleurs [...]. L'indivisible se présente dans l'étendu tout entier en chaque partie, identique et numériquement un » (*Sentenze sugli intellegibili*, n° 33, Giuseppe Girgenti (éd.), Milan, Rusconi Libri, 1996, p. 132). Sur l'incorporéité divine selon saint Augustin, voir Fulbert Cayré, a.a., *Les Sources de l'amour divin. La divine présence d'après saint Augustin*, Paris, Desclée de Brouwer, 1933, p. 94-96.

5. *ScG*, I, 20 (p. 185-196).

6. *ScG*, I, 13 (p. 165-175).

> Comme tout corps existant en réalité est sensible, il faut admettre au-dessus de tous les corps quelque chose de plus noble. Si donc Dieu est un corps, il ne sera pas l'être premier et suprême [1].

L'argument constitue encore la dernière des trois preuves avancées dans la *Summa Theologiae* pour démontrer que Dieu n'est pas un corps :

> Troisièmement, parce que Dieu est, comme on l'a dit [= Ia, q. 2, art. 3], ce qu'il y a de plus noble parmi les étants, et il est impossible qu'un corps soit le plus noble des étants ; car un corps est vivant ou il ne l'est pas ; le vivant est manifestement plus noble que ce qui n'a point vie, et, d'autre part, le corps vivant ne vit pas précisément en tant que corps, car alors tout corps vivrait : il vit par quelque chose d'autre, comme notre corps à nous vit par l'âme. Or, ce par quoi vit le corps est plus noble que le corps [2].

L'un des objectifs poursuivis par Thomas est explicitement la dénonciation des « égarements des Juifs du peuple, de Tertullien, des Vadiens ou hérétiques anthropomorphites, qui se figuraient Dieu sous des contours corporels » [3].

3) Du point de vue de la théologie protestante, la thèse de Hobbes est anti-luthérienne et anti-calviniste. C'est avec une grande sévérité que Calvin juge et condamne, comme Thomas, les « anthropomorphites » et leur pratique désastreuse de l'interprétation littérale de la Bible [4] :

> Les hérétiques qu'on a appelés anciennement anthropomorphites, n'avaient autre couleur de molester et troubler l'Église, sinon qu'en

1. *ScG*, I, 20, 6 (p. 186) : « *Omne autem corpus in rebus existens est sensibile. Igitur super omnia corpora est aliquid accipere nobilius. Si igitur Deus est corpus, non erit primum et maximum ens* ».

2. *ST*, Ia, q. 3, art. 1, co. (p. 88) : « *Tertio, quia Deus est id quod est nobilissimum in entibus, ut ex dictis patet. Impossibile est autem aliquod corpus esse nobilissimum in entibus. Quia corpus aut est vivum, aut non vivum. Corpus autem vivum, manifestum est quod est nobilius corpore non vivo. Corpus autem vivum non vivit inquantum corpus, quia sic omne corpus viveret, oportet igitur quod vivat per aliquid aliud, sicut corpus nostrum vivit per animam. Illud autem per quod vivit corpus, est nobilius quam corpus* ».

3. *ScG*, I, 20, 42 (p. 195) : « *Praedictis etiam rationibus excluduntur deliramenta Iudaeorum simplicium, Tertulliani, Vadianorum sive Anthropomorphitarum haereticorum qui Deum corporalibus lineamentis figurabant* ». Voir également, dans la spiritualité bernardine, saint Bernard de Clairvaux, *Sermons sur le Cantique*, Sermon IV, 4-5, SC, n° 414, p. 116-120 ; Sermon V, 8-10, SC, n° 414, p. 134-136 ; Sermon VI, 1, SC, n° 414, p. 138.

4. Rappelons que c'est au IVe siècle que la secte des « anthropomorphites » fut fondée par Audius. Selon ce dernier, Dieu aurait forme humaine puisque, d'après la Genèse (Gn 1, 26-27), il a créé l'homme à son image ; ainsi s'expliqueraient tous les passages de l'Écriture où il est dit que Dieu voit, entend, parle, se fâche ou menace ; l'image de Dieu (Ph 2, 7) impliquerait donc la possession par Dieu des membres du corps humain. Cette hérésie se rencontra en Égypte et en Scythie.

> prenant ces mots comme à belles dents : *Les yeux de Dieu voient* [Pr 15, 3], *il est parvenu à ses oreilles* [Ps 18, 7], *sa main est étendue* [Is 9, 11], *la terre est son marchepied* [Is 66, 1], ils se tempêtaient de ce que les saints docteurs n'accordaient point que Dieu fût corporel, vu qu'il semble que l'Écriture lui assigne un corps. Ceux-là avaient bien la lettre pour eux ! Mais si tous les passages étaient pris si crûment et lourdement, toute la vraie religion serait pervertie de rêveries brutales [1] !

L'incorporéité de Dieu est défendue de la même façon par les théologiens calvinistes anglais : par Lewis Bayly[2], William Perkins[3], William Ames[1], Richard Baxter[2] ou encore Stephen Charnock[3].

1. *IRC*, IV, XVII, 23 (OO, t. 4, p. 1010 / p. 372). Les « saints docteurs » évoqués dans ce texte peuvent notamment être saint Épiphane de Salamine, *Adversus haereses*, III-1, LXX, PG, t. 42, col. 340-373 ; saint Augustin, *De haeresibus ad Quodvultdeum liber unus*, 50, PL, t. 42, col. 39 ; saint Cyrille d'Alexandrie, *Adversus anthropomorphitas*, PG, t. 76, col. 1065-1132 ; Théodoret de Cyr, *Compendium haereticarum fabularum*, IV, 10, PG, t. 83, col. 428-429. Contre les « anthropomorphites », saint Cyrille fait en particulier valoir que le langage de l'Écriture a son excuse dans l'infirmité de notre intelligence. Sur la critique calviniste des « anthropomorphites », voir encore *IRC*, I, XIII, 1 (OO, t. 3, p. 145-146 / p. 80) ; *IRC*, IV, XVII, 25 (OO, t. 4, p. 1014 / p. 374). Sur le mauvais usage de l'interprétation littérale de la Bible au regard de la détermination de la nature spirituelle de Dieu, voir Stephen Charnock, *EAG*, Discourse III (*On God's being a spirit*) sur Jn 4, 24 (t. 1, p. 190-191).

2. Lewis Bayly, Évêque de Bangor, *The practice of piety : directing a Christian how to walk, that he may please God* (1611), I (« A Plain Description of God, in respect of his Essence, Persons, and Attributes, so far as every Christian should competently endeavour to learn and know, with sundry sweet Observations and Meditations thereupon »), Londres, Hamilton, Adams & Co., 1842, p. 3 : « *God is that one spiritual and infinitely perfect essence, whose being is of himself eternally (Deut. I. 4; IV. 35; XXXII. 39; VI. 4; Isa. XLV. 5–8; 1 Cor. VIII. 4; Eph. IV. 5, 6; 1 Tim. II. 5; John IV. 24; 2 Cor. III. 17; 1 Kings VIII. 17; Psal. CXLVII. 5; Deut. XXXII. 4; Exod. III. 14; 1 Cor. VIII. 6; Acts XVII. 25; Rom. XI. 36.)* ». L'ouvrage de Bayly a été l'un des plus populaires de toute la littérature puritaine et exerça une profonde influence sur le « piétisme » européen. Il a connu un nombre d'éditions et de rééditions considérable ; en anglais, on compte en 1771 soixante rééditions : *The practice of piety. Amplified by the author*, Londres, 1771[60], in-12° ; première traduction française : *La pratique de pieté*, trad. fr. Jean Verneuil, Genève, 1625, in-8° ; première traduction allemande : *Praxis pietatis : das ist, Vbung der Gottseligkeit in die teutsche Sprach gebracht*, Dantzigk, 1629, in-8°, et Zurich, 1629, in-12°.

3. William Perkins, *A golden chaine : or, The description of Theologie. Containing the order of the causes of salvation and damnation, according to Gods Word. Hereunto is adjoyned the order which Mr. Theodore Beza used in comforting afflicted consciences* (E. Alde, sold by E. White, 1591, trad. angl. d'*Armilla aurea, sive Theologiae descriptio, mirandam seriem causarum salutis et damnationis hominum, juxta verbum Dei exponens… Accessit etiam ad finem Practica Theod. Bezae pro conscientiis afflictis consolandis*, Cambridge, J. Legatt, 1590 ; Bâle, C. Waldkirch, 1594), II (W, t. 1, p. 11 b) : « *Gods nature is spirituall, in that it is incorporal, and therefore invisible, Ioh 4.24.* God is a Spirit, *2 Cor. 3.17.* The Lord is the Spirit. *1 Tim. 1.17.* To the King eternall, immortall, invisible only wise God, be glory and honour for ever, and ever. *Col. 1.15.* who is the image of the invisible God ». Voir aussi *The whole treatise of the cases of conscience* (Cambridge, J. Legat, sold by S. Waterson,

On notera toutefois que Hobbes, dans l'Appendice III du *Leviathan*, suggère, pour démarquer sa pensée de celle des « anthropomorphites », que l'une des intentions des « Pères du concile de Nicée » aurait été précisément de condamner l'hérésie des « anthropomorphites », « qui attribuaient à Dieu les membres du corps humain »[4]. L'idée que le concile de Nicée, qui condamna en 325 l'arianisme, voulut condamner aussi les « anthropomorphites » est, d'un strict point de vue historique, sujette à caution[5], mais la démarche de Hobbes est parfaitement claire : dans le cadre de sa

1606), II, 5 (W, t. 2, p. 62 a) : « *God is a Spirit, and therefore must bee worshipped in spirit, that is, in the minde, conscience, will, and affections* ».

1. William Ames, *The Marrow of Theology* (1638), trad. angl. de *Medulla Theologica* (1623), I, IV, 33-34, John D. Eusden (éd.), Grand Rapids, Baker Books, 1997, p. 85 : « *God is spirit having life in himself. John 4 : 24,* God is spirit ; *and 5 : 26,* The Father has life in himself. *He is called spirit, first (negatively), because he is not a body ; second (analogically), because in spiritual substances there are many perfections which adumbrate the divine nature more than any bodily thing can* » ; et I, IV, 44, *op. cit.*, p. 86 : « *God is immeasurable because he has no material dimension. 1 Kings 8 : 27,* The heavens and heavens of heavens do not contain thee ; *Isa. 66 : 1,* Heaven is my throne and earth my footstool ».

2. Richard Baxter, *The Divine Life* (1662), I, VI, 5 (PW, t. 3, p. 777 b) : « *The next attribute of God, that is to make its impress on us, is, that he is a Spirit. In this one are these three especially comprehended : 1. That he is simple, and not material or compounded as bodies are : 2. That he is invisible, and not to be seen as bodies are : 3. That he is immortal and incorruptible, and not subject to death or change as bodies are* ».

3. Stephen Charnock, *EAG*, Discourse III (*On God's being a spirit*) et Discourse IV (*On spiritual worship*), sur Jn 4, 24 (t. 1, p. 176-204 et p. 205-275). On aura noté, chez Bayly, Perkins, Ames et Charnock, la même référence scripturaire au dialogue entre Jésus et la Samaritaine (Jn 4, 24).

4. *Lev.*, Appendice III (OL, III, p. 562 / p. 548) : « [...] *anthropomorphitarum, qui Deo corporis humani membra attribuerant* ». Voir aussi *Lev.*, XLVI (OL, III, p. 492 / p. 483) ; *Lev.*, Appendice II (OL, III, p. 559 / p. 544) ; *AB* (EW, IV, p. 308 / p. 184-185) ; *HNH* (EW, IV, p. 390 / p. 32) ; *D*, V (p. 97 / p. 131).

5. George Wright commente : « [Hobbes] *may obscure the real issue underlying the dispute over usage, namely, the Arian devaluation of Christ. No one, either Arian or orthodox, advanced the thesis of the corporeality of God at the council, and obviating the term co-essential as an inappropriate use of Greek terminology would not advance that view* » (« Thomas Hobbes' 1668 Appendix to Leviathan, translated with an Introduction and Notes », *Interpretation*, vol. 18, n° 3, printemps 1991, p. 410, n. 207). Hobbes semble plus proche de la vérité historique lorsqu'il écrit dans l'*Historical Narration Concerning Heresy, and the Punishment thereof* (texte rédigé vers 1666) : « Peut-être semblera-t-il à certains que les mêmes mots [= « Dieu ne se compose pas de parties »] portèrent aussi, alors, condamnation des anthropomorphites ; et assurément, si, par parties, il fallait entendre non pas des personnes individuelles, mais des morceaux, ils furent condamnés ; car le visage, les bras, les pieds et le reste sont des morceaux. Mais cela ne se peut pas, parce que les anthropomorphites n'apparurent pas avant l'époque de l'empereur Valens, c'est-à-dire, entre quarante et cinquante ans après le concile de Nicée, et ils ne furent pas condamnés avant le second concile général de Constantinople » (*HNH*, EW, IV, p. 398 / p. 42 ; voir cependant, n. 3, les précisions apportées par Franck Lessay).

philosophie et de ses principes directeurs, soutenir la thèse de la corporéité de Dieu ne revient aucunement, affirme-t-il, à réactualiser la doctrine des « anthropomorphites »[1].

4) La thèse de Hobbes va aussi contre les fondements doctrinaux de l'Église établie d'Angleterre, tels qu'ils sont fixés par les Trente-Neuf Articles. Le premier de ces Articles dit en effet :

> De la foi en la Sainte Trinité. Il n'est qu'un seul Dieu vivant et vrai, éternel, sans corps, sans parties ou sans passions ; d'une puissance, d'une sagesse et d'une bonté infinies ; le Créateur et le Sauveur de toutes choses visibles et invisibles. Et dans l'unité de cette Divinité il y a trois Personnes, d'une substance, d'une puissance et d'une éternité uniques : le Père, le Fils et l'Esprit Saint[2].

Hobbes, notons-le, sait fort bien que l'idée de corporéité de Dieu est considérée par l'Église établie comme une hérésie, puisqu'il rappelle lui-même, dans l'Appendice I du *Leviathan* latin, l'Article que l'on vient de citer :

> B. Ces mots [= « substance incorporelle », « substance immatérielle », « essence séparée »] ne sont pas dans l'Écriture sainte. Mais dans le premier des Trente-Neuf Articles de religion promulgués par l'Église

1. On peut noter que, dans l'Angleterre du XVIIe siècle, un auteur comme John Milton n'est pas toujours très éloigné des positions « anthropomorphites » ; voir *Christian doctrine* (1640-1660), I, 2 (CPW, trad. angl. John Carey, t. 6, p. 135-136) : « *After all, if God* is said to have created man in his own image, after his own likeness, *Gen. I. 26, and not only his mind but also his external appearance (unless the same words mean something different when they are used again in Gen. V. 3 :* Adam begot his son after his own likeness, in his own image*), and if God attributes to himself again and again a human shape and form, why should we be afraid to assigning to him something he assigns to himself, provided we believe that what is imperfect and weak in us is, when ascribed to God, utterly perfect and utterly beautiful ?* ».

2. Trente-Neuf Articles, Article n° I, dans Bernard Cottret, Michael Hearn, Michel Lemosse et Antoine Mioche (éd.), *Histoire du Royaume-Uni. Une anthologie du XVIe au XXe siècle*, Rosny-sous-Bois, Bréal, 2001, p. 55 : « *Of faith in the Holy Trinity. Here is but one living and true God, everlasting, without body, parts, or passions ; of infinite power, wisdom, and goodness ; the maker and preserver of all things both visible and invisible. And in unity of this Godhead there be three Persons, of one substance, power, and eternity ; the Father, the Son, and the Holy Ghost* ». L'article II de la Confession de Foi de Westminster affirme également : « Il n'est qu'un seul, vivant et vrai Dieu, infini en son être et en sa perfection, très pur esprit, invisible, incorporel, indivisible, impassible, immuable, immense, éternel, incompréhensible, tout-puissant, très sage, très saint, très libre, absolu » (*La Confession de Foi de Westminster*, II, 1, trad. fr. Danièle Berthoud et Pierre Courthial, Aix-en-Provence, Éd. Kerygma, 1988, p. 6-7). Rappelons que les Trente-Neuf Articles furent adoptés en 1563 par le clergé anglais réuni en *Convocation* et ratifiés en 1571 par le Parlement et par Élisabeth Ire ; la Confession de Foi de Westminster fut quant à elle élaborée par une assemblée extraordinaire de cent vingt et un théologiens réunis en *Convocation* du 1er juillet 1643 au 22 février 1649.

d'Angleterre, A. D. MDLXII, il est dit expressément que *Dieu est sans corps et sans parties*. Aussi ceci ne doit-il pas être nié. Et même, l'excommunication est prévue comme châtiment de ceux qui le nient.
A. On ne le niera point[1].

Conformément aux principes de sa doctrine politique, Hobbes se plie ici, pour ce qui concerne la foi professée extérieurement, aux articles de foi qui ont été fixés par les institutions ecclésiastiques mandatées pour le faire par le pouvoir d'État. En même temps, Hobbes rappelle le vingtième des Trente-Neuf Articles, celui qui stipule que « l'Église ne doit rien nous enjoindre de croire, qui ne puisse se déduire des saintes Écritures »[2]. La question cruciale, dès lors, sera celle de savoir ce que dit explicitement la Bible au sujet de la corporéité de Dieu.

5) Il faut rappeler aussi que la thèse de la corporéité divine a suscité de très violentes réactions chez les contemporains de Hobbes, et que c'est notamment cette thèse qui a largement contribué à nourrir à l'encontre du philosophe l'accusation d'athéisme[3].

Dès 1653, Alexander Ross déploie et dénonce toutes les implications des thèses soutenues dans le *Leviathan* :

> S'il n'y avait aucune partie réelle de l'univers hormis les corps, alors l'univers ne serait pas l'univers, mais un système imparfait, puisque manquant des plus nobles de toutes les entités créées à observer, les substances incorporelles; mais Dieu fit le monde parfait, consistant à la fois en substances matérielles et en substances immatérielles; tels sont les anges et les âmes des hommes, qui ne sont corporels ni dans leur être, ni dans leur opération; en effet, s'ils étaient corporels, ils devraient être mortels et corruptibles, et, composés à tout le moins de matière et de forme, ils devraient également posséder une quantité, être localisé par circonscription et être capables d'être mis en mouvement par le

1. *Lev.*, Appendice I (OL, III, p. 537 / p. 523-524).

2. *Lev.*, Appendice I (OL, III, p. 537-538 / p. 524). Voir Trente-Neuf Articles, Article n° XX, *op. cit.*, p. 59 : « *Of the authority of the Church. The Church hath power to decree rites or ceremonies and authority in controversies of faith; and yet it is not lawful for the Church to ordain anything contrary to God's word written, neither may it so expound one place of Scripture, that it be repugnant to another* ».

3. Mais il faut rappeler que l'accusation d'athéisme apparaît très tôt et pas seulement à propos de la thèse de la corporéité de Dieu. En ce sens, voir, par exemple, Robert Baillie, *À Alexander Henderson*, 13 août 1646, dans *The Letters and Journal of Robert Baillie AM Principal of the University of Glasgow 1637-1662*, David Laing (éd.), Édimbourg, Robert Ogle, 1841-1842, t. II, p. 388 : « [...] *the placeing of Hopes* [= Hobbes] *(a professed Atheist, as they speak) about the Prince* [= le prince de Galles, le futur Charles II] *as his teacher, is ill taken* ».

> mouvement physique, tout ceci étant absurde; et si une substance est la même chose que ce qu'un corps est, alors il [= Hobbes] doit faire Dieu corporel, car il est une substance [1].

Et, au cours d'un fort long chapelet de blâmes (Ross voit notamment en Hobbes un anthropomorphite, un sabellien, un nestorien, un sadducéen, un « Arabe » [2], un manichéen, un mahométan, un montaniste, un lucifériеn, un origéniste, un socinien ou encore un Juif), le polémiste accuse le philosophe d'être un « *Tertullianist* » [3].

Le scandale de la thèse de la corporéité divine apparaît également au cours de la controverse avec John Bramhall. Commentant la thèse de Hobbes selon laquelle « dire qu'un ange ou un esprit est [...] une substance incorporelle, c'est dire, en fait, qu'il n'y a là aucune espèce d'ange ou d'esprit » [4], Bramhall, en 1658, conclut :

> En vertu de la même raison, dire que Dieu est une substance incorporelle, c'est dire qu'il n'y a aucun Dieu du tout. Soit Dieu est incorporel, soit Il est fini et consiste en parties, et, en conséquence, n'est pas Dieu. Ceci, à savoir qu'il n'y a aucun esprit incorporel, est la racine principale de l'athéisme à

1. Alexander Ross, *Leviathan drawn out with a hook: or, Animadversions upon Mr Hobbs his Leviathan. Together with some observations upon Sir Walter Raleigh's History of the world*, Londres, Printed by Tho. Newcomb for Richard Royston at the Angel *in* Ivy-lane, 1653, p. 35-36 : « *If there were no real parts of the universe but bodies, then the universe were not universe, but an imperfect system, as deficient in the most noble of all created entities, to wit, incorporeal substances; but God made the world perfect, consisting both of material and immaterial substances; such are Angels and mens souls, which are neither corporeal in their being, nor operation; for if they were corporeal, they must be mortal and corruptible, and compounded at least of matter and form, they must be also quantitative, local by circumscription, and movable by physical motion; all which are absurd: and if a substance be the same that a body is, then he must make God corporeal, for he is a substance* ».

2. C'est-à-dire un mortaliste. C'est à saint Augustin que l'on doit cette qualification par laquelle les partisans de l'hérésie mortaliste sont encore désignés au XVIIe siècle : *De haeresibus ad Quodvultdeum liber unus*, 83, PL, t. 42, col. 46. Eusèbe de Césarée définit cette hérésie de la façon suivante dans son *Histoire ecclésiastique* : « D'autres gens encore, en Arabie [ἐπὶ τῆς ᾿Αραβίας], surviennent à l'époque dont nous parlons [= le milieu du IIIe siècle], introducteurs d'une doctrine étrangère à la vérité. Ils disaient que l'âme humaine, provisoirement dans la conjoncture présente, meurt avec les corps, au moment du trépas, et qu'elle est corrompue avec eux, mais qu'un jour, au temps de la résurrection, elle revivra avec eux » – *Histoire ecclésiastique*, VI, 37, SC, n° 41, p. 139.

3. Alexander Ross, *Leviathan drawn out with a hook*, *op. cit.*, sigs. A 14-16. Sur les critiques de Ross, voir John Bowle, *Hobbes and his Critics*, *op. cit.*, chap. III, p. 61-71 ; Jon Parkin, *Taming the Leviathan*, *op. cit.*, p. 120-128.

4. *Lev.*, XXXIV (p. 439 / p. 430).

partir de laquelle de si nombreuses branches plus petites surgissent quotidiennement[1].

L'argumentation de l'Évêque de Derry est claire : en niant que Dieu soit une substance incorporelle, Hobbes fait nécessairement de Dieu un corps, ce qui revient à dire que Dieu n'existe tout simplement pas, puisqu'être un corps implique d'avoir des parties et d'être fini, autant de déterminations qui annulent l'indivisibilité et l'infinité divines[2].

Soucieux de montrer comment la nouvelle philosophie naturelle expérimentale se conjugue parfaitement avec les principes de la religion chrétienne, au nombre desquels il faut compter l'incorporéité de Dieu, Boyle aussi accuse Hobbes de faire revivre « les erreurs impies des Gentils », défigurant « le vrai Dieu adoré par les Chrétiens et les Juifs », au profit d'un dieu « trop peu distingué de la matière et même du *monde* »[3] :

> La plupart [des idolâtres et des infidèles] pensèrent leur Dieu comme étant purement *corporel* [...]. Si vous suivez Eusèbe, les anciens théologiens égyptiens non seulement affirmèrent que le Soleil, la Lune et les étoiles étaient des dieux, mais nièrent que des substances incorporelles ou des

1. John Bramhall, *The Catching of Leviathan, or The Great Whale*, I, *op. cit.*, p. 120-121 : « *By the same reason to say, That God is an incorporal, is to say there is no God at all. Either God is incorporal, or he is finite, and consists of parts, and consequently is no God. This, That there is no incorporal spirit, is the main root of Atheisme, from which so many lesser branches are daily sprouting up* » = *AB* (EW, IV, p. 301 / p. 176). Voir la réponse de Hobbes : « [J']affirme, pour ma part, qu'il [= Dieu] est "corporel" et "infini", ce contre quoi il ne fournit nulle preuve, se contentant, selon l'habitude qui est la sienne dans la dispute, d'appeler cela la racine de l'athéisme [*the root of atheism*] » (*AB*, EW, IV, p. 305 / p. 181); « Il [= Bramhall] m'accuse, en premier lieu, de détruire l'existence de Dieu; autrement dit, il voudrait faire accroire au monde que je suis athée. Mais sur quoi fonde-t-il pareille accusation ? Sur le fait que j'affirme que Dieu est un esprit, mais corporel » (*AB*, EW, IV, p. 382 / p. 259).

2. Même argumentation chez Stephen Charnock : « *The* spirituality *of God. Because he is not visible ; and the more spiritual any creature in the world is, the more pure it is. Besides, if God were a body, he would be compounded of various parts, and the parts would be in order of nature before the world, and God would depend upon those parts* » – *A Discourse of the knowledge of God in Christ*, sur Jn 17, 3 (W, t. 4, p. 116). Voir également *EAG*, Discourse III (t. 1, p. 186).

3. Robert Boyle, *A free enquiry into the vulgarly receiv'd notion of nature* (texte rédigé en 1665-1666, publié en 1686), Section VIII (W, t. 10, p. 564-565) : « [...] *Our Doctrine may keep Many, that were wont, or are inclin'd, to have an excessive Veneration for what they call* Nature, *from running, or being seduc'd, into those Extravagant and Sacrilegious Errors, that have been upon plausible Pretences imbrac'd not only by many of the old Heathen Philosophers, but by divers Modern Professors of Christianity, who have of late reviv'd, under new Names and Dresses, the impious Errors of the Gentiles. This I venture to say, because many of the Heathen Writers* [...] *acknowledg'd indeed a God* [...], *but meant such a God, as they often too little discriminated from Matter, and even from the* World*; and as is very differing from the true One, ador'd by the Christians and Jews* ».

> *natures* invisibles construisirent le monde, si ce n'est le Soleil qui se montre à nos yeux. Et cette corporéité de Dieu semble être manifestement l'opinion de M. *Hobbes* et de ses disciples authentiques [1].

Critiquant la philosophie de Descartes, Anne Conway souligne toutefois tout ce qui sépare cette philosophie de celle de Hobbes, et cette séparation se joue, précisément, dans la question de la corporéité de Dieu :

> En effet, Descartes reconnaissait que Dieu était manifestement immatériel et qu'il était un Esprit incorporel. Hobbes affirme que Dieu lui-même est matériel et corporel ; oui, rien d'autre que de la matière et que du corps ; et ainsi confond-il Dieu et les créatures en leurs essences et nie-t-il qu'il y ait quelque distinction essentielle entre eux [2].

Après la Restauration, en 1673, un polémiste comme Charles Robotham veut voir en Thomas Hobbes un « adorateur fade d'un Dieu matériel » [3].

1. *Ibid.*, Section VIII (W, t. 10, p. 565) : « [...] *Most of Them* [= *the Idolaters and Infidels*] *thought Their God to be purely* Corporeal [...]. *If you will believe* Eusebius, *the Ancient* Ægyptian *Theologers not only affirm'd the Sun, Moon and Stars to be Gods, but deny'd Incoporeal Substances, or Invisible* Nature*'s, to have fram'd the World, but only the Sun, that is discoverable to our Eyes. And this Corporiety of God seems manifestly to be the Opinion of Mr.* Hobbs, *and his genuine Disciples* ». Référence à Eusèbe de Césarée, *La Préparation évangélique*, III, 4, SC, n° 228, p. 164-172. Voir aussi *An Examen of Mr. T. Hobbes his "Dialogus Physicus de Naturâ Aëris". As far as concerns Mr. R. Boyle's book of "New Experiments touching the Spring of the Air, &c". With an Appendix touching Mr. Hobbes's doctrine of fluidity and firmness*, Londres, J. G. for Thomas Robinson (Oxford), 1662, chap. VII (W, t. 3, p. 170-172) ; *Some considerations about the reconcileableness of reason and religion* (1675), Section V (W, t. 8, p. 259-261). Sur la critique par Boyle de la thèse hobbesienne de la corporéité de Dieu, voir Luc Foisneau, « Beyond the Air-pump : Hobbes, Boyle and the Omnipotence of God », dans Luc Foisneau et George Herbert Wright (éd.), *New critical perspectives on Hobbes's* Leviathan *upon the 350th anniversary of its publication*, Milan, Franco Angeli, 2004, p. 33-49.

2. Lady Anne Conway, *The principles of the most ancient and modern philosophy* (1690, latin ; 1692, anglais), IX, 3, Peter Loptson (éd.), La Haye, Martinus Nijhoff, 1982, p. 136 (latin) et p. 222 (anglais) : « *Cum enim Cartesius agnoverit Deum esse plane immaterialem & incorporeum spiritum ; Hobbes affirmat Deum ipsum esse materialem & corporalem, imo nihil aliud quam materiam & corpus ; atque sic Deus & Creaturae confunduntur in essentiis suis, negaturque essentialem inter ipsas intervenire distinctionem* », « [...] *for* Cartes *acknowledged God to be plainly Immaterial, and an Incorporeal Spirit.* Hobbs *affirms God himself to be Material and Corporeal ; yea, nothing else but Matter and Body, and so confounds God and the Creatures in their Essences, and denies that there is any Essential Distinction between them* » (= *The principles of the most ancient and modern philosophy*, Allison P. Coudert et Taylor Corse (éd.), Cambridge, Cambridge University Press, 1996, p. 64).

3. Charles Robotham, Préface à John Templer, *Idea Theologiæ Leviathanis : in qua proponuntur I. Leviathanis Dogmata. II. Dogmatum Defensio ab Authore. III. Defensionis*

Quant à Leibniz, il interprète la doctrine de Hobbes dans le sens d'un renouveau de l'Épicurisme et donc comme une négation de la Providence divine :

> [...] Un corps ne saurait être Dieu. Aussi Épicure du temps passé, et Hobbes aujourd'hui, qui veulent que toutes choses sont corporelles, ont assez témoigné qu'il n'y a point de Providence selon eux [1].

Il en est de même de Ralph Cudworth qui, lui aussi, fait de Hobbes un héritier d'Épicure, par exemple dans un passage du *Treatise concerning eternal and immutable morality* où l'allusion à Hobbes est parfaitement transparente :

> Et, puisque ces derniers temps les hypothèses physiologiques de Démocrite et Épicure ont été remises en honneur et appliquées avec succès à l'élucidation de certains des phénomènes du monde visible, il n'a pas manqué de gens pour s'efforcer de populariser également d'autres paradoxes énoncés par les mêmes philosophes [*to vent also those other paradoxes of the same philosophers*], tels que : « Il n'y a pas de substance incorporelle [*That there is no incorporeal substance*] [...] » [2].

6) Par contraste avec ces réactions négatives, on ne s'étonnera peut-être pas du fait qu'au XVIIIe siècle, malgré tout ce qui le sépare de Hobbes dans le

Examen. Cui præmittitur exercitatio theologica de Sacro Canone, ad quem prædicta theologia expenditur, Londres, Typis E. Flesher, impensis G. Morden bibliopolae Cantabr., 1673, sig. A 7.

1. Gottfried Wilhelm Leibniz, « *Il y a deux sectes de Naturalistes...* » (ou *Sentiments de Socrate opposés aux nouveaux Stoïciens et Épicuriens*) (fin 1679-début 1680), GP, VII, p. 333 ; A, VI, 4 B, p. 1385 / F, p. 251. Voir également, *inter alia*, *De religione magnorum vivorum* (1687-1694), G, I, p. 37-38 : « *Iluius erroris* [= celle des fatalistes qui assujettissent Dieu à la nécessité] *accusantur Stoici quos J. Lipsius defendit, cum tamen omnia ex divinis decretis liberaque vel Dei vel creaturarum voluntate eveniant, etsi certo ordine quem Deus infallibiliter novit* [...]. *Revera huius sententiae videntur fuisse Hobbes et Spinoza, quorum ille omnia fecit corporea, hic nihil aliud esse putavit Deum quam ipsam naturam seu substantiam Mundi* ». Et *Propositiones quaedam physicae* (1672), A, VI, 3, p. 66-67 ; *De ipsa natura* (1698), § 7, GP, IV, p. 508 ; ainsi que Michel Fichant, *Science et métaphysique dans Descartes et Leibniz*, Paris, P.U.F., 1998, p. 175.

2. Ralph Cudworth, *A Treatise concerning eternal and immutable morality with A Treatise of freewill* (1731, posthume), I, 1, Sarah Hutton (éd.), Cambridge, Cambridge University Press, 1996, p. 12-13 / *Traité de morale et Traité du libre arbitre*, trad. fr. Jean-Louis Breteau, Paris, P.U.F., 1995, p. 46. En 1678, dans *The True Intellectual System of the Universe*, Cudworth distingue différentes sortes d'athéisme et note en particulier que « [...] *all Atheists are mere Corporealists, that is, acknowledge no other Substance besides Body or Matter* » – *The True Intellectual System of the Universe : the first part ; wherein, all the reason and philosophy of atheism is confuted ; and its impossibility demonstrated*, Londres, Printed for Richard Royston, 1678, I, III, 30, p. 135.

domaine moral et politique[1], un auteur comme d'Holbach, auteur en 1772 d'une traduction française des treize premiers chapitres de la première partie des *Elements of Law*[2], puisse incorporer à son « système du naturalisme »[3] la critique hobbesienne de la métaphysique et de la religion : il reprend ainsi intégralement la critique faite par Hobbes de la notion d'infini[4] ; pareillement, il reprend intégralement l'idée hobbesienne d'une corporéité divine dans le chapitre du *Système de la nature* où il s'efforce de démontrer l'absurdité de l'hypothèse d'un Dieu transcendant[5]. Hobbes est en outre loué, avec « Vanini [...], Spinoza et quelques autres », d'avoir récusé « le dieu de la mythologie moderne »[6].

Il est inutile de poursuivre davantage cette liste. Les réactions indignées provoquées par la thèse de Hobbes relative à la corporéité de Dieu, convergent toutes, d'une manière ou d'une autre, vers un même point : « la détermination de Dieu comme étendue, voire comme étendu » se déploie au sein d'une théologie désastreuse qui a pour effet de rendre entièrement « problématique son rapport au Dieu de la Révélation »[7]. Toutefois, par delà certaines erreurs d'interprétation, lesquelles furent assurément réelles, les vives réactions suscitées par la lecture des œuvres de Hobbes chez ses

1. Sur ce point, voir Yves Glaziou, *Hobbes en France au XVIIIe siècle*, Paris, P.U.F., 1993, p. 202-220.

2. Thomas Hobbes, *De la nature humaine, ou Exposition des facultés, des actions et des passions de l'âme, et de leurs causes déduites d'après des principes philosophiques qui ne sont communément ni reçus ni connus*, trad. fr. Paul Henri Dietrich d'Holbach, Londres, [s.n.], 1772, in-8°, IV-171 p., rééd. Émilienne Naert, Paris, Vrin, 1971[1], 1991[3], 1999[4]. D'Holbach a aussi revu la traduction française du *De Cive* faite par Samuel Sorbière (1re éd. : Amsterdam, J. Blaeu, 1649, 428 p., in-8°).

3. *Système de la nature, ou Des lois du monde physique et du monde moral, par M. Mirabaud, Secrétaire Perpétuel et l'un des Quarante de l'Académie Française*, Londres, [s.n.], 1770, in-8°, 2 t. en 1 vol., puis Londres, [s.n.], 1781, in-8°, 2 t. en 1 vol., ici II, 11, Jean-Pierre Jackson (éd.), Paris, Coda, 2008, p. 412.

4. *Système de la nature*, II, 3, *op. cit.*, p. 258 et n. 3 : « Dire que *Dieu est infini* c'est, comme on a déjà pu le voir, affirmer qu'il n'est point comme l'homme ou comme tous les êtres que nous connaissons, circonscrit par les bornes de l'espace. Hobbes dit que tout ce que nous imaginons est fini, et qu'ainsi le mot INFINI ne peut former aucune idée ni aucune notion. Voir *Leviathan*, chap. III ».

5. *Système de la nature*, II, 5, *op. cit.*, p. 313 et n. 4 : « [...] ce dieu que je m'efforce de distinguer de la Nature ou de placer hors de son enceinte, y rentrera toujours nécessairement et malgré moi. Hobbes dit : "Le monde est corporel ; il a les dimensions de la grandeur, à savoir : longueur, largeur et profondeur. Toute portion d'un corps est corps, et [a ses] mêmes dimensions ; conséquemment, chaque partie de l'univers est corps, et ce qui n'est pas corps n'est point partie de l'univers ; mais comme l'univers est tout, ce qui n'en fait point partie n'est rien et ne peut être nulle part". Voir Hobbes, *Leviathan*, chapitre 46 ».

6. *Système de la nature*, II, 11, *op. cit.*, p. 413.

7. Jean-Luc Marion, *Questions cartésiennes II*, *op. cit.*, VII, 10, p. 274.

contemporains témoignent en réalité peut-être surtout, et avant tout, de la radicalité philosophique propre au système du penseur anglais. Et, de ce point de vue, le principe de lecture préconisé par Jean Terrel demande ici plus que jamais à être scrupuleusement suivi : « Hobbes sait ce qu'il fait et s'avance, pour l'essentiel, à visage découvert. Il y a provocation. Il faut en rendre raison »[1].

§ 2. *Un « blasphème » de la raison*

Force est pourtant de constater que la thèse de Hobbes concernant la corporéité divine retient peu, du moins de façon thématique et topique, l'attention des commentateurs et des interprètes de la pensée du philosophe anglais. Comme s'il s'agissait là d'une thèse trop scandaleuse, y compris du point de vue des principes directeurs internes de la philosophie de Hobbes, pour pouvoir réellement faire partie de cette dernière et y être intégrée de façon valide. C'est là en particulier la lecture d'Yves Charles Zarka dans son étude intitulée « Espace et représentation dans le *De Corpore* de Hobbes » :

> Certains commentateurs [...] ont déduit que, pour le philosophe anglais, Dieu était corporel. Or c'est là une conclusion bien hâtive, car c'est aussi une doctrine constante de Hobbes que Dieu est dans sa nature même inconnaissable pour la raison. Il n'affirme que Dieu est corporel, que lorsque ses adversaires l'acculent à énoncer quelque chose de la nature de Dieu. Autrement dit, loin qu'il s'agisse là d'une thèse rationnelle, c'est bien plutôt un blasphème, le blasphème d'une raison qui veut sortir des limites du connaissable. Tout ce que la raison peut affirmer de Dieu est de l'ordre du blasphème[2].

L'argumentation est reprise dans *La Décision métaphysique de Hobbes*, l'auteur insistant encore davantage sur le contexte polémique au sein duquel est énoncée, tardivement dans l'œuvre de Hobbes, la thèse de la corporéité de Dieu : ainsi, il ne faudrait pas « prendre cette affirmation sur la nature corporelle de Dieu à la lettre, parce qu'elle se trouve à chaque fois dans des textes polémiques, et qu'elle n'a de sens que comme instrument de combat contre la thèse communément reçue de la spiritualité de la substance divine »[3].

1. Jean Terrel, *Hobbes*, Paris, Ellipses, 1997, p. 6.
2. Yves Charles Zarka, « Espace et représentation dans le *De Corpore* de Hobbes », art. cit., p. 175.
3. Yves Charles Zarka, *La Décision métaphysique de Hobbes*, *op. cit.*, p. 148.

À cette argumentation, on adressera deux objections.

1) La première est d'ordre factuel et textuel. Comme le soulignent aussi bien Leo Strauss[1], Edwin Curley[2], Karl Schuhmann[3] que Cees Leijenhorst[4], c'est très certainement dès la lettre (aujourd'hui perdue) de novembre 1640, écrite de Londres pour Mersenne et critiquant, à l'instigation du Minime, la *Dioptrique* de Descartes, que Hobbes a défendu la thèse de la corporéité de Dieu[5]. Thomas Tenison, déjà, soulignait ce point[6]. Si le support textuel est mince, ce dont on conviendra, il n'est pas pour autant inessentiel : il fait nettement apparaître la constance de la thèse de Hobbes à travers toute son œuvre. On pourrait objecter qu'il s'agit d'une lettre et non pas d'une œuvre publiée, et qu'elle n'a pas la même importance qu'un texte destiné à la publication. Certes, mais cette lettre n'est pas adressée à n'importe quel destinataire, mais à Mersenne, dont le rôle central dans la diffusion des savoirs dans la première moitié du XVIIe siècle est bien connu[7]. On soulignera aussi que les adversaires de Hobbes ont très vite compris les enjeux théologiques des thèses de Hobbes (Ross en 1653, Bramhall en 1658), bien avant les âpres polémiques dans lesquelles Hobbes fut engagé à partir de la Restauration.

2) La deuxième objection concerne la structure matricielle de la pensée de Hobbes. Dire de Dieu qu'il est un corps, est-ce vraiment, pour Hobbes, une affirmation qui demeure extérieure à son système lui-même et étran-

1. Leo Strauss, *La Critique de la religion chez Hobbes* (2001, posthume), trad. fr. C. Pelluchon, Paris, P.U.F., 2005, p. 118, n. 1.

2. Edwin Curley, « Hobbes contre Descartes », dans Jean-Marie Beyssade et Jean-Luc Marion (éd.), *Descartes. Objecter et répondre*, Paris, P.U.F., 1994, p. 160.

3. Karl Schuhmann, *Hobbes, une chronique*, *op. cit.*, p. 63.

4. Cees Leijenhorst, « Hobbes's corporeal Deity », art. cit., p. 87-88.

5. Karl Schuhmann reconstitue l'ouverture de cette lettre de la façon suivante : « *La lettre s'ouvre sur une discussion* de animâ et Deo corporeis, de spiritu interno [= AT, III, p. 287, l. 8-9]. Les pensées ne sont que des mouvements du cors. *Hobbes ne reconnaît pas d'autre substance que les corps. Il identifie la materia subtilis de Descartes à son spiritus qui est un* corpus subtile et fluidum *et dont il fait* causam duritiei [= AT, III, p. 287, l. 9-288, l. 3] » (*Hobbes, une chronique*, *op. cit.*, p. 63).

6. Thomas Tenison, *The creed of Mr. Hobbes examined*, *op. cit.*, Art. I, p. 10 : « *Des-Cartes in an Epistle to Father Mersennus makes mention, though with much neglect of your opinion concerning a Corporeal God, this it seems you had broached in a studied Letter, which passed through divers hands, about that time when All things Sacred began to be most rudely invaded; to wit, the commencement of our Civil Wars. And in divers Books since that time published, you have often insinuated, and sometimes directly asserted, that whatsoever existeth is material* ».

7. Dans son autobiographie en prose, Hobbes dit de Mersenne qu'il fut « absolument compétent dans tout le domaine de la philosophie » (« *in omni genere philosophiae versatissimo viroque optimo* ») : *VI* (OL, I, p. XIV).

gère à son architecture propre? Pour Hobbes, dire de Dieu qu'il est un corps, c'est dire qu'il est un étant; dire qu'il est un étant, c'est dire qu'il existe : ce sont là des énoncés auxquels la « raison » [1] parvient « naturellement » [2]. Ou encore, dit autrement, pour Hobbes, tout ce qui est, est un corps; donc Dieu, s'il est, est un corps; or, Dieu est, donc il est un corps [3]. On pourra souligner, comme le fait Amos Funkenstein, le « simplisme » volontaire et assumé du raisonnement hobbesien [4]; on n'en déduira cependant pas qu'il se situe en dehors des principes directeurs de la pensée de Hobbes. Surtout, si « blasphème » de la raison il y a [5] dans l'énoncé de la thèse de la corporéité divine, ce n'est pas tant celui d'« une raison qui veut sortir des limites du connaissable », que celui d'une raison qui doit nécessairement appliquer univoquement à Dieu et à l'ordre créé, et ce afin d'assurer la cohérence interne de ses prises de position (notamment épistémiques), le nom « *corpus* ». Et, dès lors, la véritable difficulté interne à la philosophie de Hobbes est celle de savoir comment le philosophe parvient à articuler une telle exigence d'univocité avec l'équivocité délibérée à travers laquelle, selon Hobbes, les attributs divins sont nécessairement nommés.

§ 3. *Un « subterfuge » de l'« athéisme par voie de conséquence »*

Edwin Curley défend, quant à lui, la thèse de l'athéisme radical de Hobbes :

> Quand Hobbes dit quelque chose, il ne faut pas toujours conclure qu'il croit ce qu'il dit [...]. Hobbes est un athée, et [...] tout ce qu'il dit au sujet de Dieu – « il existe, il est inconnaissable, il est un esprit corporel » – est un subterfuge, nécessité par la possibilité de persécution [6].

1. *DCi*, XV, 14 (p. 227).
2. *EL*, I, XI, 2 (p. 54).
3. Voir la formule lapidaire de Samuel I. Mintz : « *In Hobbes's view the material nature of God is a deduction from natural reason. Whatever is, is material; ergo, God is material* » (*The Hunting of Leviathan*, *op. cit.*, p. 42).
4. Amos Funkenstein, *Théologie et imagination scientifique du Moyen Âge au* XVIIe *siècle*, *op. cit.*, p. 25 : « S'efforçant comme à l'habitude d'être simpliste [*trying as always to be blunt*], Thomas Hobbes mettait l'accent sur ce qu'appeler Dieu, ou les esprits, des entités immatérielles revient à les dénommer des corps sans corps, ce qui est contradictoire dans les termes ». Voir aussi « The Body of God in Seventeenth Century Theology and Science », dans Richard Henry Popkin (éd.), *Millenarianism and Messianism in English Literature and Thought, 1650-1800*, Leyde, E. J. Brill, 1988, p. 149.
5. Il faudrait du reste interroger la réprobation et la condamnation dont ce terme est porteur.
6. Edwin Curley, « Hobbes contre Descartes », art. cit., p. 159.

Selon l'interprète, Hobbes avancerait masqué, ne pouvant, pour des « raisons de prudence »[1], soutenir franchement et directement une position athée. C'est pourquoi le philosophe aurait énoncé dans ses différentes œuvres différentes thèses au sujet de Dieu, dont aucune ne devrait être considérée comme étant véritablement consistante :

> Si Dieu existait, pense Hobbes, il devrait être une substance corporelle, puisqu'il faut que tout sujet d'actes soit corporel. Mais si Dieu était corporel, il ne serait pas Dieu, pour des raisons bien connues. Donc, Dieu n'existe pas. Mais il ne serait pas prudent de dire cela, pour des raisons aussi bien connues. Donc, il faut trouver quelque chose d'autre à dire, et on dit des choses variées à divers moments[2].

En somme, la doctrine de Hobbes constituerait ce que le philosophe anglais lui-même conceptualise sous l'expression d'« athéisme par voie de conséquence » :

> Mais comment? Étaient-ils [= ceux pour qui Dieu est un phantasme] athées ? Non point. Bien que, en effet, par ignorance de ce qu'est le nécessaire enchaînement des conséquences, ils exprimassent ce qui équivalait à de l'athéisme, en leur cœur ils croyaient que Dieu était une substance et, s'ils avaient su ce que « substance » et « corporel » signifiaient, ils fussent convenus qu'il était une substance corporelle. Cet *athéisme par voie de conséquence* [*atheism by consequence*] est ainsi un piège difficile à éviter, même pour les plus saints hommes d'Église. Pareillement, celui qui affirme que Dieu est « entièrement ici », « entièrement là », et « entièrement partout », détruit, par voie de conséquence, l'unité de Dieu, l'infinité de Dieu, la simplicité de Dieu ; et c'est ce que font les gens de l'École, lesquels sont donc des *athées par voie de conséquence*, bien que tous ne disent pas en leur cœur qu'il n'est pas de Dieu. De même, en exemptant la volonté de l'homme de toute sujétion à la nécessité de la volonté ou des décrets de Dieu, Monseigneur l'Évêque [= John Bramhall] nie, *par voie de conséquence*, la prescience divine, ce qui se ramène encore à l'*athéisme par voie de conséquence*. Mais, de cette proposition que Dieu est un « esprit corporel » et « infiniment pur », on ne peut tirer aucune conséquence indigne ou honteuse[3].

Il y a, selon Hobbes, « athéisme par voie de conséquence » lorsqu'est soutenue au sujet de Dieu une proposition tellement en conflit avec les propositions les mieux reçues de la pensée religieuse que cela se ramène, de fait, à de l'athéisme, même si c'est de façon involontaire. Pour Edwin

1. *Ibid.*, p. 162.
2. *Ibid.*, p. 161-162.
3. *AB* (EW, IV, p. 383-384 / p. 260-261).

Curley, les énoncés de Hobbes relatifs à Dieu sont tellement précaires du point de vue de leur consistance, et tellement variables d'une œuvre à l'autre du philosophe, que le système hobbesien ne peut être lu que comme une forme d'« athéisme par voie de conséquence »[1].

D'une certaine façon, la thèse d'Edwin Curley constitue une reprise des thèses de Leo Strauss concernant la « persécution » et l'« art d'écrire ». On se rappelle du reste ce que Strauss écrit dans *Natural Right and History* :

> Je ne puis prouver ici que Hobbes fut athée, même athée à sa façon [...]. Bien des chercheurs aujourd'hui qui écrivent sur un tel sujet ne paraissent pas être suffisamment conscients de la dose de circonspection, de concessions aux idées reçues que devaient jadis admettre les « déviationnistes » qui désiraient survivre ou mourir en paix. Ils supposent implicitement que les pages de Hobbes consacrés aux sujets religieux peuvent se lire et se comprendre de la façon dont on devrait lire les déclarations correspondantes de, disons, Lord Bertrand Russel [*sic*][2].

Contre l'interprétation d'Edwin Curley, il faut cependant souligner que Hobbes élabore, dans l'*Answer to [...] Bramhall*, la notion d'« athéisme par voie de conséquence » non pas pour exonérer n'importe laquelle de ses thèses de l'accusation d'athéisme, mais précisément pour montrer que sa thèse de la corporéité de Dieu n'implique « aucune conséquence indigne ou honteuse ». Faut-il voir là, de la part de Hobbes, une marque d'insincérité ? Pour répondre à cette question, on peut ici adopter la forte recommandation avancée par Jacqueline Lagrée :

> Il est toujours assez vain de chercher à déterminer la position d'un philosophe comme religieuse ou non; ou plutôt nous n'avons aucune raison de ne pas croire Hobbes sur parole et ne pas prendre [...] son discours à la lettre[3].

Mais ne faut-il pas voir tout de même dans la variation des thèses hobbesiennes l'indice d'une stratégie de son « art d'écrire » afin d'échapper à la « persécution » ? De ce point de vue, il faut indiquer le caractère quelque peu étrange de l'argumentation d'Edwin Curley. L'interprète fait valoir que l'Appendice III du *Leviathan* latin est le seul texte publié du vivant de

1. Du même auteur, voir également « "I Durst Not Write So Boldly", or How to read Hobbes's Theological-Political Treatise », dans Daniela Bostrenghi (éd.), *Hobbes e Spinoza. Scienza e Politica*, Naples, Bibliopolis, 1992, p. 497-593.

2. Leo Strauss, *Droit naturel et histoire* (1953), trad. fr. Monique Nathan et Éric de Dampierre, Paris, Flammarion, 1986, p. 297.

3. Jacqueline Lagrée, « Hobbes, la théodicée et le salut », *Bulletin de Philosophie*, n° 6 (*Thomas Hobbes*), CRDP de Rennes, 1991, p. 40.

Hobbes dans lequel le philosophe soutient publiquement la nature corporelle de Dieu[1] ; il commente :

> Quand on est vieux, et quand on publie dans une langue étrangère, et dans un pays étranger, on dit : Dieu existe, et il est corporel, et il n'y a pas de problèmes théologiques dans cette affirmation. C'est la position du *Leviathan* latin. Et c'est jusqu'où on peut s'aventurer à cette époque[2].

On doutera légitimement que le latin puisse être considéré, dans la « République des Lettres » du XVIIe siècle, comme « une langue étrangère ». Surtout, l'auteur n'explique pas vraiment pourquoi, en 1668, Hobbes prendrait le risque de défendre ouvertement et franchement la thèse si controversée de la corporéité divine, alors qu'il vient de subir, en 1666, une violente attaque parlementaire visant à réprimer ses doctrines supposées hérétiques et athées. Les « raisons de prudence » invoquées par Curley auraient certainement imposé à Hobbes de taire stratégiquement sa thèse concernant la corporéité divine, surtout si celle-ci ne joue aucun rôle véritablement central au sein des « éléments de philosophie ».

1. *Lev.*, Appendice III (OL, III, p. 561-563 / p. 547-549). Mais il faut souligner aussi que, dans *Mr Hobbs Considered in his Loyalty, Religion, Reputation, and Manners. By Way of a Letter to Dr Wallis*, texte publié à Londres chez Andrew Crooke en 1662 (donc avant l'Appendice III du *Leviathan*), Hobbes propose déjà une défense de sa « négation des substances incorporelles » en s'appuyant sur l'autorité de Tertullien : *LRRM* (EW, IV, p. 429 / p. 103-104).

2. Edwin Curley, « Hobbes contre Descartes », art. cit., p. 162.

CHAPITRE II

LA DÉFENSE THÉOLOGIQUE DE DIEU : QU'IL N'EST PAS « UNE SIMPLE FANTAISIE »[1]

§ 1. *L'argumentation scripturaire*

Pour contrer les accusations d'athéisme dont il fait l'objet, Hobbes entend montrer en quoi la thèse « hétérodoxe » de la corporéité divine est parfaitement en accord avec les enseignements et le sens véritable de l'Écriture sainte. Le « dossier scripturaire » qu'il constitue tourne essentiellement autour de deux axes. Le premier consiste à faire valoir qu'aucun « esprit », dans la Bible, n'est appelé « incorporel » ou « immatériel », ces deux termes étant tout simplement absents du lexique biblique, comme déjà Origène le remarquait pour la Septante et le Nouveau Testament, dans lesquels le mot ἀσώματος ne se rencontre pas[2]. Ce point, qui répète une stratégie interprétative fort commune dans les débats politico-religieux du temps[3], est souligné dès les *Elements of Law* :

1. *HNH* (EW, IV, p. 393 / p. 35) : « [...] *God really is something, and not a mere fancy* », « [...] Dieu est réellement quelque chose, et non pas une simple fantaisie ».

2. Origène, *Traité des principes*, Praefatio, 8, SC, n° 252, p. 86-88.

3. La revendication hautement proclamée d'une conformité scrupuleuse à la lettre et au sens de l'Écriture sainte se rencontre bien sûr chez tous les Réformateurs. Ainsi, au sujet du sacrement de communion et de la critique de la doctrine de la transsubstantiation, voir, par exemple, Jean Calvin, *IRC*, IV, XVII, 14 (OO, t. 4, p. 994 / p. 361) : « C'est merveille qu'ils [= les « premiers inventeurs » de la doctrine de la transsubstantiation] soient trébuchés en une telle ignorance, voire stupidité, que non seulement ils aient osé contredire à toute l'Écriture sainte, mais aussi à ce qui avait été toujours tenu en l'Église ancienne, pour mettre en avant un tel monstre » ; *IRC*, IV, XVIII, 12 (OO, t. 4, p. 1070 / p. 411) : « [...] il n'y a rien de plus sûr, que de renoncer à l'audace du sens humain, pour nous arrêter entièrement à ce que l'Écriture nous enseigne ». Ou Huldrych Zwingli, *Christianae fidei a Huldrico Zuinglio praedicatae brevis et*

> […] bien que l'Écriture reconnaisse les esprits [*spirits*], elle ne dit néanmoins nulle part qu'ils sont incorporels, voulant dire par là sans dimension et sans quantité. Ni non plus, je pense, ce mot « incorporel » ne se trouve-t-il aucunement dans la Bible. Mais il est dit de l'esprit [*spirit*] qu'il demeure [*abideth*] dans les hommes[1], parfois qu'il habite [*dwelleth*] en eux[2], parfois qu'il vient [*cometh on*] sur eux[3], qu'il descend [*descendeth*][4], vient et va [*cometh and goeth*][5], et que les esprits [*spirits*] sont des anges, c'est-à-dire des messagers[6]. Tous ces mots co-signifient [*consignify*] la localité, et la localité est dimension, et tout ce qui a une dimension, quoi que ce soit, est corps, si subtil qu'il soit. Selon moi, par conséquent, il semble que l'Écriture favorise plus ceux qui tiennent anges et esprits [*spirits*] pour corporels, que ceux qui tiennent pour le contraire[7].

On peut toutefois noter que, dans le traité de 1640, Hobbes passe entièrement sous silence le passage de l'Évangile de Luc dans lequel Jésus, lors de son apparition aux Apôtres, après sa Résurrection, dit : « Voyez mes mains et mes pieds; c'est bien moi ! Touchez-moi et rendez-vous compte qu'un esprit n'a ni chair ni os, comme vous voyez que j'en ai »[8]. Thomas

clara expositio ab ipso Zuinglio paulo ante mortem ejus ad regem christianum scripta hactenus a nemine excusa et nunc primum in lucem edita [= *Expositio fidei*] (1531) (OC, t. 4, p. 51-52 / André Gounelle (éd.), Paris, Les Bergers et les Mages, 2000, p. 63) : « Pour ces raisons, très illustre prince [= François Ier], je pense t'avoir brièvement exposé combien méchamment et injustement, on nous rejette comme hérétiques à cause du sacrement de la Cène, alors que nous n'avons dit ou enseigné un seul mot qui ne soit extrait de la sainte Écriture ou des théologiens divins et spirituels [*quum ne verbum quidem unquam docuerimus quod non ex divinis aut literis aut Theologis hauserimus*] ».

1. Dans l'*Authorized King James Version* de la Bible (1611), voir en particulier 1 Jn 2, 6; 2, 14; 2, 17; 3, 6; 3, 24. Dans le *Leviathan*, Hobbes analysera Is 11, 2-3, avec le verbe « *to abide upon* » : *Lev.*, XXXIV (p. 431 / p. 421); pour ce passage, l'*Authorized King James Version* n'a pas « *to abide upon* », mais « *to rest upon* ».

2. Dans l'*Authorized King James Version*, voir en particulier 1 Jn 3, 17; 3, 24; 4, 12; 4, 15-16. Voir aussi Rm 8, 9; 1 Co 3, 16.

3. Les références possibles sont très nombreuses. Dans le *Leviathan*, Hobbes analysera 1 S 11, 6 (pour Saül) : *Lev.*, XXXIV (p. 431 / p. 422).

4. Dans l'*Authorized King James Version*, voir en particulier Ex 19, 18; 33, 9; 34, 5; Jn 1, 32-33; 1, 51. Dans le *Leviathan*, Hobbes mentionnera Gn 28, 12 (le songe de Jacob) : *Lev.*, XXXIV (p. 437 / p. 427).

5. Les références possibles sont très nombreuses. Dans le *Leviathan*, Hobbes analysera 1 R 22, 24 (Sédécias) et 1 S 16, 13-14 (David et Saül) : *Lev.*, XXXIV (p. 432 / p. 422) et *Lev.*, XXXVI (p. 465 / p. 456).

6. Dans le *Leviathan*, Hobbes analysera en particulier Mt 11, 10 (Jean-Baptiste, messager de la venue du royaume des cieux) et Ml 3, 1 (l'annonce du Christ, ange de l'Alliance) : *Lev.*, XXXIV (p. 438 / p. 428-429).

7. *EL*, I, XI, 5 (p. 55-56).

8. Lc 24, 39 : « ἴδετε τὰς χεῖράς μου καὶ τοὺς πόδας μου ὅτι ἐγώ εἰμι αὐτός· ψηλαφήσατέ με καὶ ἴδετε, ὅτι πνεῦμα σάρκα καὶ ὀστέα οὐκ ἔχει καθὼς ἐμὲ θεωρεῖτε

Tenison, dans son dialogue de 1670, reproche d'ailleurs grandement à Hobbes une telle omission, puisque le texte de Luc montre clairement, estime l'auteur, que l'Écriture sainte implique, à défaut de reconnaître explicitement, la croyance en une « substance incorporelle » ; décidant de rendre en anglais le texte de Luc par « *Lay hold of me, handle me, and see that I am not an incorporeal Daemon* », Tenison commente ainsi son choix de traduction, en faisant appel à des autorités théologiques incontestées et incontestables :

> Vous me direz à présent que je ne suis pas la leçon véritable du Nouveau Testament pour la traduction du texte convoqué. Je me défends en répondant que je suis saint Ignace, qui, dans sa lettre incontestée à ceux de Smyrne, citée à la fois par Eusèbe et par saint Jérôme, présente notre Seigneur utilisant ces paroles : λάβετε, ψηλαφήσατέ με καὶ ἴδετε, ὅτι οὐκ εἰμὶ δαιμόνιον ἀσώματον [« Prenez, touchez-moi, et voyez que je ne suis pas un démon sans corps »] [1].

Contre ce que suggère Tenison, il faut toutefois faire remarquer que Hobbes, dans le *Leviathan*, fait bien droit au passage de Luc incriminé ; il est alors interprété de la façon suivante dans le sens de la corporéité des esprits :

> Je réponds [...], premièrement, que là où le Christ dit : *un esprit* [*Spirit*] *n'a pas de chair et d'os*, encore qu'il montre là qu'il existe des esprits [*Spirits*],

ἔχοντα », « *Videte manus meas et pedes meos, quia ipse ego sum! Palpate me et videte, quia spiritus carnem et ossa non habet, sicut me videtis habere* ». *Authorized King James Version : « Behold my hands and my feet, that it is I myself : handle me, and see ; for a spirit hath not flesh and bones, as ye see me have* ».

1. Thomas Tenison, *The creed of Mr. Hobbes examined*, *op. cit.*, Art. I, p. 17 : « [...] *you will now tell me, that I follow not the true Copy of the New Testament, in the translation of this produced Text. I defend my self, by answering, that I follow holy* Ignatius, *who in his undoubted Epistle to those of* Smyrna *cited both by* Eusebius *and St.* Hierome, *bringeth in our Lord using these words,* λάβετε, ψηλαφήσατέ με καὶ ἴδετε, ὅτι οὐκ εἰμὶ δαιμόνιον ἀσώματον ». Tenison se réfère à saint Ignace d'Antioche et à sa *Lettre aux Smyrniotes*, III, 2, SC, n° 10 bis, p. 134-135. Comme Tenison l'indique, Eusèbe de Césarée cite en effet ce *logion : Histoire ecclésiastique*, III, 36, 11, SC, n° 31, p. 149. D'après saint Jérôme – *Liber de viris illustribus*, XVI, PL, t. 23, col. 633 b-c ; *Commentariorum in Isaiam libri octo et decem*, 1. XVIII, Prol., PL, t. 24, col. 628 a-b –, la citation proviendrait de l'Évangile selon les Hébreux. D'après Origène – *Traité des principes*, Praefatio, 8, SC, n° 252, p. 86-87 –, les mots « je ne suis pas un démon incorporel » se lisaient aussi dans l'apocryphe du IIe siècle, vraisemblablement égyptien, *Kerygma Petri*, ou *Prédication de Pierre* ; Origène écrit : « Si on nous oppose le petit livre qui a pour titre *Doctrine de Pierre*, où l'on fait dire par le Sauveur aux Apôtres : *Je ne suis pas un démon incorporel*, il faudra répondre d'abord que cet écrit n'est pas de ceux qui sont reçus par l'Église et montrer qu'il n'est pas l'œuvre de Pierre ni d'aucun autre écrivain inspiré par l'Esprit de Dieu ».

> il ne nie pas qu'ils soient corporels; et que là où saint Paul dit: *nous ressusciterons corps spirituels* [*Spirituall Bodies*][1], il accorde une nature [*nature*] aux esprits [*Spirits*], mais en les considérant comme des esprits corporels [*Bodily Spirits*], ce qu'il n'est pas difficile de comprendre: en effet, l'air et beaucoup d'autres choses sont des corps, mais non pas de la chair et de l'os, ou quelque autre corps grossier que l'œil puisse discerner[2].

Le second axe est formé par une lecture et une interprétation de la théologie paulinienne, principalement à partir de deux textes, la Première Épître aux Corinthiens et l'Épître aux Colossiens. Dans l'Épître aux Colossiens, Hobbes fait référence, de façon très constante, au verset 9 du chapitre 2:

> Car en lui [= le Christ] habite corporellement toute la plénitude de la divinité[3].

Le texte paulinien, on le voit, concerne le mystère de l'Incarnation et de la double nature du Christ, plutôt que la nature du Père[4]. En quoi Hobbes est-il dès lors fondé à l'expliquer dans le sens de la corporéité de Dieu lui-même, d'autres textes bibliques – notamment tous ceux qui sont cités par saint Thomas d'Aquin dans la question de la *Summa Theologiae* où il réfute l'idée de la corporéité de Dieu[5] – pouvant être estimés plus centraux sur le

1. 1 Co 15, 44: «σπείρεται σῶμα ψυχικόν, ἐγείρεται σῶμα πνευματικόν. Εἰ ἔστιν σῶμα ψυχικόν, ἔστιν καὶ πνευματικόν», «*seminatur corpus animale, resurgit corpus spiritale. Si est corpus animale, est et spiritale*». *Authorized King James Version*: «*It is sown a natural body; it is raised a spiritual body. There is a natural body, and there is a spiritual body*».

2. *Lev.*, XLV (p. 660/p. 658). Sur 1 Co 15, 44, voir aussi *Lev.*, XLIV (OL, III, p. 467/p. 463); *AB* (EW, IV, p. 382/p. 259). Sur l'absence de fondement scripturaire des mots «incorporel» et «immatériel», voir aussi *Lev.*, XII (OL, III, p. 87/p. 97, indication absente du *Leviathan* anglais); *Lev.*, XLV (p. 661-664/p. 658-661); *LRRM* (EW, IV, p. 427/p. 102); *Lev.*, Appendice I (OL, III, p. 537/p. 523); *Lev.*, Appendice III (OL, III, p. 561/p. 548); *AB* (EW, IV, p. 305/p. 181); *AB* (EW, IV, p. 313/p. 190); *AB* (EW, IV, p. 383/p. 260).

3. Col 2, 9: «ὅτι ἐν αὐτῷ κατοικεῖ πᾶν τὸ πλήρωμα τῆς θεότητος σωματικῶς», «*quia in ipso inhabitat omnis plenitudo divinitatis corporaliter*». *Authorized King James Version*: «*For in him dwelleth all the fulness of the Godhead bodily*».

4. Certains théologiens – comme par exemple Willem Hesselszoon van Est (ou Estius) – voient dans ce verset une mention du «corps mystique», dont il a été question en Col 1, 24 et dont l'idée est rappelée en Col 2, 10. Voir Émile Mersch, s. j., *Le Corps mystique du Christ. Études de théologie historique*, Paris, Desclée de Brouwer, 1936[2], t. I, p. 157.

5. Saint Thomas d'Aquin, *ST*, Ia, q. 3, art. 1 (p. 85-86): arg. 1 (Jb 11, 8), arg. 2 (Gn 1, 26; He 3, 1), arg. 3 (Jb 40, 4; Ps 34 [Vulg. 33], 16; Ps 118 [Vulg. 117], 16), arg. 4 (Is 6, 1; Is 3, 13), arg. 5 (Ps 34 [Vulg. 33], 6; Jr 17, 13).

sujet? Évoqué dans les *Elements of Law*[1] et dans le *Leviathan*[2], le texte paulinien acquiert progressivement une signification très précise aux yeux de Hobbes. Dans l'Appendice III du *Leviathan* ainsi que dans l'*Answer to [...] Bramhall*, le philosophe l'interprète, en effet, en s'appuyant sur des commentaires qu'il attribue à saint Athanase d'Alexandrie :

> Faites-moi voir, si vous le pouvez, dans les Écritures, le mot *incorporel* ou *immatériel*. Mais de mon côté, je vous ferai voir que *la plénitude de la divinité habite dans le Christ corporellement*, ce qui signifie (d'après l'explication d'Athanase) *divinement* [*ut exponit Athanasius,* Dealiter][3].

À quels commentaires Hobbes fait-il ici référence ? Dans le *De decretis*, Athanase, sauf erreur, ne commente pas Col 2, 9[4]. Le texte paulinien est bien cité dans le *De synodis*, mais l'adverbe « corporellement » n'est pas explicité par l'adverbe « divinement »[5]. Selon François Tricaud[6], suivi par Franck Lessay[7] et George Wright[8], il peut s'agir d'un passage du livre III d'un *De Trinitate* d'attribution incertaine[9], où se rencontre une explication de l'adverbe *corporaliter* par l'adverbe *dealiter* :

> Ideo Christus Dei forma, vel imago vera Dei Patris invisibilis, quia una est in his forma et gloriae aequalitas ; nonne scriptum est : *Omnis plenitudo divinitatis corporaliter habitat in ipso* (Col. II, 9) ? Si aliquid minus est, ubi omnis plenitudo est ? Aut si aliquid deest, ubi totum est plenum ? Nunquid in quo omnis plenitudo divinitatis corporaliter habitat, id est, ut sic dicatur, dealiter, quid potest inveniri in ipso minus[10] ?

Dans l'*Answer to [...] Bramhall*, on n'a cependant pas l'adverbe *dealiter*, mais l'adverbe *realiter* :

1. *EL*, II, VI, 6 (p. 148).
2. *Lev.*, XXXVI (p. 463 / p. 454).
3. *Lev.*, Appendice III (OL, III, p. 561 / p. 547). Voir *AB* (EW, IV, p. 306-307 / p. 182) ; *AB* (EW, IV, p. 313 / p. 190) ; *AB* (EW, IV, p. 383 / p. 260).
4. Saint Athanase d'Alexandrie, *Lettre sur les décrets du concile de Nicée* (*Epistola de Nicaenis decretis*) (351), PG, t. 25, col. 411-476.
5. Saint Athanase d'Alexandrie, *Epistola de synodis Arimini in Italia et Seleuciae in Isauria celebratis*, 38, PG, t. 26, col. 760 d-761 a.
6. *Lev.*, Appendice III (p. 772, n. 13, puis, dans l'édition procurée par Martine Pécharman, p. 547, n. 5).
7. *AB* (p. 182, n. 2).
8. George Wright, « Thomas Hobbes' 1668 Appendix to Leviathan, translated with an Introduction and Notes », art. cit., p. 409, n. 204.
9. Il s'agit peut-être d'une traduction latine d'un traité d'Athanase, ou d'un traité de Vigile de Thapse ou encore d'un traité de saint Eusèbe de Verceil.
10. *De Trinitate libri duodecim, quos edidit sub nomine S. Athanasii, episcopi Alexandrini*, III, PL, t. 62, col. 252 d-253 a.

> Qu'on me permette d'en venir à mes arguments tirés de l'Écriture. Saint Paul s'exprime ainsi, au sujet du Christ (Colossiens 2, 9) : « En lui habite corporellement toute la plénitude de la divinité ». Athanase, grand et zélé docteur qui prit part au concile de Nicée, et ennemi véhément de l'hérétique Arius, qui n'accordait pas au Christ d'être Dieu autrement que comme on le dit des hommes d'éminente piété, explique ce passage en ces termes : « La plénitude de la divinité habite en lui corporellement (en grec σωματικῶς), c'est-à-dire, θεϊκῶς; c'est-à-dire, *realiter* » [*« The fulness of the Godhead dwelleth in him bodily, (Greek* σωματικῶς*) id est* θεϊκῶς*, id est, realiter* »][1].

Le plus vraisemblable est certainement de supposer ici ou une erreur de transcription de la part de Hobbes ou une faute d'impression. Il n'en reste pas moins que l'usage par Hobbes de la pensée du Patriarche de l'Église d'Alexandrie paraît bien forcé. On sait, en effet, que dans son *Contre les païens*, Athanase soutient de façon très explicite l'incorporéité de Dieu :

> Et enfin, s'ils [= les hommes] supposent à Dieu une forme corporelle [σωματοειδὲς τὸ θεῖον], au point de lui imaginer et de lui donner ventre, mains, pieds, et encore cou, poitrine, et aussi les organes de la génération, voyez dans quelle impiété et dans quel athéisme ils sont tombés de penser cela de la divinité ! Car il s'ensuit que Dieu doit pâtir tout ce qu'éprouve le corps, comme d'être coupé, divisé, et enfin de se corrompre entièrement. Or, tout cela ne convient pas à Dieu, mais plutôt aux corps qui sont sur terre [ταῦτα δὲ τὰ καὶ τοιαῦτα οὐκ ἴδια Θεοῦ, ἀλλὰ μᾶλλον τῶν ἐπὶ γῆς σωμάτων ἐστίν], car Dieu est incorporel, incorruptible et immortel, n'ayant besoin de rien pour quoi que ce soit [Ὁ μὲν γὰρ Θεὸς ἀσώματός ἐστι καὶ ἄφθαρτος καὶ ἀθάνατος, οὐδενὸς εἰς ὁτιοῦν δεόμενος][2].

Dans le traité *Sur l'Incarnation du Verbe*[3], ainsi que dans la *Lettre sur les décrets du concile de Nicée*[4], Athanase dit pareillement que Dieu, ou son Verbe, est à la fois « incorporel » (ἀσώματος)[5] et « immatériel »

1. *AB* (EW, IV, p. 306-307 / p. 182).

2. Saint Athanase d'Alexandrie, *Contre les païens*, 22, PG, t. 25, col. 44 c-d / SC, n° 18 bis, p. 120-123.

3. Saint Athanase d'Alexandrie, *Sur l'Incarnation du Verbe*, 8, 1, SC, n° 199, p. 288 : « [...] ὁ ἀσώματος καὶ ἄφθαρτος καὶ ἄϋλος τοῦ Θεοῦ Λόγος ». Voir aussi 38, 2, SC, n° 199, p. 400 : « [...] μόνος δὲ ὁ τοῦ Θεοῦ Λόγος, ὁ ἀσώματος ὢν τὴν φύσιν ». Et 44, 8, SC, n° 199, p. 428 : « [...] τὸν ἀσώματον τοῦ Θεοῦ Λόγον ».

4. Saint Athanase d'Alexandrie, *Lettre sur les décrets du concile de Nicée*, 10, PG, t. 25, col. 441 b : « ὁ δὲ Θεὸς ἄϋλος καὶ ἀσώματος ».

5. On peut rappeler ici que le terme ἀσώματος n'appartient pas à la langue du platonisme. Tatien l'atteste en premier lieu, semble-t-il, chez les Chrétiens : *Oratio adversus Graecos*, 25, PG, t. 6, col. 861 a (« Σῶμά τις εἶναι λέγει Θεόν· ἐγὼ δὲ ἀσώματον »). Contre Hobbes,

(ἄυλος)[1]. Et Athanase est très soucieux d'écarter l'idée stoïcienne d'un Dieu qui serait répandu dans les choses de telle sorte que le monde serait comme son déploiement[2]. La référence hobbesienne ne vise donc peut-être pas une œuvre d'Athanase lui-même, mais une œuvre attribuée à Athanase à l'époque. Théodore de Bèze a fourni en 1570 un important commentaire des thèses trinitaires d'Athanase[3]. Mais rien n'indique que Hobbes connaissait ce travail. Quoi qu'il en soit, la stratégie du philosophe est très claire : il s'agit d'abriter sa thèse de l'incorporéité divine derrière l'autorité reconnue d'un Père de l'Église incontesté[4].

La question demeure : quelle signification Hobbes accorde-t-il au texte paulinien ? Afin de mesurer le tour de force accompli par Hobbes, il suffit de confronter son interprétation de Colossiens 2, 9 à celle, par exemple, de saint Thomas d'Aquin dans la *Summa contra Gentiles* :

> Aucune créature ne reçoit la plénitude totale de la bonté divine : car [...] les perfections procèdent dans les créatures à partir de Dieu par une sorte

Tenison cite d'ailleurs explicitement ce passage de Tatien : « *If we consult* Tatianus, *in his Oration* contra Graecos, *we shall likewise obtain his suffrage for the immateriality of the first cause. There are, said* Tatianus, *who do maintain that God is a Body; I am not of the same belief with them, for my persuasion is, that he is incorporeal* » (*The creed of Mr. Hobbes examined*, *op. cit.*, Art. I, p. 20). Il semble que ce soit principalement à Athanase que l'on doit une compréhension du « Verbe de Dieu » comme étant « incorporel ». Et Tenison, bien sûr, ne manque pas de mentionner, parmi les nombreuses autorités théologiques et religieuses qu'il convoque contre Hobbes, celle d'Athanase : « *St.* Athanasius *tells the Followers of* Sabellius, *that it is a very childish and foolish conceit, by the eye, or by the circumscription of place, to comprehend that which is incorporeal understanding this speech of the infinite Majesty of Almighty God* » (Art. I, p. 20).

1. À l'époque d'Athanase, le terme ἄυλος, d'origine aristotélicienne, est rare pour qualifier le « Verbe de Dieu » : là aussi, c'est principalement à Athanase que l'on doit un tel emploi.

2. Saint Athanase d'Alexandrie, *Oratio II contra arianos*, 11, PG, t. 26, col. 168 c-169 c. Voir aussi Ps.-Athanase, *Oratio IV contra arianos*, 13, PG, t. 26, col. 484 c-485 b.

3. 'Αθανασιου διαλογοι ε', περι της ἁγιας τριαδος. Βασιλειου λογοι δ', κατα δυσσεβους Εὐνομιου. 'Αναστασιου και Κυριλλου ἐκθεσις συντομος της ὀρθοδοξου πιστεως. *Athanasii dialogi V de sancta Trinitate. Basilii libri IIII., aduersus impium Eunomium. Anastasii et Cyrilli compendiaria orthodoxæ fidei explicatio. Ex interpretatione Theodori Bezæ. Fœbadi siue Fœbadii liber contra Arianos. Quæ Athanasij, Anastasij & Cyrilli sunt, & quæ Fœbadij, nunc primum eduntur*, trad. latine et commentaires par Théodore de Bèze, Henri Estienne (éd.), s. l. [= Genève], exc. H. Stephanus, 1570, in-8°. On sait qu'à l'époque de Luther, par exemple, le *De Incarnatione Verbi* d'Athanase est encore inconnu dans l'Occident latin : voir Georg Kretschmar, « La compréhension du salut chez Luther dans le cadre de la patristique et de la scolastique », dans Jean-Louis Leuba (éd.), *Le Salut chrétien. Unité et diversité des conceptions à travers l'histoire*, Paris, Desclée, 1995, p. 127.

4. *AB* (EW, IV, p. 307 / p. 182) : « *So there is one Father for corporality, and that God was in Christ in such manner as body is in body* ».

d'étagement descendant. Or, le Christ a en lui la plénitude totale de la bonté divine; l'Apôtre dit en effet dans la *Lettre aux Colossiens*, 2 [v. 9] : *En lui habite toute la plénitude de la divinité*. Le Christ n'est donc pas une créature[1].

Il ne s'agit aucunement pour Hobbes de montrer que le Christ n'est pas une créature; il s'agit très précisément de montrer que le Christ n'appartient pas au registre du phantasme, c'est-à-dire du *nihil*, mais à celui de l'*ens*, c'est-à-dire du *corpus*, le « corps du Christ », comme le dit Calvin, n'étant pas « fantastique ou fantôme »[2]. D'où également le recours, dans la Première Épître aux Corinthiens, au verset 4 du chapitre 8 :

[...] nous savons qu'une idole n'est rien dans le monde, et qu'il n'est de Dieu que le Dieu unique[3].

1. Saint Thomas d'Aquin, *ScG*, IV, 7, 9 (p. 81) : « *Nulla creatura recipit totam plenitudinem divinae bonitatis : quia* [...] *perfectiones a Deo in creaturas per modum cuiusdam descensus procedunt. Christus autem habet in se totam plenitudinem divinae bonitatis : dicit enim apostolus, ad Coloss. 2-9 : in* ipso habitat omnis plenitudo divinitatis. *Christus ergo non est creatura* ».

2. *IRC*, IV, XVII, 17 (OO, t. 4, p. 1000 / p. 366); croire le contraire, précise Calvin, reviendrait à « rappeler Marcion des enfers ». De même, Huldrych Zwingli parle du « corps du Christ naturel et substantiel » (« *naturale ac substantiale istud corpus Christi* ») et du « Christ solide et entier » (« *de integro ac solido Christo* ») : *Expositio fidei* (OC, t. 4, p. 51 / p. 61 ; OC, t. 4, p. 52 / p. 64); en ce sens, voir aussi *Ad Carolum Romanorum imperatorem Germaniae comitia Augustae celebrantem fidei Huldrici Zuinglii ratio* [= *Fidei ratio*] (1530), 8 (OC, t. 4, p. 13 / André Gounelle (éd.), Paris, Les Bergers et les Mages, 2000, p. 36-37, et OC, t. 4, p. 14 / p. 39, avec la même accusation de ramener « joliment à Marcion » si l'on nie le caractère « naturel » du corps du Christ : « [...] *qua nobis via Marcion pulchre reducitur ab Andabatis istis* »). Dans la théologie protestante anglaise, voir notamment William Perkins, *The Arte of Prophecying : or, A Treatise concerning the sacred and only true manner and methode of preaching* (F. Kyngston for E. E[dgar], 1607, trad. angl. de *Prophetica*, Cambridge, J. Legatt, 1592), V (W, t. 2, p. 655 a) : « [*Christ*] *had a true and naturall bodie, being long, broad, thicke, seated and circumscribed in some place* ». Enfin, voir aussi Ignace d'Antioche, *Lettre aux Smyrniotes*, II, SC, n° 10 bis, p. 134-135 : « Et [le Christ] a véritablement souffert, comme aussi il s'est véritablement ressuscité, non pas, comme disent certains incrédules, qu'il n'ait souffert qu'en apparence : eux-mêmes n'existent qu'en apparence, et il leur arrivera un sort conforme à leurs opinions, d'être sans corps et semblables aux démons [οὖσιν ἀσωμάτοις καὶ δαιμονικοῖς] ».

3. 1 Co 8, 4 : « οἴδαμεν ὅτι οὐδὲν εἴδωλον ἐν κόσμῳ καὶ ὅτι οὐδεὶς θεὸς εἰ μὴ εἷς », « [...] *scimus quia nullum idolum est in mundo et quod nullus deus nisi Unus* ». *Authorized King James Version* : « *we know that an idol is nothing in the world, and that* there *is none other God but one* ». Voir aussi 1 Co 10, 19 : « Qu'est-ce à dire ? Que la viande sacrifiée aux idoles soit quelque chose ? Ou que l'idole soit quelque chose ? », « Τί οὖν φημι; ὅτι εἰδωλόθυτόν τί ἐστιν ἢ ὅτι εἴδωλόν τί ἐστιν », « *Quid ergo dico ? Quod idolothytum sit aliquid ? Aut quod idolum sit aliquid* ? », « *What say I then ? that the idol is any thing, or that which is offered in sacrifice to idols is any thing ?* ».

Dans l'Appendice I du *Leviathan* latin et dans l'*Answer to [...] Bramhall*, Hobbes commente :

> Quand on dit *Dieu est*, le mot *est* est le verbe substantiel, qui inclut copule et prédicat, aussi bien en grec qu'en latin. Aussi ce *Dieu est* a-t-il le même sens que « Dieu existe », c'est-à-dire (en analysant le verbe substantif) *Dieu est (un) étant*, autrement dit ὁ ὤν, c'est-à-dire une réalité et non un simple phantasme, tel que ceux qu'on appelle spectres, ou que les démons qu'honoraient les Gentils, et que l'Apôtre saint Paul dit n'être *rien* [...][1].
> La question qui nous sépare [= Hobbes et Bramhall] est de savoir si Dieu est un phantasme (c'est-à-dire une idole de l'imagination, qui, selon saint Paul, n'est rien), ou un esprit corporel, savoir, quelque chose qui possède une grandeur[2].

Aux yeux de Hobbes, la thèse de la corporéité divine, soutenue par la théologie paulinienne, ne constitue donc aucunement un retour à une forme païenne d'idolâtrie; elle en est au contraire, et de façon qu'il ne juge pas paradoxale, la négation la plus complète. Le philosophie anglais a très certainement ici pour cible principale une forme d'idolâtrie qu'il attribue à l'Église de Rome, décrite avec sarcasme comme « royaume des fées » dans le chapitre XLVII du *Leviathan*[3]. Dans l'*Answer to [...] Bramhall*, Hobbes écrit :

1. *Lev.*, Appendice I (OL, III, p. 512 / p. 502) : « *Cum dicitur* Deus est, *vox* est *est verbum substantiale, includens tum copulam tum praedicatum, tum apud Graecos tum apud Latinos. Itaque illud* Deus est, *significat idem quod Deus existit, id est, resoluto verbo substantivo,* Deus est ens, *sive ὁ ὤν, id est, reale aliquid, non merum phantasma, quale est quod vocatur spectrum, vel quales colebantur a gentibus daemones, et ab apostolo S. Paulo* nihil [...] ».

2. *AB* (EW, IV, p. 308 / p. 185) : « [...] *the question between us, is whether God be a phantasm (id est, an idol of the fancy, which St. Paul saith is nothing) or a corporeal spirit, that is to say, something that has magnitude* ». Pour 1 Co 8, 4, voir encore *Lev.*, XVI (p. 220 / p. 165); *Lev.*, XXXIV (p. 429 / p. 419); *Lev.*, XLV (p. 665 / p. 662); *Lev.* latin (OL, III, p. 457, p. 481, p. 512, p. 515, p. 537, p. 563); *QLNC*, n° XV (EW, V, p. 211 / p. 221); *AB* (EW, IV, p. 383 / p. 260); *DP*, I (EW, VII, p. 79).

3. *Lev.*, XLVII (p. 712 / p. 707), titre marginal : « *Comparison of the Papacy with the Kingdome of Fayries* ». L'idée hobbesienne du « *Kingdome of Fayries* » a des racines dans la culture populaire et la littérature anglaises. De l'Église de Rome, Hobbes indique, en effet, que « toute [sa] hiérarchie, ou royaume des ténèbres, peut être comparée, d'une manière assez appropriée, au *royaume des fées*, c'est-à-dire aux *fables* de bonnes femmes qu'on raconte en Angleterre au sujet des *spectres* et des *esprits*, et des tours qu'ils jouent pendant la nuit » ; un peu plus loin, Hobbes ajoute que « les *fées*, dans quelque nation qu'ils se trouvent, n'ont qu'un seul roi universel, que quelques-uns de nos poètes appellent le roi *Obéron;* mais l'Écriture l'appelle *Beelzébub*, prince des *démons* » (*Lev.*, XLVII, p. 712-713 / p. 707). Dans la littérature élisabéthaine, voir en particulier *The Faerie Queene* (1590-1599) d'Edmund Spenser; dans la culture populaire anglaise, voir en particulier le poème *A Proper New Ballad Intitled The Faeryes Farewell : or, God-A-Mercy Will* (1628) de Richard Corbett. Sur tout

> Quant à ceux pour qui Dieu est un phantasme [*phantasm*], comme le soutenaient les exorcistes de l'Église de Rome, c'est-à-dire une chose qu'on rangeait à l'époque parmi les esprits, dont on disait qu'ils hantaient les cimetières et qu'ils étaient les âmes de personnes enterrées, ceux-là réduisent Dieu à n'être rien du tout [*nothing at all*][1].

On se rappelle également la façon dont Hobbes raille sans nuance[2], en particulier au chapitre XLIV du *Leviathan*[3], la doctrine catholique de la transsubstantiation au sujet du sacrement de communion dans l'Eucharistie, laquelle doctrine, aux yeux du philosophe anglais, doit être considérée comme une « conjuration » (*conjuration*, *conjuratio*) ou une « incantation » (*incantation*, *incantatio*), et non comme une « consécration » (*consecration*, *consecratio*)[4]. Hobbes se contente ici de recopier Calvin :

> Et de fait, jamais ils [= les partisans de l'Eucharistie romaine] n'eussent été si vilainement abusés des illusions de Satan, s'ils n'eussent déjà été ensorcelés de cette erreur, que le corps de Christ étant enclos sous le pain, se prenait en la bouche pour être envoyé au ventre. La cause d'une fantaisie si brutale a été que ce mot de *consécration* leur était comme un enchantement ou conjuration d'art magique[5].

Puis, plus mordant, Hobbes ajoute :

> Réclamant que les hommes adorent le pain, comme si notre Sauveur lui-même était là présent, Dieu et homme, ils commettent l'idolâtrie la plus grossière. En effet, s'il leur suffit, pour se laver de l'accusation d'idolâtrie, de dire que ce n'est plus là du pain, mais Dieu lui-même, pourquoi la même excuse n'aurait-elle pas pu servir aux Égyptiens, au cas où ils auraient eu le front de dire que les poireaux et les oignons auxquels ils rendaient

cela, voir Patricia Springborg, « Hobbes, Heresy, and the *Historia Ecclesiastica* », *Journal of the History of Ideas*, vol. 55, n° 4, octobre 1994, p. 565-566.

1. *AB* (EW, IV, p. 383 / p. 260).

2. Mais il suffit de lire Robert Burton, par exemple, pour mesurer à quel point le ton polémique est alors très commun : *The Anatomy of Melancholy* (1621[1]), III, 4, 1, 3 (III, p. 352 / III, p. 1718).

3. C'est toutefois dès le chapitre VIII que Hobbes classe parmi « les paroles qui ne signifient rien » (*insignificant Speech*) des théologiens scolastiques leurs discours concernant la transsubstantiation : « En particulier ceux qui disent dans la question de la transsubstantiation, qu'après que certains mots ont été prononcés, la blanch*eur*, la rond*eur*, la grand*eur*, la quali*té*, la corruptibili*té*, etc., toutes choses immatérielles, passent de l'hostie dans le corps de notre Sauveur béni, ne font-ils pas de ces *–eur* et de ces *–té* autant d'esprits qui prendraient possession de son corps ? » – *Lev.*, VIII (p. 147 / p. 77).

4. *Lev.*, XLIV (p. 633-635 / p. 631-633 ; OL, III, p. 454-456 / p. 453-454).

5. *IRC*, IV, XVII, 15 (OO, t. 4, p. 996 / p. 363).

hommage n'étaient pas vraiment des poireaux et des oignons, mais une divinité présente sous leurs *espèces*, sous leurs apparences[1].

On se souvient qu'au chapitre XII du traité, au nombre des « opinions absurdes des Gentils »[2], Hobbes avait déjà compté la déification de l'« oignon » et du « poireau »[3], et, au chapitre XLV, Hobbes met à nouveau explicitement en parallèle les pratiques païennes et la doctrine de la transsubstantiation[4]. La critique de l'idolâtrie païenne et de la façon dont elle est censée continuer à vivre au sein de l'Église de Rome, rattache assurément Hobbes au mouvement de la Réforme. Dans *The whole treatise of the cases of conscience*, William Perkins, par exemple, déplore que le « papiste » fasse du Dieu des Chrétiens une « idole », parce qu'il ne l'adore pas dans « un Christ vrai, mais feint, qui siège à la droite du Père au Ciel et se trouve également dans les mains de tous les prêtres célébrant la messe, après les paroles de consécration »[5]. La stratégie consistant à accuser les

1. *Lev.*, XLIV (p. 634-635 / p. 632-633). Voir également *Lev.*, XXX (p. 379 / p. 360) ; *B*, I (EW, VI, p. 182 / p. 54).

2. *Lev.*, XII (p. 173 / p. 109), titre marginal : « *The absurd opinion of Gentilisme* ». Sur le terme anglais « *gentilism* », voir *OED*, art. « *gentilism* » (t. 6, p. 449).

3. *Lev.*, XII (p. 173 / p. 109).

4. *Lev.*, XLV (p. 673 / p. 670) : « [...] il ne suffit pas de dire que Dieu peut transsubstantier le pain dans le corps du Christ, car les Gentils, eux aussi, tiennent Dieu pour tout-puissant, et pourraient aussi bien, sur cette base, excuser leur idolâtrie en prétextant, non moins que certains autres, la transsubstantiation de leur bois et de leur pierre dans le Dieu tout-puissant ». Sur la critique de la doctrine de la transsubstantiation, voir également *EL*, II, VI, 9 (p. 153) ; *Lev.*, VIII (p. 146-147 / p. 77) ; *Lev.*, XLIII (p. 617 / p. 612) ; *Lev.*, XLV (p. 681 / p. 677) ; *Lev.*, XLVII (p. 708 / p. 704). Selon Hobbes, c'est seulement avec Innocent III que la transsubstantiation devint centrale dans l'Église de Rome : *Lev.*, XLIV (p. 635 / p. 633) ; voir la lettre *Cum Marthae circa* à l'Archevêque Jean de Lyon (29 novembre 1202), *HDE*, n° 782-784 (p. 283-284 = PL, t. 214, col. 1119 a-1122 b). C'est avec le concile de Trente, lors de la treizième session du 11 octobre 1551, que la doctrine de la transsubstantiation devint un objet d'enseignement catholique : *HDE*, n° 1642 et n° 1652 (p. 440-441 et p. 443-444).

5. William Perkins, *The whole treatise of the cases of conscience*, II, 4 (W, t. 2, p. 61 b) : « *The Turke conceiues and worships a God, creator of heaven and earth, but an abstracted god, which is neither Father, Sonne, nor Holy Ghost. The Iew worshippeth God, but cut of Christ, and therefore a feigned and idol god. The Papist in word acknowledgeth and so worshippeth God, but indeed makes God an idol, because hee worships him not in a true, but in a feigned Christ, that sits at the right hand of the Father in heaven, and is also in the hands of euery Masse-priest, after the words of consecration. But the Protestant knowes God as hee will be knowne, and consequently worships him as hee will bee worshipped, in Father, Sonne, and Holy Ghost* ». L'accusation de paganisme lancée contre l'Église de Rome est bien sûr, en milieu réformé, un lieu commun. Voir, *inter alia*, Jean Calvin, *IRC*, IV, XVII, 13 (OO, t. 4, p. 990 / p. 361), à propos de la doctrine de la transsubstantiation : « Car il appert en quelle superstition ont été détenus par long espace de temps, et sont encore à présent par les Églises papales, je ne dis pas seulement les gens du commun populaire, mais les plus sages et les plus

adversaires que l'on combat de ne pratiquer qu'une forme d'idolâtrie païenne, constitue, notamment mais pas seulement, dans l'Angleterre du XVIIe siècle, l'un des points nodaux des controverses politico-religieuses, aussi bien dans le cadre des affrontements entre protestants et catholiques que dans celui des affrontements entre les différents mouvements protestants eux-mêmes. C'est dans ce cadre que, par exemple, les imposants travaux de Gerard Joannes Vossius [1] sont abondamment cités et commentés en Angleterre, notamment par Edward Herbert [2] ou par John Aubrey [3].

Mais il faut souligner que c'est, en deçà de la critique de l'Église de Rome, la logique même du paganisme que Hobbes a en vue et qu'il entend contrer en soutenant la thèse de la corporéité de Dieu [4]. L'idolâtrie commence, soutient en effet le philosophe, lorsque les phantasmes, qui sont de « purs riens » [5], sont considérés, par une opération de réification, comme étant des entités qui peuvent avoir une certaine influence sur nous et notre vie. Or, une telle erreur concernant la nature véritable des phantasmes et de leur génération, est incontestablement aux yeux de Hobbes à la source de « la plus grande part de la religion des païens du temps passé » [6] :

grands docteurs ». Pour le sacrement du baptême, John Milton, dans *Of Reformation touching Church Discipline in England* (mai 1641), se plaint également que « *Then was Baptisme chang'd into a kind of exorcism* » (CPW, t. 1, p. 523).

1. Gerard Joannes Vossius, *De theologia gentili, et physiologia Christiana; sive De origine ac progressu idololatriæ, : ad veterum gesta, ac rerum naturam, reductæ; deque naturæ mirandis, quibus homo adducitur ad Deum* [texte précédé par *R. Mosis Maimonidæ de idololatria liber, cum interpretatione Lat. &. notis D. Vossii*], Amsterdam, apud Ioh. & Cornelium Blaeu, 1641.

2. Edward Herbert, baron de Cherbury, *De religione gentilium, errorumque apud eos causis*, Isaac Voss (éd.), Amsterdam, typis Blaeviorum, 1663.

3. John Aubrey, *Remaines of Gentilisme and Judaisme* (1666), dans John Aubrey, *Three Prose Works*, John Buchanan-Brown (éd.), Fontwell, Centaur Press, 1972, p. 130-304. De façon générale, voir François Laplanche (éd.), *Les Religions du paganisme antique dans l'Europe chrétienne, XVIe-XVIIIe siècle*, Paris, Presses de l'Université de Paris-Sorbonne, 1988.

4. On notera également que Hobbes doit une grande partie de son information au sujet des pratiques religieuses païennes directement aux historiens antiques eux-mêmes : à Diodore de Sicile dans le *Behemoth* (*B*, II, EW, VI, p. 277-281 / p. 131-134) et dans le *Decameron physiologicum* (*DP*, I, EW, VII, p. 73-75); à Hérodote dans le *Leviathan* (*Lev.*, XII, p. 175-176 / p. 112; *L'Enquête*, 2, 54-57, pour l'oracle d'Ammon).

5. *DP*, I (EW, VII, p. 79) : « [...] *so many idols, mere nothings* ». Karl Schuhmann n'hésite pas à parler de l'« *ontological zero status* » des phantasmes : « Phantasms and idols : true philosophy and wrong religion in Hobbes », dans Luc Foisneau et George Wright (éd.), *New critical perspectives on Hobbes's* Leviathan *upon the 350th anniversary of its publication*, Milan, Franco Angeli, 2004, p. 27.

6. *Lev.*, II (p. 92 / p. 18-19) : « C'est de cette ignorance du moyen de distinguer, de la vision et de la sensation, les rêves et les autres phantasmes vivaces, que tirait son origine la

> La plupart des hommes sont facilement tombés dans l'idolâtrie, et presque toutes les nations ont révéré Dieu sous des images et des figures de choses finies, révérant des spectres et des phantasmes, les appelant des démons, peut-être par crainte [1].
> Les Gentils concevaient communément les images du cerveau comme étant des choses subsistant réellement en dehors d'eux et comme n'étant pas dépendantes de la fantaisie ; [...] ils s'étaient forgés, à partir de là, leurs opinions touchant les *démons*, bons ou mauvais, qu'ils appelaient des *substances*, parce qu'ils semblaient subsister réellement, et *incorporelles*, parce qu'ils ne pouvaient pas les toucher avec leurs mains [2].

Le « spiritualisme », qui est donc aux yeux de Hobbes la marque même du paganisme, quelle qu'en soit la forme, est l'« ennemi » le plus redoutable de la vraie religion du Christ [3] ; il sème la « zizanie » dans le Christianisme [4], notamment parce qu'il introduit « la démonologie des poètes païens, c'est-à-dire leur doctrine fabuleuse touchant les démons, qui ne sont que des idoles, ou phantasmes du cerveau, dénués de toute nature réelle qui leur soit propre et distincte de l'imagination humaine : tels sont les spectres des morts, les fées, et toutes les autres matières à contes de bonnes femmes » [5].

plus grande part de la religion des païens du temps passé, qui rendaient un culte aux satyres, aux faunes, aux nymphes et à d'autres êtres de ce genre » ; Hobbes poursuit alors son analyse, en prolongeant sa genèse de l'idolâtrie à « nos jours » : « de même que la croyance aux sylphes, aux spectres, aux gnomes et au pouvoir des sorcières qu'ont de nos jours les gens incultes ».

1. *DCi*, XVI, 1 (p. 234) : « *Maximam itaque partem hominum facile occupauit* Idolatria ; *& coluerunt Deum omnes pene Gentes sub* imaginibus, & figuris *rerum finitarum, spectraque siue Phantasmata, forte ex metu daemonia appellantes, coluere* ».

2. *Lev.*, XXXIV (p. 435 / p. 426) : « [...] *the Gentiles did vulgarly conceive the imagery of the brain, for things really subsistent without them, and not dependent on the fancy ; and out of them framed their opinions of* demons, *good and evil ; which because they seemed to subsist really, they called* substances ; *and because they could not feel them with their hands,* incorporeal ». Dans le *Leviathan*, voir également *Lev.*, XII (p. 173-175 / p. 109-111) et XLV (p. 657-681 / p. 655-677). L'explication de Hobbes est proche de celle proposée par Eusèbe de Césarée, les « démons » des païens, selon ce dernier, étant à l'origine du polythéisme : *La Préparation évangélique*, VII, 16, 8-11, SC, n° 215, p. 252-254.

3. *Lev.*, XLIV (p. 628 / p. 626) : « *The Enemy has been here in the Night of our naturall Ignorance, and sown the tares of Spirituall Errors* », « L'ennemi est venu ici à la faveur de la nuit de notre ignorance naturelle, et a semé l'ivraie des erreurs spirituelles ».

4. *Lev.*, XLIV (OL, III, p. 450 / p. 450) : « *In ignorantiae nostrae naturalis obscura nocte, errorum spiritualium zizania seminavit inimicus* ».

5. *Lev.*, XLIV (p. 628-629 / p. 626-627). C'est là le deuxième des quatre facteurs repérés par Hobbes pour expliquer la corruption du Christianisme véritable : il est étudié au chapitre XLV du traité (« *Of Daemonology, and other Reliques of the Religion of the Gentiles* », « *De daemonologia et reliquiis aliis religionum ethnicarum* »). Les trois autres facteurs sont les suivants. 1) L'interprétation incorrecte de l'Écriture sainte : c'est l'objet du chapitre XLIV

Dès lors, conclut Hobbes, « qui tient qu'il est un Dieu, et que Dieu est réellement quelque chose (car le "corps" est sans nul doute une "substance réelle"), est aussi éloigné d'être athée qu'on peut l'être »[1].

§ 2. *L'argumentation patristique et conciliaire*

Hobbes, on vient de le voir, se réfère à saint Athanase d'Alexandrie pour commenter Colossiens 2, 9. Mais c'est principalement à Tertullien que le philosophe renvoie lorsqu'il s'agit de défendre, d'un point de vue théologique, la thèse de la corporéité de Dieu[2]. Plus précisément, Hobbes cite deux passages de Tertullien, un extrait du *De carne Christi* et un extrait de l'*Adversus Praxean* :

> Il [= Hobbes] affirme, effectivement, que Dieu est un corps. Mais avant lui Tertullien l'avait affirmé aussi. En effet, disputant contre Apellès et d'autres hérétiques de son temps, qui enseignaient que notre Sauveur

(« *Of Spirituall Darknesse from misinterpretation of Scripture* », « *De tenebris spiritualibus ab interpretatione non recta Scripturarum* »). 2) L'influence néfaste de la religion et de la philosophie des Grecs sur le Judaïsme, puis sur le Christianisme : c'est l'un des objets du chapitre XLVI (« *Of Darknesse from Vain Philosophy, and Fabulous Traditions* », « *De tenebris ab inani philosophia* » ; dans la version latine, voir en particulier *Lev.*, XLVI, OL, III, p. 499 / p. 488). 3) L'insinuation de traditions fausses et de notions incertaines : c'est aussi l'un des objets du chapitre XLVI. Sur le rôle majeur joué par les poètes dans la formation du paganisme ancien, voir notamment *Lev.*, XII (p. 173 / p. 109) et *Lev.*, XLV (p. 659 / p. 656 : les poètes furent, estime Hobbes, les « principaux prêtres de la religion païenne »).

1. *AB* (EW, IV, p. 383 / p. 260) : « *He that holds there is a God, and that God is really somewhat, (for* body *is doubtlessly a* real substance*), is as far from being an atheist, as it is possible to be* ».

2. *LRRM* (EW, IV, p. 429 / p. 103-104); *HNH* (EW, IV, p. 397 / p. 41); *Lev.*, XLVI (OL, III, p. 492-493 / p. 483); *Lev.*, Appendice III (OL, III, p. 561-562 / p. 547-548); *AB* (EW, IV, p. 308 / p. 182-184); *AB* (EW, IV, p. 383 / p. 260). En soi, la référence à Tertullien n'est pas une originalité hobbesienne. Robert Burton, par exemple, classe Tertullien parmi les auteurs pour qui les « démons » possèdent des « corps aériens » (*aerial bodies*) : *The Anatomy of Melancholy*, III, 4, 2, 6 (III, p. 430 / III, p. 1843). Dans le premier tiers du XVIIe siècle, le Père Juan Luis de La Cerda, de la Société de Jésus, a publié et commenté les œuvres de Tertullien : *Quinti Septimii Florentis Tertulliani... Opera. Argumentis, explicationibus, notis illustrata. Authore Ioanne Ludovico de la Cerda Toletano theologo, Societatis Iesu; cum indice locupletissimo rerum & verborum*, Lutetiae Parisiorum, sumptibus Michaelis Sonnii, via Iacobæa, sub scuto Basileensi, 1624 (vol. I) et 1630 (vol. II), 2 vol. in-fol. On peut aussi rappeler que John Milton a lu avec beaucoup d'attention Tertullien : le *Commonplace Book* fait ainsi mention de la lecture de l'*Apologétique;* voir James Holly Hanford, « The Chronology of Milton's Private Studies », *Publications of the Modern Languages Association of America*, vol. 36, 1921, p. 251-314, ici p. 264; Jacques Blondel, « Introduction », dans John Milton, *Le Paradis reconquis*, trad. fr. Jacques Blondel, Paris, Aubier, 1955, p. 83-84. En Angleterre, voir également Ralph Cudworth, *The True Intellectual System of the Universe*, I, V, *op. cit.*, p. 800-801.

Jésus-Christ n'était pas un corps, mais un phantasme [*non corpus sed phantasma*], il énonça cette proposition universelle : *quicquid corpus non est, non est ens*. De même, polémiquant contre Praxéas : *Omnis substantia est corpus sui generis*. Et cette doctrine ne fut condamnée par aucun des quatre premiers conciles généraux [1].

Rappelons que les « quatre premiers conciles généraux » auxquels Hobbes se réfère ici sont celui de Nicée (325), où fut condamné l'arianisme; celui de Constantinople (381), où fut notamment affirmée la divinité du Saint-Esprit contre Macédonius et Marathonius ; celui d'Éphèse (431), où l'unité de personne dans le Christ et la maternité de Marie furent affirmées contre Nestorius, et où le pélagianisme, à travers Caelestius, fut condamné; enfin, celui de Chalcédoine (451), où l'eutychianisme, à son tour, fut condamné. Il s'agit, en Angleterre, des conciles reconnus par l'*Act of Supremacy* de 1559 pour tout ce qui concerne la définition et la répression des hérésies [2]. On soulignera, afin d'abonder dans le sens de ce que Hobbes avance, qu'un grand nombre de formules de l'*Adversus Praxean*, qui est le plus ancien traité consacré à la théologie trinitaire, fut repris par le concile de Nicée [3].

1. *Lev.*, Appendice III (OL, III, p. 561 / p. 547). L'argumentation hobbesienne est reprise dans le *Livre des trois imposteurs;* dans la version de 1713, voir II, 10 : *L'Art de ne croire en rien, suivi de Livre des trois imposteurs*, Raoul Vaneigem (éd.), Paris, Payot & Rivages, 2002, p. 112-113. Pour une critique du *Livre des trois imposteurs* dans le contexte anglais, voir, par exemple, Robert Burton, *The Anatomy of Melancholy*, III, 4, 2, 1 (III, p. 389 / III, p. 1776) : « [...] *that pestilent book* de tribus mundi impostoribus, quem sine horrore (inquit) non legas ». Ou encore Thomas Browne, *Religio Medici* (1642-1643), I, 20 (W, t. 1, p. 28).

2. *An Act restoring to the Crown the ancient jurisdiction over the state ecclesiastical and spiritual, and abolishing all foreign power repugnant to the same* (1559 : 1 Eliz. I, c. 1), n° XX, dans Geoffrey Rudolph Elton (éd.), *The Tudor constitution : documents and commentary*, Cambridge, Cambridge University Press, 1960[1], 1982[2], n° 184, p. 376-377 : « [...] *determine or adjuge any matter or cause to be heresy but only such as heretofore have been determined, ordered or adjudged to be heresy by the authority of the canonical Scriptures, or by the first four General Councils or any of them, or by any other General Council wherein the same was declared heresy by the express and plain words of the said canonical Scriptures, or such as hereafter shall be ordered, judged or determined to be heresy by the High Court of Parliament of this realm with the assent of the clergy in their Convocation* ». Pour Hobbes, voir *HNH* (EW, IV, p. 406 / p. 51-52); *Lev.*, Appendice II (OL, III, p. 553-555 / p. 539-541). Voir aussi Henry Chadwick, « The status of ecumenical councils in anglican thought », dans David Neiman et Margaret Schatkin (éd.), *The heritage of the early Church. Essays in honor of the very reverend Georges Vasilievich Florovsky*, Rome, Pont. Institutum Studiorum Orientalium, 1973, p. 393-408.

3. Dans cet ouvrage, Tertullien affirme notamment la distinction réelle et numérique, dans l'unité, du Père, du Fils et de l'Esprit, définition qu'il n'a pas « inventée », mais dont l'expression et l'explication rationnelle n'avaient jamais été tentées de manière aussi précise

Dans le *De carne Christi*, Tertullien critique principalement les docètes (Marcion, Valentin) et leur tendance à nier l'Incarnation et la réalité du corps du Christ. Le passage que cite Hobbes vise très précisément les valentiniens (et non pas les apellétiens) et entend montrer que la chair du Christ n'est pas de nature purement psychique :

> Discutons avant toute chose s'il convenait qu'elle fût manifestée ainsi, cette âme qu'ils [= les valentiniens] prétendent avoir été jadis tout à fait invisible : à la façon d'un être incorporel ou d'un être également pourvu d'un corps particulier en son genre. Cependant, en disant qu'elle est invisible, ils établissent qu'elle est corporelle puisqu'elle a quelque chose d'invisible. Si elle n'a rien d'invisible, comment peut-on dire qu'elle est invisible ? Mais il est même impossible qu'elle soit, si elle n'a rien qui la fasse être. Or, puisqu'elle est, il est nécessaire qu'elle ait quelque chose qui la fait être. Si elle a quelque chose qui la fait être, cela ne peut être que son corps. Tout ce qui est, est corps, en son genre particulier; rien n'est incorporel sinon ce qui n'est pas [*Omne quod est, corpus est sui generis; nihil est incorporale, nisi quod non est*][1].

Dans le *De anima*, Tertullien écrit également que « rien n'existe, s'il n'est corps »[2]. Tout ce qui existe et possède quelque efficace est corps; ce qui est incorporel n'existe pas. L'argumentation de Tertullien a ici très clairement des présupposés stoïciens. On se rappelle que, pour les Stoïciens, « "étant" se dit seulement des corps »[3] ; en dehors des corps, il n'y a que les « choses qui ne sont pas » (le dicible, le vide, le lieu, le temps)[4] ou les imaginaires sans substance (les centaures, les géants, etc.)[5].

Dans l'*Adversus Praxean*, également cité par Hobbes, Tertullien affirme clairement la corporéité de Dieu :

avant lui : voir René Braun, *Deus christianorum. Recherches sur le vocabulaire doctrinal de Tertullien*, Paris, Études augustiniennes, 1977[2], p. 141-242.

1. Tertullien, *De carne Christi* (v. 209-211), XI, 2-4, SC, n° 216, p. 258-259.

2. Tertullien, *De anima* (v. 208-212), VII, PL, t. 2, col. 657 a : « *Nihil enim, si non corpus* ». Cette phrase est dite en réponse à la question de la présence effective ou non de l'âme de Lazare au Ciel tandis que celle du mauvais riche est en Enfer (Lc 16, 19-31). Tertullien précise que, même s'il faut entendre ce texte comme une parabole, « la représentation de l'âme ne prendrait pas la représentation du corps » (« *Si enim non haberet anima corpus, non caperet imago animae imaginem corporis* »).

3. Alexandre d'Aphrodise, *Sur les* Topiques *d'Aristote*, 301, 24 : « Τὸ ὂν κατὰ σωμάτων μόνων λέγεσθαι » = SVF, II, 329 = LS 27 B.

4. Sextus Empiricus, *Contre les professeurs* (*Adversus mathematicos*), X, 218 = SVF, II, 331 = LS 27 D.

5. Sénèque, *Epistulae morales ad Lucilium*, 58, 12-15, dans *Entretiens. Lettres à Lucilius*, Paul Veyne (éd.), Paris, Laffont, 1993, p. 737-738 = SVF, II, 332 = LS 27 A.

> Qui niera, en effet, que Dieu est corps, bien que Dieu soit esprit ? L'esprit est, en effet, un corps d'un genre propre dans une forme propre [1].

Dieu, qui est esprit, est donc un corps mais d'un genre propre. Tertullien parle aussi, dans l'*Adversus Marcionem*, de « *diuini corporis* » [2]. La thèse, ici encore, repose sur des principes hérités du Stoïcisme. Tertullien lui-même indique d'ailleurs que, de Dieu, « les uns le prétendent incorporel, les autres corporel : tels sont les Platoniciens et les Stoïciens » [3]. De même, selon Origène : « Le Dieu des Stoïciens, en tant qu'il est un corps [...] » [4] ; au

1. Tertullien, *Adversus Praxean* (213), VII, PL, t. 2, col. 162 c : « *Quis enim negabit Deum corpus esse, etsi Deus spiritus est ? Spiritus enim corpus sui generis in sua effigie* ».

2. Tertullien, *Adversus Marcionem* (v. 200-210), II, 16, 4, SC, n° 368, p. 102. Sur la corporéité de l'âme, voir *De anima*, VI, PL, t. 2, col. 653-656, et IX, PL, t. 2, col. 659 a : l'âme possède « tous les attributs habituels généralement reconnus à la corporéité comme la manière d'être, comme la limitation, comme les fameuses trois dimensions, j'entends longueur, largeur et profondeur, par lesquelles les philosophes mesurent les corps » (« [...] *et omnimode debita corpulentiae, adesse animae quoque, ut habitum, ut terminum, ut illud trifariam distantiavum, longitudinem dico, et latitudinem, et sublimitatem, quibus metantur corpora philosophi* »). Pourquoi les « fameuses trois dimensions » ? Il peut s'agir d'une référence à Aristote, selon lequel « seul » le corps « est défini par le nombre trois » (*Du ciel*, I, 1, 268 a 23-24 : « μόνον γὰρ ὥρισται τοῖς τρισίν ») ; la détermination du corps comme ce qui s'étend dans trois dimensions en présentant une résistance est également stoïcienne et épicurienne (voir David E. Hahm, *The Origins of stoic cosmology*, Columbus, Ohio State University Press, 1977, p. 10). Cette détermination du corps deviendra, en effet, fameuse – saint Augustin, *De Trinitate*, X, 7, 9, BA, t. 16, p. 138 : « [...] *aliqua longitudine et latitudine et altitudine* » ; saint Thomas d'Aquin, *ST*, Ia, q. 18, art. 2, co. (p. 15) : « *Sicut patet quod hoc nomen corpus impositum est ad significandum quoddam genus substantiarum, ex eo quod in eis inveniuntur tres dimensiones, et ideo aliquando ponitur hoc nomen corpus ad significandas tres dimensiones, secundum quod corpus ponitur species quantitatis* ».

3. Tertullien, *Apologeticum* (v. 197), XLVII, 6, Jean-Pierre Waltzing (éd.), Paris, Les Belles Lettres, 1998, p. 208-209 : « *Alii incorporalem asseuerant, alii corporalem, qua Platonici et Stoici* ». La formule est citée par Juste Lipse, mais déformée : « [...] la formulation, en partie correcte, de Tertullien "les Platoniciens et les Stoïciens ont soutenu un dieu corporel", à savoir le monde » – *Physiologia stoicorum* (1604), I, 8, trad. fr. Jacqueline Lagrée, Paris, Vrin, 1994, p. 226-227.

4. Origène, *Contre Celse*, IV, 14, SC, n° 136, p. 218 : « Ἀλλὰ καὶ ὁ τῶν Στωϊκῶν θεός, ἅτε σῶμα τυγχάνων [...] » = SVF, II, 1052 = LS 46 H. En ce sens, voir aussi : Plotin, *Ennéades*, II, 4, 1 ; Eusèbe de Césarée, *La Préparation évangélique*, XV, 14, 1, PG, t. 21, col. 1341 b = SVF, I, 98 = LS 45 G ; saint Hippolyte de Rome, *Philosophumena sive omnium haeresium refutatio*, I, 40-41, PG, t. 16-3, col. 3048 c = SVF, I, 153 ; Calcidius, *In Tim.*, c. 294 = SVF, I, 87. Sur la théorie de la corporéité divine dans le Stoïcisme antique, voir Michel Spanneut, *Le Stoïcisme des Pères de l'Église*, *op. cit.*, p. 85-90.

point, relate par exemple Tatien, que, pour les Stoïciens, « Dieu sera présent dans les cloaques, dans les vers, dans l'homme infâme »[1].

Est-il pour autant exact et légitime de parler du « matérialisme » de Tertullien[2] ? Déjà Thomas Tenison, dans *The creed of Mr. Hobbes examined*, en doutait sérieusement. La référence faite par Hobbes aux thèses de Tertullien n'a bien sûr pas échappé à l'attention de l'érudit[3], mais il se refuse à la disqualifier de façon externe, en considérant « de haut », pour ainsi dire, le sérieux de la doctrine de Tertullien[4]. Tout au contraire, Tenison entend montrer, de façon purement interne[5], que Hobbes n'a pas du tout compris le sens véritable des textes de Tertullien qu'il a convoqués, lesquels textes n'ont absolument rien de « matérialistes ». Pour le montrer, Tenison fait valoir la dualité d'orientation caractérisant la manière dont Tertullien a été amené à penser la notion de « corps ». Selon une première orientation de la pensée de Tertullien, « corps », explique Tenison, veut dire « matière passive » ; c'est ce que montre tout particulièrement la fin du chapitre VII du *De anima* :

1. Tatien, *Oratio adversus Graecos*, 3, PG, t. 6, col. 812 a : « Καὶ ὁ Θεὸς κακῶν ἀποδειχθήσεται κατ' αὐτὸν ποιητὴς, ἐν ἀμάραις τε καὶ σκώληξι, καὶ ἀῤῥητουργοῖς καταγινόμενος ». Tatien rapporte ici une thèse de Zénon de Cittium.

2. Michel Spanneut, *Le Stoïcisme des Pères de l'Église*, *op. cit.*, p. 289-290, p. 391-394. Saint Augustin, par exemple, ne condamne pas Tertullien comme hérétique et différencie sa pensée de celle des « anthropomorphites » : « *Nec tamen hinc haereticus dicitur factus. Posset enim quoquo modo putari ipsam naturam substantiamque divinam corpus vocare ; non tale corpus cujus partes aliae majores, aliae minores valeant vel debeant cogitari, qualia sunt omnia quae proprie dicimus corpora ; quamvis de anima tale aliquid sentiat : sed potuit, ut dixi, propterea putari corpus Deum dicere, quia non est nihil, non est inanitas, non est corporis vel animae qualitas, sed ubique totus, et per locorum spatia nulla partitus, in sua tamen natura atque substantia immutabiliter permanet. Non ergo ideo est Tertullianus factus haereticus* [...] » – *De haeresibus ad Quodvultdeum liber unus*, 86, PL, t. 42, col. 46-47.

3. Tenison s'appuie plus précisément sur l'exposé de *Mr Hobbs Considered in his Loyalty, Religion, Reputation, and Manners* (*LRRM*, EW, IV, p. 429 / p. 103-104) : *The creed of Mr. Hobbes examined*, *op. cit.*, Art. I, p. 21.

4. *The creed of Mr. Hobbes examined*, *op. cit.*, Art. I, p. 21-22 : « *Some perhaps might here reply, that* Tertullian *was a single witness, and that his testimony might appear invalid, because he was condemned of old, as an Heretick for this very Doctrine ; because he was a man of a various Creed ; because he was better skilled in the Laws of the* Roman *Empire, than in those of nature ; at least that he attended not to the phylosophyck consequence of his opinion ; lastly, because to avoid his adversaries, he ran too high the other extreme, and would have used different weapons in another controversie* ».

5. *Ibid.*, Art. I, p. 22 : « *But it will be more agreeable to the reverence which we owe to that very antient and learned Writer, to explain one place in him by another, than rudely to accuse him* ».

> En effet, autant tout corporel est passible, autant ce qui est passible est corporel[1].

Citant ce texte, Tenison commente :

> Or, il ne doit pas être imaginé que, selon cette signification du mot *corpus*, un corps devrait être attribué à la nature impassible de Dieu, cela de la part d'un homme qui adorait avec dévotion les perfections de ce dernier[2].

Mais, à suivre Tenison, il existe une deuxième orientation de la pensée de Tertullien : « corps » signifie alors « la substance simple, l'être simple ou l'essence simple des choses »[3]. À l'appui de cette caractérisation, Tenison convoque un passage important du *Adversus Hermogenem* :

> Car, si je ne me trompe, toute chose est nécessairement corporelle ou incorporelle – j'admets pour l'instant que quelque chose d'incorporel soit existant, mais parmi les substances seulement, quoique la substance elle-même soit le corps de chaque chose[4].

Dans ce texte, Tenison estime qu'« il est manifeste que, par corps, Tertullien veut uniquement dire essence et non matière impénétrable »[5]. Et c'est incontestablement cette signification-là de *corpus*, ajoute enfin Tenison contre Hobbes, qui vaut dans le passage du *De carne Christi* sur lequel le philosophe anglais, à tort, fonde sa défense théologique de la corporéité divine.

Les explications de Tenison peuvent paraître convaincantes. D'autant qu'elles concordent parfaitement avec les travaux des interprètes contemporains les plus autorisés de la pensée de Tertullien. George Christopher Stead ou Joseph Moingt, par exemple, montrent à quel point il serait erroné d'attribuer à Tertullien l'idée selon laquelle Dieu possède un

1. Tertullien, *De anima*, VII, PL, t. 2, col. 657 b : « *In quantum enim omne corporale, passibile est*; *in tantum, quod passibile est, corporale est* ».

2. *The creed of Mr. Hobbes examined*, *op. cit.*, Art. I, p. 22 : « *Now it is not to be imagined, that in this meaning of the word* Corpus, *a body should be attributed to the impassible Nature of God, by a man who devoutly adored his Perfections* ».

3. *Ibid.*, Art. I, p. 22 : « [...] *the meer substance, being, or essence of things* ».

4. Tertullien, *Adversus Hermogenem* (v. 200-206), XXXV, 2, SC, n° 439, p. 174-175 : « *Nisi fallor enim, omnis res aut corporalis <aut incorporalis> sit necesse est – ut concedam interim esse aliquid incorporale, de substantiis dumtaxat, cum ipsa substantia corpus sit rei cuiusque* ». Sur ce texte, voir les commentaires de Jean-François Courtine, « *Res*, *ens* », dans Barbara Cassin (éd.), *Vocabulaire européen des philosophies. Dictionnaire des intraduisibles*, Paris, Éditions du Seuil-Dictionnaires Le Robert, 2004, p. 1077.

5. *The creed of Mr. Hobbes examined*, *op. cit.*, Art. I, p. 22 : « [...] *it is apparent that by body,* Tertullian *meant only essence, and not impenetrable essence* ».

corps comme l'homme. Il faut distinguer, comme y invite du reste Tertullien lui-même, les différents sens du mot « corps » :

> Distingue les substances et attribue-leur des sentiments qui leur soient propres, marqués de toute la différence qu'exigent les substances en cause, et cela, même si les termes paraissent établir entre eux une communauté. Car nous lisons dans l'Écriture : le bras, les yeux, les pieds de Dieu. On n'ira pas pourtant les assimiler à ceux des hommes du fait qu'ils sont associés sous une appellation commune. La différence qu'il y aura, sous des noms identiques de membres, entre le corps divin et le corps humain, se retrouvera aussi grande entre l'esprit divin et l'esprit humain malgré l'identité des termes sous lesquels sont désignés les sentiments [1].

Tertullien donne donc au mot « corps », lorsqu'il est appliqué à Dieu, un sens qu'il n'a pas lorsqu'il est appliqué à l'homme et aux choses [2]. En outre, montre Jérôme Alexandre, le *corpus*, selon Tertullien, est la réalité correspondant à une « forme » (*effigies*) perçue par les sens ou par l'entendement ; il n'est donc pas nécessairement matériel [3].

Il importe toutefois de souligner que les objections de Tenison contre Hobbes viseraient peut-être juste si le projet hobbesien, ici, pouvait être considéré comme la mise au point d'une sorte de « matérialisme » entendu en un sens vraiment très grossier. Or, on peut douter que tel soit le cas, et l'explication de Tenison cherchant à montrer que Tertullien n'était pas un « matérialiste » peut être appliquée à la pensée de Hobbes elle-même. Plus exactement encore, si « matérialisme » de Hobbes il y a, il convient de le ressaisir selon sa structure proprement épistémique. Hobbes ne cesse de le répéter : il ne s'agit aucunement pour lui d'attribuer à Dieu « un corps

1. Tertullien, *Adversus Marcionem*, II, 16, 4, SC, n° 368, p. 102-103 : « *Discerne substantias et suos eis distribue sensus, tam diuersos quam substantiae exigunt, licet uocabulis communicare uideantur. Nam et dexteram et oculos et pedes Dei legimus, nec ideo tamen humanis comparabuntur, quia de appellatione sociantur. Quanta erit diuersitas diuini corporis et humani sub eisdem nominibus membrorum, tanta erit et animi diuini et humani differentia sub eisdem licet uocabulis sensuum* ».

2. George Christopher Stead, « Divine substance in Tertullian », *The Journal of Theological Studies*, vol. XIV (n. s.), Part 1, avril 1963, p. 46-66. Joseph Moingt, s. j., *Théologie trinitaire de Tertullien*, Paris, Aubier, 1966 et 1969, t. II, p. 322-331 et t. IV, p. 223.

3. Jérôme Alexandre, *Une chair pour la gloire : l'anthropologie réaliste et mystique de Tertullien*, Paris, Beauchesne, 2001, p. 193-338. Pour une lecture phénoménologique de Tertullien, voir Emmanuel Falque, « Une analytique de l'incarnation : le *De carne Christi* de Tertullien », dans Marco M. Olivetti (éd.), *Incarnation*, Padoue, CEDAM, 1999, p. 517-542 ; *Dieu, la chair et l'autre. D'Irénée à Duns Scot*, Paris, P.U.F., 2008, II, 5, p. 251-288.

organique »[1], et, dans le *De Cive* comme dans le *Leviathan*, Hobbes déclare qu'il est parfaitement absurde de penser que Dieu pourrait être circonscrit dans un lieu déterminé[2]. Par « corps », soutient Hobbes, il ne faut pas entendre seulement ce qui peut être senti par les cinq sens :

> « Le corps » (en latin, *corpus ;* en grec, σῶμα) est cette substance qui a une grandeur indéterminée, et c'est la même chose que la substance corporelle ; mais « un corps » est ce qui a une grandeur déterminée, et que l'on comprend, par conséquent, comme étant *totum* ou *integrum aliquid*[3].
> Pour moi, j'entends maintenant par corps ce dont on peut vraiment dire que cela existe réellement en soi-même, et qui a quelque grandeur ; je dis : qui a quelque grandeur, non point qui soit la grandeur elle-même[4].

Le concept de « corps » se confond donc, dans sa généralité, avec la substantialité et doit être traité en synonyme de « substance ». Martine Pécharman peut commenter :

> Hobbes ne saurait être confondu avec l'un de ces « non-initiés » dont parle Platon dans le *Théétète*, et qui croient qu'il n'existe rien d'autre que ce qu'ils peuvent saisir « à pleines mains ». La définition de l'*ens* [...] interdit cette assimilation : il ne s'agit pas pour Hobbes d'identifier l'*ens* au corps entendu comme substance tangible et visible, mais, au contraire, de penser l'*ens* comme *corpus* en un sens tel du *corpus* (*id omne quod occupat*

1. *AB* (EW, IV, p. 308 / p. 184) : « [...] *though there appeared no Christians that professed that God had an organical body* [...] ».

2. *DCi*, XV, 14 (p. 226) ; *Lev.*, XXXI (p. 402 / p. 386) ; *Lev.*, XLVI (p. 693 / p. 686) ; *Lev.*, XLVI (p. 694 / p. 687). Voir également *AB* (EW, IV, p. 296 / p. 171).

3. *AB* (EW, IV, p. 309 / p. 186) : « Body *(Latin,* corpus, *Greek,* σῶμα*) is that substance which hath magnitude indeterminate, and is the same with corporeal substance ; but* a body *is that which hath magnitude determinate, and consequently is understood to be* totum *or* integrum aliquid ». Voir aussi *AB* (EW, IV, p. 313 / p. 189) : « *By corporeal I mean a substance that has magnitude, and so mean all learned men, divines and others, though perhaps there be some common people so rude as to call nothing body, but what they can see and feel* », « Par corporel, j'entends une substance qui a de la grandeur, comme font tous les hommes instruits, théologiens et autres, bien que, peut-être, il existe quelques personnes communes si grossières, qu'elles n'appellent corps que ce qu'elles peuvent voir et toucher ». Et *AB* (EW, IV, p. 383 / p. 260) : « [...] *all the learned, call body, not only that which one can see, but also whatsoever has magnitude, or that is somewhere* », « [...] tous les hommes savants appellent "corps" ce qu'on peut voir, d'une part, et, d'autre part, ce qui a de la grandeur, ou qui est quelque part ».

4. *Lev.*, Appendice I (OL, III, p. 537 / p. 523) : « *Ego per corpus intelligo nunc id de quo vere dici potest, quod existit realiter in seipso, habetque etiam aliquam magnitudinem, non quod sit magnitudo ipsa* ». Voir aussi *Lev.*, XXXIV (p. 429 / p. 419) ; *DP*, I (EW, VII, p. 79).

spatium), qu'il soit impossible de réduire l'étant à l'individu sensible, au corps en tant que je le touche ou que je le vois [1].

Parce qu'il ne relève pas de l'ordre du phantasme ou du *nihil*, Dieu relève de l'ordre du corps ou de la substance, mais c'est en un sens du corps ou de la substance qui demeure indéterminé. Dit autrement et plus précisément, Dieu est non pas « un » corps, mais « du » corps, dont la grandeur est indéterminée.

§ 3. *Néo-stoïcisme, protestantisme et Eucharistie*

Hobbes cite-t-il Tertullien pour ne pas avoir à citer les Stoïciens et à reconnaître ainsi une filiation « dangereuse » ? On notera que Juste Lipse, lorsqu'il ranime au XVIe siècle la philosophie du Portique contre une tradition aristotélicienne devenue stérile, doit défendre l'identification de Dieu et de la nature posée par les Stoïciens, en précisant bien ceci :

> Car nos Stoïciens sont bien éloignés de ceux qui posaient qu'une nature brute et privée de sens engendre et conserve tout [...]. Comme si, dans la matière, il y avait une capacité productrice interne, mais brute et dépourvue de sens, comme la matière même [2].

Parmi les « trois genres de discours sur Dieu », Lipse précise également que le premier se fait « par négation, ἐξ ἀφαιρέσεως, pour parler grec, comme lorsque nous le disons infini, immense, incorporel » [3]. Mais Lipse, soulignons-le, n'entend aucunement fausser la doctrine stoïcienne; il cherche plutôt à l'harmoniser le plus possible avec les positions chrétiennes, comme on le voit tout particulièrement sur l'examen de la conception stoïcienne de la nature corporelle de l'âme comme souffle chaud, où Lipse évoque le corporalisme de Tertullien, autorité chrétienne la

1. Martine Pécharman, « Le vocabulaire de l'être dans la philosophie première : *ens*, *esse*, *essentia* », dans Yves Charles Zarka (éd.), *Hobbes et son vocabulaire. Études de lexicographie philosophique*, Paris, Vrin, 1992, p. 36. Référence à Platon, *Théétète*, 155 e.

2. Juste Lipse, *Physiologia stoicorum*, I, 5, *op. cit.*, p. 216-217 (voir les explications fournies par Jacqueline Lagrée : p. 52-53).

3. *Physiologia stoicorum*, I, 9, *op. cit.*, p. 232-233. Lipse soutient que, dans ce genre de discours, « nous n'établissons rien, nous signifions non pas ce qu'il [= Dieu] est mais ce qu'il n'est pas ». Le deuxième genre de discours se fait « κατὰ σχέσιν, *juxta habitum*, comme lorsque nous l'appelons maître, gouverneur, père, pour signifier qu'il agit comme tel et qu'il est dans telle disposition » ; enfin, le troisième genre se fait « κατὰ φύσιν, *secundum naturam*, lorsque nous tentons de montrer qu'une qualité lui appartient ou lui convient, comme d'être juste, bon, sage ». Seule la première façon de parler de Dieu est « très sûre » (« *tutissimum* ») et « produit l'admiration, à défaut de la connaissance » (« *admirationi si non notitiae facit* »).

plus proche du matérialisme stoïcien, et rapproche la conception chrétienne de l'âme de celle de l'hégémonique[1].

On peut se demander cependant si Hobbes n'aurait pas en quelque sorte le Stoïcisme honteux, la référence à Tertullien lui servant dès lors de paravent commode. L'hypothèse est séduisante, mais il n'est pas sûr qu'elle soit tout à fait exacte.

Il y a assurément, et sur plusieurs points de doctrine essentiels, des thèmes stoïciens dans la pensée de Hobbes. Le nécessitarisme en est un[2]. L'adiaphorisme, tel qu'il se manifeste en particulier dans les *Elements of Law*[3], en est très certainement un autre[4]. À suivre les analyses de Wilhelm

1. *Physiologia stoicorum*, III, 13 et 17.

2. *DM*, XXXV, 6 (p. 389) : « [...] *ita ut* necessitas, *sive, ut Stoici appellabant,* fatum *nihil aliud sit quam consequentia succedentis ad praecedentia* ». Sur les liens entre le nécessitarisme hobbesien et le nécessitarisme stoïcien, voir Jean Terrel, *Hobbes : matérialisme et politique*, *op. cit.*, p. 115-117 ; Luc Foisneau, « De la nécessité des choses et des actions. Hobbes critique de l'indétermination des futurs contingents », dans Luc Foisneau (éd.), *La Découverte du principe de raison. Descartes, Hobbes, Spinoza, Leibniz*, Paris, P.U.F., 2001, p. 106-112. Voir aussi, par exemple, l'appréciation de William Lucy, *Observations, Censures and Confutations of notorious Errours in Mr. Hobbes his Leviathan, and other his bookes. To which are annexed, Occasionall Animadversions on some Writings of the Socinians, and such Haereticks ; of the same opinions with him*, Londres, Printed by J. G. for Nath. Brooke at the Angel in Cornhill, 1663, XXIX, 10, p. 264 : « [...] *Mr. Hobs, out of his* Stoical *principles of the* fate *or* necessity *which belong's to all things, and actions* ».

3. Certains « signes » pour honorer Dieu, dit Hobbes, « sont, en leur nature propre, indifférents [*indifferent*], jusqu'à ce que, pour éviter indécence et discorde, il en soit décidé autrement par un consentement commun » – *EL*, I, XI, 12 (p. 60). Voir également *Lev.*, XXXI (p. 406 / p. 391).

4. Dans le protestantisme, à cette distinction entre choses nécessaires et choses indifférentes à assurer le salut, s'attache tout particulièrement le nom de Philipp Melanchthon, soucieux de dégager un noyau dur du Christianisme, par-delà les variations individuelles, afin de concilier les différentes confessions protestantes. C'est ainsi que, depuis l'*Interim de Leipzig*, ou *Grand Interim* (décembre 1548), à la rédaction duquel Melanchthon participa et qui fut adopté par Maurice de Saxe, sont qualifiés d'« indifférents » les actes et les cérémonies dont un Chrétien peut se dispenser sans transgression. Voir Franck Lessay, « Introduction à la *Réponse à un livre intitulé "La capture de Léviathan"* », *AB*, p. 148-149. En Angleterre, Jacques Ier a conféré à la distinction une authentique dimension politique, en l'étendant à l'ensemble de la vie sociale. La conceptualisation des choses indifférentes (*indifferent things*) autorise ainsi, tout particulièrement dans le *Basilikon Doron* de 1598-1599, un violent réquisitoire contre les puritains : ceux qui rêvent d'une totale purification des usages, estime Jacques Ier, n'ont pas compris la nécessité pour un État d'exiger, pour des raisons d'unité, l'observance de rites, indifférents en eux-mêmes (ainsi le signe de croix ou les vêtements distinctifs du clergé) ; dans tout État, poursuit Jacques, il convient de maintenir une discipline commune, qui inclut même des choses indifférentes. Voir *Basilikon Doron*, I et III, dans *Political Writings*, Johann P. Sommerville (éd.), Cambridge, Cambridge University Press, 1994, p. 19 et p. 59. Voir également William Ames,

Dilthey, la doctrine hobbesienne des passions semble en partie tributaire de la doctrine stoïcienne[1]. La thèse de la corporéité de Dieu, à n'en pas douter, est un thème dont la provenance stoïcienne est manifeste. Mais il ne s'agit précisément que de thèmes, même s'ils sont parmi les plus importants; comme thèmes, il font l'objet d'une intégration et d'une réutilisation dans un ensemble dont ils ne déterminent pas univoquement le sens. Afin de cerner le rôle du thème stoïcien de la corporéité de Dieu dans la pensée de Hobbes, on peut s'appuyer sur les analyses et les hypothèses d'Amos Funkenstein. Se demandant pourquoi les Stoïciens, à la différence de Platon, ne furent que rarement dénommés « les nôtres » par les Chrétiens[2] et ne furent jamais considérés, ainsi que le fut Platon, comme une « préparation du Christ », l'auteur suggère que les raisons fondamentales du refus du Stoïcisme par le Christianisme ne concernent pas seulement la crainte d'une déification de la nature; plus profondément, elles s'articulent autour de la question du corps du Christ et de l'Eucharistie :

> La religion chrétienne postulait quelque chose de très voisin d'un corps divin, à savoir le corps du Christ. Il s'agissait d'un corps céleste, et pourtant non sans rapport avec le corps des dieux d'Épicure. Déjà ce corps divin du Christ valait au Christianisme des accusations d'anthropomorphisme de la part de polémistes païens. Mais la signification attachée à son corps comportait un danger de plus : le Moyen Âge en était venu, après des controverses difficiles, à poser que le corps du Christ était réellement présent dans chaque fragment de l'Eucharistie et qu'en mangeant le corps du Christ, le croyant devient membre de l'Église, corps mystique du Christ [...]. Admettre la présence physique, égale et homogène de Dieu en tout lieu, avec ou sans substrat matériel, pouvait revenir à relativiser la

De conscientia et ejus jure vel casibus libri quinque (1630), Amstelodami, apud Joan. Janssonium, 1654, III, 18 (*De adiaphoris*), p. 147-150.

1. Wilhelm Dilthey, *Conception du monde et analyse de l'homme depuis la Renaissance et la Réforme* (1891-1904), trad. fr. Fabienne Blaise et Sylvie Mesure, *Œuvres*, t. IV, Paris, Cerf, 1999, p. 296-298, p. 350. Pour le lien avec « les théories stoïciennes du corps », voir p. 352.

2. Malgré la « christianisation » de Sénèque (avec son intégration dans l'ordre des saints, l'invention d'une correspondance avec saint Paul et l'utilisation de l'appellation *Seneca noster*) : Tertullien, *De anima*, XX, PL, t. 2, col. 682 c (« *Seneca saeper noster* »); Lactance, *Institutions divines*, I, V, 26, SC, n° 326, p. 70 (« *Annaeus quoque Seneca, qui ex Romanis uel acerimus Stoicus fuit* »), et VI, XXIV, PL, t. 6, col. 724 a-b (« *Quid verius dici potest ab eo qui Deum nosset, quam dictum est ab homine verae religionis ignaro ?* »); saint Jérôme, *Liber duo adversus Jovinianum*, I, 49, PL, t. 23, col. 280 c (« *noster Seneca* »).

christologie, le Christ pouvant être également en chaque homme, rendant ainsi superflus les sacrements et l'Église institutionnelle [1].

Pour le Christianisme, mettre l'accent sur la corporéité divine du Christ, comme les thèses héritées du Stoïcisme pouvaient l'inviter à le faire, et insister de façon en quelque sorte « panthéiste » sur la présence réelle du corps du Christ en toute hostie, pouvait revenir à diluer et annuler le sens de la présence à la fois réelle, particulière et sélective de Dieu dans le sacrement de la sainte Cène. Or, selon Funkenstein, la théologie protestante a perdu la crainte face à cette menace :

> Jusque dans ses doctrines sacramentaires, elle [= la théologie protestante] pouvait poursuivre à l'extrême l'image du divin la plus transcendante ou la plus immanente, revendiquant dans les deux cas sa conformité aux Écritures [2].

C'est ce qu'illustre, à sa façon, la pensée de Hobbes. Pour le comprendre, il convient de préciser la signification exacte de la doctrine eucharistique de Hobbes et, pour cela, de proposer une brève confrontation avec la théologie de Calvin [3] et avec celle de Zwingli [4]. De façon générale,

1. Amos Funkenstein, *Théologie et imagination scientifique du Moyen Âge au XVIIe siècle*, *op. cit.*, p. 50-51.

2. *Ibid.*, p. 79.

3. Sur la doctrine calviniste de la sainte Cène, voir en particulier, au sein d'une abondante bibliographie, Bernard Roussel, « "Faire la Cène" dans les Églises réformées du Royaume de France au seizième siècle (ca. 1555-ca. 1575) », *Archives de sciences sociales des religions*, vol. 85, 1994, p. 99-119. Sur la réception du nécessitarisme stoïcien dans la pensée de Calvin, voir *IRC*, I, V, 11 (OO, t. 3, p. 74-77 / p. 27-29); *IRC*, I, XVI (OO, t. 3, p. 231-249 / p. 145-158); et Pierre-François Moreau, « Calvin : fascination et critique du stoïcisme », dans Pierre-François Moreau (éd.), *Le Stoïcisme au XVIe et au XVIIe siècle*, t. I de *Le Retour des philosophies antiques à l'âge classique*, Paris, Albin Michel, 1999, p. 51-64. Sur la réception de l'adiaphorisme, voir *IRC*, III, XIX, 14 (OO, t. 4, p. 357-358 / p. 315); et Edward F. Meylan, « The stoic doctrine of indifferent things and the conception of Christian liberty in Calvin's *Institutio Religionis Christianae* », *The Romanic Review*, vol. 28, n° 2, avril 1937, p. 135-145.

4. Sur la doctrine zwinglienne de la sainte Cène, voir en particulier, au sein d'une bibliographie également fort abondante, Peter Stephens, *Zwingli le théologien* (1986), trad. fr. Mireille Hébert, Genève, Labor et fides, 1999, chap. XI, p. 273-320; Jacques V. Pollet, *Huldrych Zwingli et le zwinglianisme. Essai de synthèse historique et théologique mis à jour d'après les recherches récentes*, Paris, Vrin, 1988, p. 95-114 et p. 391-399. Sur la défense du Stoïcisme par Zwingli, voir notamment *Ad illustrissimum Cattorum principem Philippum sermonis de providentia dei anamnema*, OC, t. 4, p. 79-144, en particulier chap. II (*Quid sit providentia et quid a sapientia distet*), p. 84-86, et chap. III (*Causas secundas iniuria causas vocari; quod methodus est ad providentiae cognitionem*), p. 86-98. L'influence de la pensée stoïcienne sur Zwingli est particulièrement mise en lumière par Eduard Zeller, *Das theologische System Zwingli's*, Tübingen, Fues, 1853, p. 41; sur le Stoïcisme et aussi le « panthéisme » du Réformateur suisse, voir encore Wilhelm Dilthey, *Conception du monde et*

Hobbes envisage les sacrements comme de purs signes qui n'ont de valeur que symbolique ou commémorative. Alors que l'efficace prêtée aux sacrements par l'Église de Rome, mais tout aussi bien par l'Église d'Angleterre [1], tient à leur institution par le Christ et à la présence agissante de celui-ci en eux, il en va tout autrement chez Hobbes en raison de sa doctrine des offices du Christ qui exclut une telle présence, renvoyée à un passé historique révolu et à un futur indéterminé [2]. Ne reste dès lors qu'un processus de signification abstraite :

> Un sacrement, c'est le fait de mettre une chose visible à part de l'usage commun, et de la consacrer au service de Dieu, soit comme un signe [*sign, in signum*] de notre admission dans le royaume de Dieu en tant que membre de son peuple particulier, soit comme une commémoration [*Commemoration, in memoriam*] de cette admission [3].

Au sein de cette doctrine sacramentaire générale, la sainte Cène est pensée comme n'ayant qu'une valeur commémorative, « qui nous remet en l'esprit notre délivrance du servage du péché, opérée par la mort sur la croix de notre Sauveur béni » [4] ; « le sacrement de la Cène du Seigneur » consiste seulement à séparer le pain et le vin de « l'usage commun, pour signifier, c'est-à-dire pour rappeler aux hommes [*to signifie, that is, to put men in mind*] leur rédemption par la passion du Christ, dont le corps fut brisé et le sang répandu sur la croix pour nos transgressions » [5]. Dans la Cène, la commémoration est triple : l'Eucharistie rappelle le sacrifice du Christ, qui

analyse de l'homme depuis la Renaissance et la Réforme, *op. cit.*, p. 73-79, p. 163-170, p. 228-232.

1. Trente-Neuf Articles, Article n° XXV, *op. cit.*, p. 59-60 : « *Of the Sacraments. Sacraments ordained of Christ be not only badges or tokens of Christian men's profession, but rather they be certain sure witnesses and effectual signs of grace and God's good will towards us, by the which He doth work invisibly in us, and doth not only quicken, but also strengthen and confirm, our faith in Him* ».

2. Voir notre ouvrage *Hobbes et l'histoire du salut. Ce que le Christ fait à Léviathan*, Paris, Presses de l'Université Paris-Sorbonne, coll. « Expériences et raisons », 2008.

3. *Lev.*, XXXV (p. 450 / p. 442 ; OL, III, p. 297 / p. 306). Signalons que Samuel Sorbière, dans sa traduction du *De Cive*, rend « *sacramenta tot & talia fore* » (*DCi*, XVII, 13, p. 262) par « *qu'il y a des sacrements ; que ces symboles sacrés sont tels et en tel nombre* » (Thomas Hobbes, *Le Citoyen, ou Les Fondements de la politique*, trad. fr. Samuel Sorbière, Amsterdam, Johan Blaeu, 1649, rééd. Simone Goyard-Fabre (éd.), Paris, GF-Flammarion, 1982, p. 314). L'explicitation de « sacrements » par « symboles sacrés » est une « surtraduction ».

4. *Lev.*, XXXV (p. 451 / p. 442).

5. *Lev.*, XLIV (p. 634 / p. 632 ; OL, III, p. 455 / p. 453) : « [...] *in consecratione panis et vini in coena dominica, quae commeratio tantum est Christi in cruce ad redemptionem nostram passionis* ».

lui-même rappelle la manducation de l'agneau pascal, qui elle-même rappelait la manière dont les Juifs « avaient été délivrés de leur servage d'Égypte »[1]. Dans le chapitre XLIV du *Leviathan*, après avoir critiqué sans ménagement la doctrine de la transsubstantiation, Hobbes peut également dire :

> Les mots *Ceci est mon corps*[2] sont équivalents à ceux-ci : *ceci signifie, ou représente, mon corps*. Et c'est là une figure ordinaire du discours. En revanche, prendre cela littéralement est un abus, et, même pris littéralement, cela ne pourrait s'appliquer au-delà de ce pain que le Christ lui-même consacra de ses propres mains[3].

Au sein de la querelle protestante de l'ubiquisme (la présence eucharistique expliquée par l'ubiquité du corps ressuscité du Christ)[4], c'est

1. *Lev.*, XXXV (p. 450-451 / p. 442). Selon Hobbes, il n'y a donc aucune différence d'essence entre les sacrements lévitiques et les sacrements chrétiens, qu'ils soient « signes d'admission » (circoncision ou baptême) ou « signes de commémoration » (manducation de l'agneau pascal ou sainte Cène). Voir également *DCi*, XVII, 7 (p. 257); *Lev.*, XXXV (p. 443 / p. 435); *Lev.*, XLI (p. 519-520 / p. 514-516); *AB* (EW, IV, p. 342 / p. 220-221). Soulignons en outre que la doctrine de Hobbes s'éloigne à nouveau de celle de l'Église d'Angleterre : « *Of the Lord's Supper. The Supper of the Lord is not only a sign of the love that Christians ought to have among themselves, one to another, but rather it is a sacrament of our redemption by Christ's death* [...]. *The body of Christ is given, taken, and eaten in the Supper, only after an heavenly and spiritual manner* » (Trente-Neuf Articles, Article n° XXVIII, *op. cit.*, p. 60-61). Voir également les commentaires de John Bramhall : « La puissance, l'utilité et l'efficace qu'il [= Hobbes] attribue aux saints sacrements tiennent tout à ce qu'ils sont des "signes" ou "commémorations". Pour ce qui est de sceller [= Ep 1, 13 ; Ep 4, 30], de confirmer, ou de conférer la grâce, il n'admet rien » – *The Catching of Leviathan, or The Great Whale*, I, *op. cit.*, p. 127 = *AB* (EW, IV, p. 341 / p. 218-219).

2. « [...] τοῦτό ἐστιν τὸ σῶμά μου », « [...] *hoc est corpus meum* » : Mt 26, 26-28 ; Mc 14, 22-24; Lc 22, 19-20; 1 Co 11, 23-27. *Authorized King James Version :* « [...] *this is my body* ».

3. *Lev.*, XLIV (p. 635 / p. 633 ; OL, III, p. 456 / p. 454).

4. Rappelons l'échec du colloque de Marbourg, en 1529, où une séparation s'est faite entre Luther et Zwingli. Convoqué par le prince Philippe de Hesse, ce colloque avait pour but de mettre d'accord les Réformateurs avant la diète convoquée à Augsbourg en 1530, où les partisans de Luther devaient s'expliquer devant Charles Quint et le représentant du pape. Rappelons également que Luther, s'il reconnaît que le partage du pain et du vin assume une valeur commémorative en souvenir du dernier repas du Christ avant la crucifixion, insiste également sur la présence réelle du corps et du sang du Crucifié à l'intérieur des espèces, en admettant la concomitance des deux substances du pain et du corps, ainsi que du vin et du sang (consubstantiation). Contre les interprétations spiritualistes de la sainte Cène, Luther comprend la présence du Christ comme la présence du Seigneur, de la deuxième personne de la Trinité, qui se rend présent lui-même par la force de sa parole. Sur la doctrine luthérienne de la sainte Cène, voir notamment Susanne Hausamman, « Realpräsenz in Luthers Abendmahllehre », dans Luise Abramowski et Johann Friedrich Gerhard Goeters (éd.), *Studien zur Geschichte und Theologie der Reformation : Festschrift für Ernst Bizer*,

– dans une certaine mesure – dans le sillage de celle de Calvin, du moins pour ce qui concerne sa teneur proprement « sémiotique »[1], que la pensée de Hobbes se situe; c'est surtout la thèse « mémorialiste » de Zwingli que Hobbes paraît approfondir.

1) Calvin admet une présence réelle du corps et du sang du Christ dans la communion[2] : là se joue la séparation des thèses hobbesiennes avec les thèses calvinistes, qui demeurent « présencialistes ». Mais Calvin, comme plus tard Hobbes, s'oppose à toute interprétation littérale[3] : la présence réelle ne saurait être que « spirituelle »[4]. Pour Calvin, le Christ ne s'identifie donc pas au pain et au vin, lesquels doivent être conçus dans un rapport de pure et stricte signification :

> Les signes sont du pain et du vin, qui nous représentent la nourriture spirituelle que nous recevons du corps et du sang de Jésus-Christ[5].

Le pain et le vin, signes « terrestres »[6], signifient le corps et le sang du Christ, sans aucunement s'identifier à lui : « le signe diffère en substance de la vérité qu'il figure, parce qu'il est corporel, visible et terrestre, et qu'elle

Neukirchen Vluyn, Neukirchener Verlag, 1969, p. 157-173; Marc Lienhard, *Luther témoin de Jésus-Christ. Les étapes et les thèmes de la christologie du Réformateur*, Paris, Cerf, 1973, p. 197-251. Sur la critique luthérienne de la transsubstantiation, voir, par exemple, *De captivitate Babylonica ecclesiae praeludium* (1520), WA, t. 6, p. 507, l. 6 *sq*.

1. Bernard Cottret, « Pour une sémiotique de la Réforme. Le *Consensus Tigurinus* de Calvin », *Annales ESC*, vol. 39, 1984, p. 265-285.

2. *IRC*, IV, XVII, 31 (OO, t. 4, p. 1027 / p. 382) : « Au reste, ceux qui ne conçoivent nulle présence de la chair de Jésus-Christ en la cène, si elle n'est attachée au pain, s'abusent grandement : car, ce faisant, ils excluent l'opération secrète de l'Esprit, laquelle nous unit à Jésus-Christ ». Voir aussi *IRC*, IV, XVII, 19 (OO, t. 4, p. 1002-1003 / p. 368).

3. *IRC*, IV, XVII, 23 (OO, t. 4, p. 1010-1012 / p. 372-373).

4. *IRC*, IV, XVII, 12 (OO, t. 4, p. 989 / p. 360) : « [...] l'Esprit est le seul moyen par lequel nous possédons Christ, et l'avons habitant en nous » ; *Le Catéchisme de l'Église de Genève, c'est-à-dire le Formulaire d'instruire les enfants en la chrétienté* (1542 en français, 1545 en latin) (OO, t. 6, p. 123) : « – Le ministre : Pourquoi est-ce que le Seigneur par le pain nous représente son corps, et par le vin son sang ? – L'enfant : Pour signifier que telle propriété qu'a le pain envers nos corps, c'est de les repaître et sustenter en cette vie mortelle; aussi a son corps envers nos âmes : c'est de les nourrir et vivifier spirituellement. Pareillement, que comme le vin fortifie, réfectionne réjouit l'homme selon le corps; aussi que son sang est notre joie, notre réfection, et vertu spirituelle ».

5. *IRC*, IV, XVII, 1 (OO, t. 4, p. 976 / p. 349).

6. *IRC*, IV, XVII, 14 (OO, t. 4, p. 995 / p. 362). Voir aussi *Le Catéchisme de l'Église de Genève* (OO, t. 6, p. 129) : « – Le ministre : Tu entends donc qu'il y a deux choses en ce Sacrement : le pain matériel, et le vin que nous voyons à l'œil, touchons à la main, et savourons au goût; et Jésus-Christ, dont nos âmes sont intérieurement nourries. – L'enfant : Voire. En telle sorte néanmoins que nous y avons même témoignage, et comme une arrhe de la résurrection de nos corps ; en tant qu'ils sont faits participants du signe de vie ».

est spirituelle et invisible »[1]. Ce qui fait la jonction entre l'ordre des signes et l'ordre de ce qu'ils signifient, est un rapport d'« affinité »[2], accompli par l'action du Saint-Esprit[3] : c'est donc l'Esprit Saint qui abolit la distance et nous unit dans le sacrement avec le Christ ressuscité et monté au Ciel[4]. Dans l'*Accord passé et conclu touchant la matière des sacrements*[5] et dans la *Brève résolution*[6], le Réformateur, pour caractériser le rapport eucharistique de signification, parle de « métonymie »[7], dont la « figure ordinaire du discours » est la version hobbesienne, version qui provient certainement de la lecture de Calvin ou des théologiens calvinistes. Concevant la « nature » du sacrement eucharistique comme « un mémorial du corps absent du Christ »[8], un théologien comme William Perkins soutient ainsi :

> Le pain est un signe de « mon corps », par une métonymie du sujet pour l'adjuvant[9].

Est ici notamment en jeu, poursuit Perkins, une conformité avec les « lois de la logique » (*lawes of Logicke*) :

> Une chose qui diffère essentiellement d'une autre n'est pas dite ou prédiquée de cette dernière, si ce n'est selon un discours d'emprunt[10].

1. *IRC*, IV, XVII, 21 (OO, t. 4, p. 1007 / p. 370).

2. *IRC*, IV, XVII, 21 (OO, t. 4, p. 1008 / p. 370). Zwingli parle d'« analogie » : « *Quinta virtus est analogia symbolorum et rei significate* » (*Expositio fidei*, OC, t. 4, p. 56-57 / p. 72).

3. *IRC*, IV, XVII, 10 (OO, t. 4, p. 986 / p. 357) et 33 (OO, t. 4, p. 1029-1033 / p. 384-385).

4. Ce point met en lumière ce que les Luthériens devaient appeler l'« *extra calvinisticum* », l'idée que la nature divine du Christ transcende les confins de son humanité.

5. *Consensio mutua in re sacramentaria ministrorum Tigurinae ecclesiae et D. Ioannis Calvini*, Genève, Jean Crespin, 1549/1551 ; *L'Accord passé et conclu touchant la matière des sacrements*, Genève, Jean Crespin, 1549/1551, OO, t. 7, p. 689-748.

6. *Defensio sanae et orthodoxae doctrinae de sacramentis eorumque vi fine usu et fructu quam pastores et ministri Tigurinae ecclesiae et Genevensis antehac brevi Consensionis mutuae formula complexi sunt*, Genève, 1555 ; *Brève résolution sur les disputes qui ont été de notre temps quant aux sacrements*, Genève, 1555, OO, t. 9, p. 1-40.

7. Sur ces textes, voir les extraits donnés et commentés par Bernard Cottret, *Calvin*, Paris, Jean-Claude Lattès, 1995, p. 344-345.

8. *The Arte of Prophecying*, V (W, t. 2, p. 654 b) : « [...] *the nature of a Sacrament, which ought to be a Memoriall of the body of Christ absent* ». Voir aussi p. 665 a : « [...] *therefore the bread is not properly the bodie, but symbolically or by way of signification* » ; « [...] *Christ is not corporally present to the mouth, but spiritually to the faith of the heart* ».

9. *The Arte of Prophecying*, V (W, t. 2, p. 654 b) : « [...] *the bread is a signe of my body : by a Metonymy of the subject for the adjunct* ».

10. *The Arte of Prophecying*, V (W, t. 2, p. 655 b) : « [...] *it agreeth with the lawes of Logicke. For one disparate is not spoken or predicated of another but by a borrowed speech* ». Pour la doctrine eucharistique de Perkins, voir également *The whole treatise of the cases of conscience*, II, 10 (W, t. 2, p. 81 a-84 a); ainsi que Bryan D. Spinks, *Two faces of*

De la même façon, faisant de la communion une « nourriture spirituelle »[1] et reconnaissant que « la majorité de nos interprètes voit [dans la phrase “Ceci est mon corps”] une figure du discours, c’est-à-dire une métaphore ou une métonymie »[2], William Ames peut écrire :

> Il n’y a pas seulement une, mais trois figures dans ce mot [= le mot « corps » dans la phrase « Ceci est mon corps »]. La première est une métaphore dans laquelle une chose semblable à une autre est mise pour cette autre ; une métonymie de l’adjuvant est également en connexion et mélangée avec cette figure. En effet, le pain n’est pas seulement semblable au corps du Christ, mais il en est aussi, en vertu de l’institution de Dieu, l’adjuvant. La deuxième est une synecdoque de la partie pour le tout, dans laquelle le corps du Christ est mis pour le Christ entier. La troisième est une métonymie du sujet pour les adjuvants, parce que le Christ est mis pour tous les bienfaits dérivés à partir de lui pour nous. Dans la seconde partie, le vin, il y a également d’autres figures qui sont suffisamment claires[3].

2) Quant à Zwingli, on sait qu’il soutient que les sacrements ne confèrent aucune grâce[4], étant avant tout des cérémonies du souvenir[5]. Dans ce cadre, la « vertu » des sacrements est qu’« ils témoignent que ce

Elizabethan Anglican theology : sacraments and salvation in the thought of William Perkins and Richard Hooker, Lanham et Londres, Scarecrow (« Drew studies in liturgy series », n° 9), 1999.

1. *The Marrow of Theology*, I, XL, 23, *op. cit.*, p. 212 : « [...] *spiritual nourishment* ».

2. *The Marrow of Theology*, I, XL, 26, *op. cit.*, p. 213 : « *Most of our interpreters see in it a figure of speech, that is, a metaphor or metonymy* ».

3. *The Marrow of Theology*, I, XL, 31, *op. cit.*, p. 212 : « *There is not only one figure but a threefold one in this word. The first is a metaphor wherein one like thing is put for a another ; a metonymy of the adjunct is also connected and compounded with this. For the bread is not only like the body of Christ, but also, by God’s institution, adjoined to it. The second is a synecdoche of the part for the whole, in which the body of Christ is put for the whole Christ. The third is a metonymy of the subject for the adjuncts, because Christ is put for all the benefits derived from him to us. In the second part, the wine, there are also other figures sufficiently clear* ». Pour la doctrine sacramentaire générale de Ames, voir I, XXXVI, *op. cit.*, p. 196-199. Pour sa doctrine eucharistique, voir encore *De conscientia*, IV, 28, *op. cit.*, p. 248-251.

4. *Fidei ratio*, 7 (OC, t. 4, p. 9 / p. 30) : « *Credo, imo scio omnia sacramenta, tam abesse ut gratiam conferant, ut ne adferant quidem aut dispensent* », « Je crois, et même je sais que les sacrements, bien loin de conférer la grâce, ne l’apportent même pas ni ne la dispensent ». Sur ce point, pour le sacrement de communion, voir *Expositio fidei* (OC, t. 4, p. 54-55 / p. 68-69).

5. *Fidei ratio*, 7 (OC, t. 4, p. 11 / p. 32) : « *Credo igitur* [...] *sacramentum esse sacrae rei, hoc est factae gratiae, signum* », « Je crois donc [...] que le sacrement est le signe d’une chose sacrée, c’est-à-dire de la grâce déjà faite ». Sur la valeur de mémorial du sacrement de communion, voir *Fidei ratio*, 8 (OC, t. 4, p. 13-14 / p. 38) et *Expositio fidei* (OC, t. 4, p. 55 / p. 69).

qu'ils signifient a été accompli» et qu'« ils tiennent lieu de ce qu'ils signifient »[1]. S'agissant de la Cène, si le Christ est effectivement présent lorsqu'elle est célébrée, ce n'est pas dans le pain et le vin, mais uniquement dans la vie, le cœur et l'esprit de ceux qui les partagent[2]. S'opposant, comme Calvin puis comme Hobbes, à toute lecture littérale de la formule « Ceci est mon corps »[3], Zwingli affirme qu'« on appelle corps et sang du Christ les symboles du vrai corps »[4].

1. *Expositio fidei* (OC, t. 4, p. 56 / p. 71) : « *Testimonium rei gestae praebent* », « *Vice rerum sunt quas significant* ». Il s'agit là, respectivement, de la deuxième et de la troisième « vertus » reconnues par Zwingli aux sacrements.

2. *Fidei ratio*, 8 (OC, t. 4, p. 11 / p. 34) : « Je crois que dans le repas sacré de l'Eucharistie (ce qui signifie "action de grâces"), le vrai corps du Christ est présent par la contemplation de la foi [*fidei contemplatione*]. Autrement dit, ceux qui rendent grâce au Seigneur pour le bienfait qu'il nous a accordé en son Fils reconnaissent qu'il a assumé une vraie chair, a vraiment souffert en elle, a vraiment lavé nos péchés par son sang. Ainsi tout ce que le Christ a accompli leur devient présent par la contemplation de la foi [*et sic omnem rem per Christum gestam illis fidei contemplatione velut praesentem fieri*]. Par contre, nous nions que le corps du Christ, en son essence et réellement, que le corps naturel lui-même, soit, dans la Cène, présent ou mangé de notre bouche et de nos dents [*Sed quod Christi corpus per essentiam et realiter, hoc est corpus ipsum naturale, in coena aut adsit aut ore dentibusque nostris mandatur,* [...] *id vero non tantum negamus*] ». Voir aussi *Fidei ratio*, 10 (OC, t. 4, p. 16 / p. 43) : « [...] *sic enim nos quoque* μετωνυμικῶς *sacrum panem coenae ac vinum adpellamus* », « [...] nous aussi appelons ainsi μετωνυμικῶς le pain de la Cène et le vin consacré ». Et *Expositio fidei* (OC, t. 4, p. 53 / p. 66) : « *Spiritualiter edere corpus Christi nihil est aliud quam spiritu ac mente niti misericordia et bonitate dei per Christum* », « Manger spirituellement le corps du Christ ne veut rien dire d'autre que s'appuyer de cœur et d'âme sur la bonté et miséricorde de Dieu par Jésus-Christ ». Sources scripturaires : Ga 2, 20 ; Ep 3, 17.

3. *Fidei ratio*, 8 (OC, t. 4, p. 13 / p. 38) : « *His locis cogimur fateri, verba ista :* Hoc est corpus meum, *non naturaliter, sed significative perinde accipi oportere* ». Voir aussi *Expositio fidei* (OC, t. 4, p. 58 / p. 74-75).

4. *Fidei ratio*, 8 (OC, t. 4, p. 14 / p. 38) : « *Sic vocatur* corpus *Christi et* sanguis, *quae veri corporis symbola sunt* ». Voir aussi p. 40 : « [...] *nos vera ista, quae pro nobis oblata sunt, significare* », « [...] nous figurons par des signes les vrais éléments qui ont été donnés pour nous ». Et encore p. 41, où Zwingli synthétise l'ensemble des traits de sa doctrine eucharistique : « *Puta, non quod sacramentalis manducatio mundare animum posset, sed fides in deum per Iesum Christum, quae spiritualis est manducatio, cuius externa ista symbolum est et adumbratio* », « [...] la manducation du sacrement ne [peut] purifier l'âme, mais seulement la foi en Dieu par Jésus-Christ, manducation spirituelle dont la manducation externe est le symbole et l'esquisse ». Parmi les nombreux écrits consacrés par Zwingli à la question de l'Eucharistie, voir également *De Canone Missae epichiresis*, OC, t. 3, p. 83-116, en particulier p. 96-107 ; *Subsidium sive Coronis de Eucharistia*, OC, t. 3, p. 326-356 ; *Responsio brevis ad epistolam satis longam amici haud vulgaris in qua de eucharistia quaestio tractatur*, OC, t. 3, p. 438-458 ; *Amica exegesis, id est expositio Eucharistiae negotii ad Martinum Lutherum*, OC, t. 3, p. 459-562 ; *Ad Matthaeum Alberum Rutlingensium Ecclesiasten de Coena Domini*, OC, t. 3, p. 589-603 ; *De colloquio Marburgensi relationes latine scriptae*, OC, t. 4, p. 173-204. La doctrine eucharistique socinienne est proche de la doctrine

Mais il est surtout un point sur lequel il convient d'insister. Si Calvin élabore une doctrine eucharistique de nature « sémiotique », si Zwingli soutient une doctrine eucharistique purement « symbolique », c'est qu'il s'agit notamment pour tous les deux de rejeter entièrement l'idée d'une ubiquité du corps du Christ[1]. Calvin écrit ainsi :

> [Il a plu à Dieu] que Jésus-Christ fût fait semblable à ses frères en toutes choses [He 2, 17], excepté le péché [He 4, 15]. Quel est notre corps ? N'est-il pas tel qu'il a sa propre et certaine mesure, qu'il est contenu en un lieu, qu'il est touché, qu'il est vu ? Et pourquoi, disent-ils, Dieu ne fera-t-il pas qu'un même corps occupe plusieurs et divers lieux, qu'il ne soit compris en nul certain lieu, qu'il n'ait point de forme ni mesure aucune ? O insensé ! que demandes-tu à la puissance de Dieu ? Qu'elle fasse qu'un corps soit tout à la fois corps et non-corps ? [...] Mais quand tu demandes que la lumière et les ténèbres ne soient point différentes[2], que veux-tu d'autre sinon pervertir l'ordre de la sagesse de Dieu ? Il faut donc que le corps soit corps, et que l'esprit soit esprit, chacun en telle loi et condition qu'il a été créé de Dieu. Et la condition du corps est qu'il consiste en un lieu certain, en sa propre et certaine mesure, et en sa forme[3].

Zwingli, lui, argumente de la façon suivante :

> [...] il faut que le corps de Christ se trouve naturellement, proprement et véritablement en un seul lieu (sauf si, d'aventure nous sommes fous et

zwinglienne : voir les indications de Jean-Pierre Osier, *Faust Socin ou Le christianisme sans sacrifice*, Paris, Cerf, 1996, p. 76-77.

1. C'est là l'un des points majeurs de la rupture avec la théologie luthérienne. Pour Luther, le corps du Christ était et est encore traversé de part en part par sa nature divine ; de sorte que, de même que la puissance et l'essence de Dieu, le corps du Christ, lui aussi, est partout en tout temps ; la communion, dès lors, n'est que l'occasion par laquelle la Parole de Dieu enseigne aux Chrétiens sur quoi se concentrer pour découvrir la présence du Christ. Voir *Daß diese Wort Christi « Das ist mein Leib » noch fest stehen wider die Schwärmgeister* (1527), WA, t. 23, p. 145, l. 10-12 : « *Soll er* [= le Christ] *Macht haben und regiern, mus er freilich auch da sein gegenwertig und wesentlich durch die rechte Hand Gotts, die allenthalben ist* », « Pour avoir puissance et régner, il doit en vérité aussi être là en présence et en essence, par le moyen de la main droite de Dieu, qui est partout ». Voir aussi *Wochenpredigten über Joh. 16-20* (1528-1529), Joh. 17, 11 (26 septembre 1528), WA, t. 28, p. 141, l. 27-28 : le Christ ne siège pas à la droite du Père « comme dans un nid d'hirondelle » (« [...] *als inn einem Schwalben Nest* »). Sur la question de l'ubiquité du corps ressuscité du Christ, voir Ernst Bizer, « Ubiquität », dans Heinz Brunotte et Otto Weber (éd.), *Evangelisches Kirchenlexikon, kirchlichtheologisches Handwörterbuch*, Göttingen, Vandenhoeck & Ruprecht, 1956-1961, t. III, col. 1530-1532.

2. Allusion à 2 Co 6, 14 : « Ne formez pas avec des infidèles d'attelage disparate. Quel rapport en effet entre la justice et l'impiété ? Quelle union entre la lumière et les ténèbres ? ».

3. *IRC*, IV, XVII, 24 (OO, t. 4, p. 1013-1014 / p. 374). Voir aussi *IRC*, IV, XVII, 12 (OO, t. 4, p. 989 / p. 359), 19 (OO, t. 4, p. 1002 / p. 368), 30 (OO, t. 4, p. 1025 / p. 381-382).

> téméraires au point d'affirmer que nos corps sont en plusieurs lieux). Nos adversaires sont obligés de confesser que le corps du Christ, quant à son essence, de soi-même, naturellement et véritablement, siège à la droite du Père, et qu'il ne se trouve donc pas en la Cène. Ceux qui soutiennent le contraire ôtent et tirent Jésus-Christ du ciel et de son siège paternel. Tous les savants ont condamné et rejeté cette opinion, qu'ils jugent méchante et répréhensible, que le corps de Christ est en tout lieu, tout comme la divinité. Une chose ne peut pas être en tout lieu, sauf celle qui est naturellement infinie. Mais l'infini est aussi éternel. L'humanité de Christ n'est pas éternelle, elle n'est donc pas infinie. Or, si elle n'est pas infinie, elle est nécessairement finie. Si elle est finie, il est certain qu'elle ne se trouve pas en tout lieu[1].

Nous avons là le dispositif théologique sur lequel Hobbes se fonde pour penser la corporéité divine, du moins pour ce qui concerne le corps du Christ. Reconnaître le Christ, c'est reconnaître nécessairement sa corporéité, ce qui impose de concevoir « sémiotiquement » ou « symboliquement » le sacrement de la sainte Cène comme mémorial, en s'interdisant d'attribuer toute capacité d'ubiquité au Christ, sous peine d'annuler purement et simplement le fait qu'il soit incarné[2].

1. *Expositio fidei* (OC, t. 4, p. 52 / p. 63) : « [...] *Christi corpus naturaliter, proprie et vere in uno loco esse oportere, nisi et nostra multis in locis esse stulte audeamus ac impie adseverare : iam extortum est adversariis, Christi corpus sedere secundum essentiam, per se ipsum, naturaliter ac vere ad dexteram patris; et hoc modo sic non est in coena, ut qui contrarium docent Christum coelo solioque patrio detrahant. Nam docti omnes pro explosa et impia damnarunt hanc sententiam, qua quidam aussi fuerunt adseverare, Christi corpus perinde esse ubique atque divinitatem. Ubique enim esse nequit, nisi quod natura infinitum est; quod infinitum est, simul est aeternum. Christi humanitas non est aeterna; ergo neque infinita. Si non est infinita, ergo nequit non esse finita. Si finita est, iam non est ubique* ». Quelques lignes plus haut, Zwingli commente He 2, 17 (OC, t. 4, p. 51 / p. 63), comme Calvin. Même réfutation de l'ubiquité du corps du Christ chez William Perkins : « « [*Christ*] *had a true and naturall bodie, being long, broad, thicke, seated and circumscribed in some place. Whereby it appeareth that the bread in the Supper cannot bee properly his very bodie, but onely a signe or pledge thereof* » – *The Arte of Prophecying*, V (W, t. 2, p. 655 a).

2. On peut se rendre compte du caractère encore très controversé à l'époque de Thomas Hobbes des débats autour de la question de l'Eucharistie et du problème de l'ubiquisme, par la lettre de François Peleau de mars 1657 ; ce dernier n'hésite pas à solliciter l'avis du philosophe anglais au sujet d'« vne demonstration, [qu'il croit] auoir faitte en Physique, pour faire uoir que deux corps ne peuuent pas estre ensemble en vn mesme Lieu; non pas mesme par la Toutepuissance de Dieu; parceque Dieu auec sa toute puissance ne peut pas faire qu'vne mesme [>chose] soit égale a vne autre chose, et plus grande qu'elle, en mesme temps. Cela est pour demonstrer que Dieu n'est point dans le sacrement de l'Eucharistie, comme les Catholiques Romains pretendent » (*À Thomas Hobbes*, [1er/]11 mars 1657, *Corr.*, Lettre 120, t. I, p. 450) ; nous ne disposons pas de la réponse de Hobbes à la demande de Peleau.

Mais il faut souligner que c'est bien pour le corps du Christ, et non pour le corps de Dieu lui-même, que les textes pauliniens convoqués par Hobbes, ainsi que les références faites à Athanase et à Tertullien, donnent leur pleine mesure. Or, Hobbes va beaucoup plus loin que Calvin ou Zwingli dans l'énoncé de la thèse de la corporéité divine, ainsi que dans l'utilisation qu'il fait de ces références. Aux yeux de Hobbes, la thèse vaut non seulement pour le Fils, mais également pour le Père lui-même : c'est Dieu, en vertu de son « épaisseur corporelle », qui doit être compté « au nombre des choses qui sont » [1]. Ce qui est explicitement rejeté aussi bien par Calvin [2] que par Zwingli [3]. Face au dilemme : soit la spiritualité infinie, soit la corporéité finie, Hobbes répond par ce qu'il ne conçoit nullement comme un paradoxe : « Je nie les deux et affirme, pour ma part, que [Dieu] est *corporel* et *infini* » [4], ce qui entraîne la thèse que « Dieu est un esprit, mais *corporel* » [5]. La défense d'une telle thèse, pour être ressaisie correctement, demande à être articulée à l'ensemble du système de Hobbes.

1. *Lev.*, Appendice III (OL, III, p. 562 / p. 549) : « [...] *crassitudinem corpoream* » ; « [...] *eorum quae sunt* ».

2. *IRC*, IV, XVII, 30 (OO, t. 4, p. 1025 / p. 381) : il faut, dit Calvin, refuser absolument de caractériser le corps du Christ par l'« opinion monstrueuse de corps infini » ; si le corps du Christ est bien un corps, c'est précisément parce qu'il est « aussi bien contenu que les autres en espace de lieu, selon que requiert la mesure d'un corps humain » ; cela signifie que seul Dieu lui-même peut être « en tous lieux », et ce parce qu'il n'est justement pas un corps. Sur l'incorporéité de Dieu, voir *IRC*, I, XIII, 1 (OO, t. 3, p. 145-146 / p. 80) ; *IRC*, IV, XVII, 23 (OO, t. 4, p. 1010-1011 / p. 372) et 25 (OO, t. 4, p. 1014 / p. 374).

3. *Expositio fidei* (OC, t. 4, p. 52 / p. 63) : le « corps de Christ », affirme Zwingli, n'est pas « en tout lieu, tout comme la divinité » (« [...] *Christi corpus perinde esse ubique atque divinitatem* ») ; en d'autres termes, seule la « divinité » peut être « en tout lieu » ; si elle le peut, c'est parce qu'elle n'est pas un corps, à la différence du Christ. Voir également Stephen Charnock, *EAG*, Discourse III (t. 1, p. 187) : « *If God were not a pure Spirit, he could not be omnipresent. He is in heaven above, and the earth below* [= Dt 4, 39] ; *he fills heaven and earth* [= Jr 23, 24]. *The divine essence is at once in heaven and earth; but it is impossible a body can be in two places at one and the same time. Since God is everywhere, he must be spiritual. Had he a body, he could not penetrate all things; he would be circumscribed in place* ».

4. *AB* (EW, IV, p. 305 / p. 181) : « Either God, *he* [= Bramhall] *saith,* is incorporeal or finite. *He knows I deny both, and say he is* corporeal *and* infinite ».

5. *AB* (EW, IV, p. 383 / p. 259) : « [...] *I say, that God is a spirit, but* corporeal ».

CHAPITRE III

LA FLUIDITÉ DE DIEU

§ 1. *La spiritualité divine*

Il arrive à Hobbes de reconnaître explicitement que la spiritualité et l'incorporéité peuvent s'attribuer de façon légitime à Dieu. C'est le cas dans les *Elements of Law*. Dans ce traité, Hobbes définit l'« esprit » (*spirit*) comme un corps d'une « subtilité » (*subtility*) telle qu'il échappe aux sens :

> Par le nom d'« esprit » [*spirit*] nous comprenons un corps naturel, mais d'une subtilité [*subtility*] telle qu'il n'opère pas sur les sens mais remplit l'espace que l'image d'un corps visible remplirait. Par conséquent, notre conception d'un esprit [*spirit*] consiste en une figure sans la couleur. Et dans la figure est comprise la dimension. Et, en conséquence, concevoir un esprit [*spirit*], c'est concevoir quelque chose qui a des dimensions [1].

Parler d'une « substance sans dimension », c'est donc assembler deux mots qui « se contredisent catégoriquement l'un l'autre »[2]. À la suite de cette caractérisation, Hobbes affirme la corporéité des anges, en faisant valoir l'absence de fondement scripturaire pouvant justifier la thèse contraire de leur incorporéité :

> [...] bien que l'Écriture reconnaisse les esprits [*spirits*], elle ne dit néanmoins nulle part qu'ils sont incorporels, voulant dire par là sans dimension et sans quantité. Ni non plus, je pense, ce mot « incorporel » ne se trouve-t-il aucunement dans la Bible [...]. Selon moi, par conséquent, il

1. *EL*, I, XI, 4 (p. 55).
2. *EL*, I, XI, 4 (p. 55) : « [...] *some substance without dimension; which two words do flatly contradict one another* ».

semble que l'Écriture favorise plus ceux qui tiennent anges et esprits [*spirits*] pour corporels, que ceux qui tiennent pour le contraire [1].

Dès 1640, Hobbes considère donc qu'il n'est pas légitime, ni du point de vue de la correction du langage [2] ni du point de vue de l'interprétation de la Bible, de concevoir les anges comme étant incorporels. Le philosophe fait toutefois une distinction très nette entre le cas des anges et celui de Dieu :

> [...] lorsque nous attribuons le nom d'« esprit » [*spirit*] à Dieu, nous l'attribuons non en tant que nom de quelque chose que nous concevons, pas plus que lorsque nous lui assignons sensation et compréhension, mais en tant que signification de notre révérence qui désire abstraire de lui toute grossièreté corporelle [*who desire to abstract from him all corporeal grossness*] [3].

En d'autres termes, il n'est pas illégitime de dire de Dieu qu'il est un « esprit incorporel », à la condition toutefois que soit clairement indiqué qu'il s'agit alors de tenir un discours visant à l'honorer et non pas à le connaître.

Dans le *De motu*, Hobbes répète sa thèse de la corporéité de l'« esprit » (*spiritus*) [4]. Il dit bien qu'on utilise, pour qualifier les anges et Dieu, l'expression de « substance incorporelle » [5], mais cette expression relève alors, souligne-t-il, du « dogme de la foi » et non de la philosophie et de la science [6]. Et si Hobbes n'interroge pas de façon explicite dans cet ouvrage de 1642-1643 la légitimité du recours à l'Écriture sainte pour justifier

1. *EL*, I, XI, 5 (p. 55-56).

2. *EL*, I, XI, 5, titre (p. 55) : « *That spirit and incorporeal are terms contradictory* ». L'expression « *incorporeal body* » n'est pas un « nom » (*name*), mais une « absurdité de parole » (*absurdity of speech*) : *EL*, I, XI, 5 (p. 56).

3. *EL*, I, XI, 4 (p. 55).

4. *DM*, XXVII, 1 (p. 312) : « *Spiritus itaque si entia sint quae concipi possunt, ut aër, aether, spiritus animalis, vel aliud tenuius corpora sunt* ». Voir également *DM*, VII, 6 (p. 149) : « *Substantia concipi non potest imaginatione humanâ sine dimensionibus, sive extensione, id est magnitudine aliquâ; ipse autem idem ait esse corpus quod esse magnum, quomodo ergo fieri potest ut spiritus, si quidem concipi potest ut substantiam, non sit corpus ? Melius, meâ quidem sententiâ dixisset substantias quasdam incomprehensibiles esse, ita ut non imaginatione cognoscantur, sed fide credantur; ut spiritus, alias conceptibiles ut corpora* ».

5. *DM*, XXVII, 1 (p. 312) : « [...] *et quod solet appellari substantia incorporea* ».

6. *DM*, IV, 3 (p. 127) : « [...] *utrum autem substantiae aliquae sint incorporeae necne, cùm sciri ratione naturali non possit, id pro vero tenendum est quod à Deo supernaturaliter est revelatum. Huiusmodi ergo substantias agnoverunt Christiani, moti scilicet authoritate scripturae sacrae, non propter rationes philosophorum; et dogma fidei est, non scientiae* [...] ».

l'usage de l'expression « esprit incorporel »[1], il réaffirme qu'une telle expression – comme c'est le cas du reste pour toutes les expressions à l'exception de la proposition « Dieu est » et du mot « étant » – ne peut servir qu'à magnifier, louer et honorer Dieu, non à le connaître, à le définir ou à le cerner[2].

Dans le *Leviathan*, Hobbes développe plus longuement que dans les *Elements of Law* l'exégèse biblique visant à montrer qu'il n'est pas licite, d'un strict point de vue scripturaire, de concevoir les anges comme des « esprits incorporels »[3]. Mais, à nouveau, Hobbes distingue le cas des anges et celui de Dieu, et indique très clairement dans quelles circonstances il est légitime d'envisager Dieu comme un « esprit incorporel », et ce malgré le caractère philosophiquement absurde de l'expression[4] :

> [L'incorporéité est une] dénomination qui fait plus d'honneur [*of more honour*] à ce qui en est l'objet, et qui en conséquence peut d'une manière plus pieuse [*with more piety*] être attribuée à Dieu lui-même, à l'égard de qui nous ne considérons pas quel est l'attribut qui exprime le mieux sa nature, laquelle est incompréhensible, mais quel est l'attribut qui exprime le mieux notre désir de l'honorer[5].

Mais, on le voit, la formule « esprit incorporel » équivaut alors à un pur aveu d'incompréhensibilité, aveu qui a peut-être un sens du point de vue de la piété, mais non un sens du point de vue de la théorie philosophique :

> [...] encore que les hommes puissent mettre ensemble des mots de signification contradictoire, comme *esprit* et *incorporel*, ils ne peuvent néanmoins concevoir l'image de quoi que ce soit qui y corresponde. Aussi ceux qui par leur propre méditation en arrivent à confesser un Dieu infini, tout-puissant et éternel, préfèrent-ils reconnaître qu'il est incompréhen-

1. Il s'agit de l'une de ces questions où il convient de s'en remettre à l'appréciation des autorités ecclésiastiques. Voir *DM*, XXXIX, 7-8 (p. 433).

2. *DM*, XXXV, 16 (p. 395-396) : « *Ego verò, dum considero Dei naturam esse inconceptibilem, propositiones autem esse orationes quasdam, quibus conceptus nostros de naturis rerum pronuntiamus, in eam opinionem propendeo, nullam propositionem veram esse posse circa naturam Dei praeter hanc unam : Deus est; neque ullam appellationem naturae Dei convenir praeter unicum nomen,* ens. *Coetera omnia tribui non ad veritatem philosophicam explicandam, sed ad affectus nostros, quibus Deum magnificare, laudare & honorare volumus declarandos* ».

3. *Lev.*, XXXIV (p. 435-440 / p. 425-430).

4. *Lev.*, XXXIV (p. 429 / p. 419) : « [...] l'expression *substance incorporelle* est faite de mots qui, réunis, se détruisent l'un l'autre, comme si l'on disait *corps incorporel* ». Voir encore *Lev.*, IV (p. 108 / p. 34); *Lev.*, XXXIV (p. 439 / p. 430). Voir aussi *Lev.*, XLVI (p. 689 / p. 684) : les « esprits » (*spirits*) « ont des dimensions, et par conséquent sont réellement [*really*] des corps ».

5. *Lev.*, XLVI (p. 689-690 / p. 684).

> sible et qu'il dépasse leur entendement, plutôt que de définir sa nature par les termes d'*esprit incorporel*, pour avouer ensuite que leur définition est inintelligible. Ou bien, s'ils lui donnent un tel titre, ce n'est pas *dogmatiquement* [*Dogmatically, dogmatice*], dans l'intention de faire comprendre ce qu'est la nature divine, mais *pieusement* [*Piously, ex intentione pia*], pour l'honorer, par des qualifications aussi éloignées que possible, par leur signification, de la grossièreté des corps visibles [*as remote as they can from the grossenesse of Bodies Visible, quod corporum visibilium crassitudinem omnem a Deo removeret*][1].

Il est donc légitime de parler de Dieu en le qualifiant d'« esprit incorporel », alors même que cette expression n'est pas recevable dans le langage de la philosophie et de la science, dès lors que les intentions du discours sont clairement identifiables comme étant « pieuses » et non pas « dogmatiques ».

Plutôt qu'une rupture, les écrits des années 1660 marquent à cet égard un durcissement, dont les raisons doivent certainement être recherchées dans l'âpreté des querelles de cette époque et dans la façon dont la notion d'esprit ou de substance incorporel(le) a alors été utilisée dans un sens philosophique, et non pas seulement révérentiel, prétendant délivrer faussement un accès à la nature divine elle-même. Hobbes rejette en effet désormais entièrement l'idée que l'on puisse attribuer à Dieu l'incorporéité, demandant que l'on fasse droit à une interprétation plus stricte et plus rigoureuse du lexique biblique. Significative est ainsi la modification apportée par Hobbes pour l'édition latine du *Leviathan* à un passage du chapitre XXXIV. Dans l'édition anglaise, en 1651, Hobbes commente ainsi Gn 1, 2 :

> Genèse 1, 2 dit : *L'esprit de Dieu* [*The Spirit of God*] *se mouvait sur la face des eaux*. Si, en cet endroit, *esprit de Dieu* [*Spirit of God*] désigne Dieu lui-même, alors le *mouvement* est attribué à Dieu, et par conséquent le *lieu*, caractères qui ne sont intelligibles que s'il s'agit de corps, et non de substances incorporelles [*and not of substances incorporeall*] [...][2].

Hobbes ne répète alors pas sa condamnation de la formule « esprit incorporel » d'un point de vue philosophique, mais conclut :

1. *Lev.*, XII (p. 171 / p. 106-107 ; OL, III, p. 87 / p. 97).

2. *Lev.*, XXXIV (p. 430 / p. 421). *Authorized King James Version : « And the Spirit of God moved upon the face of the waters ».*

> [...] de sorte que ce passage passe notre entendement [*above our understanding*], qui ne peut concevoir rien de mû qui ne change de lieu ou qui n'ait quelque dimension : or, tout ce qui a une dimension est un corps [1].

En 1668, dans l'édition latine, Hobbes dit également que l'attribution du mouvement et celle du lieu « ne sont pas intelligibles s'il s'agit de choses incorporelles »[2], mais la conclusion de 1651 disparaît purement et simplement. Par cette disparition, Hobbes indique clairement que le texte de Gn 1, 2 ne « passe » aucunement « notre entendement » dès lors, comme il le faut, que la spiritualité divine est conçue comme étant corporelle. Contre cette argumentation, on objectera peut-être qu'elle n'est pas entièrement significative, dans la mesure où, de façon générale, la version latine de 1668 abrège considérablement la version anglaise de 1651 – d'un tiers environ. L'objection n'est toutefois pas entièrement probante, puisque, précisément, est décisive ici la suppression du passage qui nous occupe parmi les nombreux autres passages qui ont été supprimés.

La question demeure toutefois de savoir si, pour Hobbes, c'est uniquement de façon révérentielle que la spiritualité doit être attribuée à Dieu, d'autant que cette dernière n'est pas comptée parmi les appellations révérentielles négatives, superlatives ou indéfinies, ni dans le *De Cive*[3] ni dans le *Leviathan*[4]. Pour Hobbes, l'« esprit » (*spirit*, *spiritus*) a, dans le « langage commun », deux significations :

> La signification propre d'*esprit* dans le langage commun, c'est soit un corps subtil, fluide, invisible, soit un spectre ou quelque autre idole ou phantasme de l'imagination[5].

Or, toute l'argumentation de Hobbes tend vers un seul but : établir que Dieu ne relève pas de l'ordre du « phantasme de l'imagination », ce qui aurait pour effet de le ramener à une « idole », donc à un rien. Si Dieu est

1. *Lev.*, XXXIV (p. 430 / p. 421).

2. *Lev.*, XXXIV (OL, III, p. 282 / p. 290) : « [...] *quae de incorporeis intelligi non possunt* ».

3. *DCi*, XV, 14 (p. 227).

4. *Lev.*, XXXI (p. 403 / p. 387).

5. *Lev.*, XXXIV (p. 429-430 / p. 420 ; OL, III, p. 281 / p. 289) : « *So that the proper signification of* Spirit *in common speech, is either a subtile, fluid, and invisible Body, or a Ghost, or other Idol or Phantasme of the Imagination* », « *Propria ergo significatio* spiritus, *in sermone vulgi, aut corpus subtile, fluidum, et invisibile est, aut spectrum, id est, idolum seu phantasma* ». Hobbes ajoute qu'il existe également de nombreuses « significations métaphoriques » (« *metaphoricall significations* », « *significationes* [...] *metaphoricae* ») du mot « esprit » : il faut, dans la Bible, savoir les repérer ; quant à la philosophie, elle ne peut se fonder sur elles. Voir également *Lev.*, XXXIV (p. 434 / p. 425) : « [...] *a thin Substance Invisible, but that hath the same dimensions that are in grosser Bodies* ».

« esprit », c'est donc au sens d'un « corps subtil, fluide, invisible ». C'est ce que Hobbes soutient très clairement. Il affirme ainsi « l'existence de Dieu, et qu'il est un esprit corporel très pur et très simple »[1]. Très exactement, le mot « esprit » désigne « un corps fin, fluide, transparent, invisible »[2], et Dieu est « un Esprit infiniment fin »[3] :

> À la question que pose ici Monseigneur [= Bramhall], savoir, quel être pourra bien, par mon fait, rester à Dieu, je réponds que Dieu, au terme de ma doctrine, est un esprit corporel très pur, simple, invisible. Par corporel, j'entends une substance qui a de la grandeur, comme font tous les hommes instruits, théologiens et autres [...][4].
>
> [...] je fais de Dieu un esprit corporel, mais pur[5].

Le problème, ici, est de savoir si une telle théorie de la spiritualité divine appartient encore au registre de la révérence[6], ou si elle peut être intégrée de façon cohérente à la doctrine hobbesienne des corps fluides.

§ 2. *Dieu, le* primum fluidum *et l'éther*

Cette dernière hypothèse fait l'objet de l'étude d'Agostino Lupoli « "Fluidismo" e "Corporal Deity" nella filosofia naturale di Thomas Hobbes : a proposito dell'hobbesiano "Dio delle cause" », parue en 1999[7]. L'auteur s'y interroge sur la consistance – ou plutôt l'inconsistance – des relations entre ce qu'il estime être trois types différents de corps fluides conceptualisés par Hobbes, à savoir Dieu, le *primum fluidum* et l'éther pur présent dans tout l'univers.

1. *AB* (EW, IV, p. 306 / p. 182) : « [...] *God's existence, and that he is a most pure, and most simple corporeal spirit* » ; la même page, quelques lignes plus bas, Hobbes ajoute « *that one pure, simple, and eternal corporeal spirit* ».

2. *AB* (EW, IV, p. 309 / p. 186) : « *Spirit is thin, fluid, transparent, invisible body* ». Voir aussi *Lev.*, Appendice III (OL, III, p. 562 / p. 548) : « [...] *eos qui verum, realem, et purum spiritum, corporeum esse cum Tertulliano scripserant* », « [...] ceux qui, comme Tertullien, avaient écrit qu'un esprit véritable, réel, pur, est corporel », et Appendice III (OL, III, p. 564 / p. 550) : « [...] *spiritusque omnes, propter diaphanitatem substantiae spiritualis, invisibiles esse* », « [...] tous les esprits, à cause de la diaphanéité de la substance spirituelle, sont invisibles ».

3. *AB* (EW, IV, p. 310 / p. 187) : « [...] *God, who is an infinitely fine Spirit* ».

4. *AB* (EW, IV, p. 313 / p. 189) : « *To his Lordship's question here : What I leave God to be ? I answer, I leave him to be a most pure, simple, invisible spirit corporeal. By corporeal I mean a substance that has magnitude, and so mean all learned men, divines and others* [...] ».

5. *AB* (EW, IV, p. 349 / p. 228) : « [...] *I make him* [= *God*] *a corporeal, but yet a pure spirit* ».

6. C'est ce que pense Cees Leijenhorst, « Hobbes's corporeal Deity », art. cit., p. 84.

7. Pour une lecture critique de cette étude, voir Cees Leijenhorst, « Hobbes's corporeal Deity », art. cit., p. 89-93.

Il faut commencer par rappeler que, dans la *physica* de Hobbes, un corps fluide est un corps qui n'offre que très peu de résistance à la pression, et cela parce que ses parties peuvent être séparées les unes des autres par un très faible effort[1]. Selon Hobbes, une telle séparabilité s'explique par le fait que les parties d'un corps fluide ne possèdent qu'un mouvement lui-même très faible. Or, on ne peut rendre compte d'un phénomène comme la cohésion ou la dureté d'un corps qu'en termes de mouvement actuel : en effet, avoir de la cohésion ou résister à la pression est une action, et toute action est un mouvement. La cohésion ou la dureté d'un corps doit donc être conçue comme le résultat du mouvement rapide des particules qui le constituent; à l'inverse, les corps fluides sont ceux qui cèdent facilement à la pression, et cela à cause du faible mouvement de leurs parties[2]. Hobbes précise en outre qu'un corps fluide peut être en mouvement, alors que ses parties demeurent quant à elles dans un repos relatif[3]. Les parties d'un corps fluide ne possèdent en effet qu'un très faible *conatus :* elles se touchent, mais ne se pressent pas les unes les autres. C'est cette faiblesse de leur *conatus* qui explique pourquoi elles peuvent facilement être mises en mouvement par les corps solides qui circulent dans le corps fluide.

Dans le *Dialogus physicus* de 1661, Hobbes fait la supposition d'une création des corps solides à partir d'un *primum fluidum* dont les parties ne possèdent qu'un très faible mouvement : c'est en opérant une compression des parties de ce *primum fluidum* que Dieu créa les atomes solides constituant par la suite les corps naturels solides[4]. On sait que Hobbes suppose également la présence, dans tout l'espace et dans tout l'univers, d'un milieu matériel fluide (air pur ou éther)[5], auquel le mouvement du Soleil imprime un mouvement giratoire qui s'étend de proche en proche, en conservant la vitesse initiale de la rotation du Soleil, aux autres planètes sur

1. *DM*, XI, 8 (p. 185) : « *Fluidum appellare omnes solent id cuius partes à se invicem facilè separantur* » ; *DCo*, XXVI, 4 (p. 290) : « [...] *fluida sunt, quorum partes separari a se invicem levissimo conatu possunt* ».

2. *DPNA* (OL, IV, p. 285).

3. *DPNA* (OL, IV, p. 284) : « *Per quietem intelligo duarum partium inter se quietem, cum se mutuo tangunt quidem, sed non premunt. Nam et fluida moveri tota possunt, retenta fluiditate ; et dura quiescere, ut tamen partes eorum moveantur* ».

4. *DPNA* (OL, IV, p. 284-286).

5. *DCo*, XXVI, 5 (p. 291) : « [*Suppono*] *ex fluidissimo aethere locum omnem, quicunque est in universo, reliquum ita occupante, ut locus nullus reliquatur vacuus* ». Dans le *De Corpore*, Hobbes esquisse une typologie tripartite : matière visible, matière invisible et éther fluide emplissant l'espace. Sur la distinction entre « air pur » (*pure air* ou *very air, aer purus*) et « air ambiant » (*common air, aer*), qui consiste en un mélange d'effluves terrestres et aqueux et d'« air pur », voir *DPNA* (OL, IV, p. 244) ; *DP*, VII (EW, VII, p. 129).

leurs orbites[1]. Hobbes soutient que les parties de cet éther pur n'ont d'elles-mêmes aucun mouvement : ce sont les corps solides qui circulent en lui qui les meuvent[2]. Le *primum fluidum* et l'éther pur forment-ils, comme le pense Agostino Lupoli, deux corps fluides différents ? Pour Cees Leijenhorst, rien ne l'indique vraiment, puisque rien n'empêche de penser que ce sont les parties de l'éther pur qui ont été compressées en corps solides, dont les particules se meuvent très rapidement[3].

Le problème essentiel, ici, réside dans la difficulté qu'il y a à cerner les relations précises entre le *primum fluidum* et l'éther pur, d'une part, et Dieu, d'autre part. Dans le *Decameron physiologicum*, Hobbes semble tendre vers un pur et simple rapport d'identification :

> A. Il est difficile de supposer et encore plus difficile de croire que le Créateur infini et omnipotent de toutes choses ait fait une œuvre aussi vaste que l'est le monde que nous voyons, et n'ait pas laissé quelques petits espaces avec rien du tout en eux, lesquels espaces, mis tous ensemble au regard de la Création entière, seraient insensibles.
> B. Pourquoi dites-vous cela ? Pensez-vous que quelque argument puisse en être tiré pour prouver qu'il existe du vide ?
> A. Pourquoi pas ? En effet, dans la tellement grande agitation des corps naturels, certaines petites parties de ces corps ne peuvent-elles pas être expulsées et laisser vides les lieux desquels elles ont été rejetées ?
> B. Parce que Celui qui les créa n'est pas une illusion [*a fancy*], mais est la substance la plus réelle qui soit [*the most real substance that is*]; étant infini, il ne peut y avoir aucun lieu vide là où Il est, ni plein là où Il n'est pas [*who being infinite, there can be no place empty where He is, nor full where He is not*][4].

Cette caractérisation de Dieu, on le voit, semble fort proche de celle de l'éther pur, dont Hobbes suppose qu'il remplit tous les lieux vides de l'univers. Elle a pour effet, une fois de plus, de rapprocher singulièrement la philosophie de Hobbes de la philosophie du Portique, laquelle se représente un Dieu matériel diffusé comme un fluide en toute partie de

1. Sur le mouvement de l'air entourant le Soleil, voir *DM*, XXIV, 9 (p. 297-298).

2. *DCo*, XXVII, 1 (p. 303) : « *Denique in partibus puri aetheris (tanquam in materia prima) motum praeter illum, quem habet ab innatantibus sibi corporibus non liquidis, suppono esse nullum* ». Contre ce que suggère Agostino Lupoli (« "Fluidismo" e "Corporal Deity" nella filosofia naturale di Thomas Hobbes : a proposito dell'hobbesiano "Dio delle cause" », art. cit., p. 588), Cees Leijenhorst montre fort bien que Hobbes n'opère ici aucune identification entre l'éther pur et la matière première (« Hobbes's corporeal Deity », art. cit., p. 90-91).

3. Cees Leijenhorst, « Hobbes's corporeal Deity », art. cit., p. 91 et p. 93.

4. *DP*, III (EW, VII, p. 89).

l'univers. En effet, selon Cicéron, Zénon de Cittium soutient que « l'éther est dieu »[1] ; quant à Chrysippe, il avance que « l'éther est ce que les hommes appellent Jupiter »[2]. À suivre Aétius, pour les Stoïciens, Dieu est « un πνεῦμα se répandant à travers la totalité du monde »[3]. Zénon, indique également Tertullien, reconnaît « l'air et l'éther » comme dieux[4]. Quant à Origène, il précise que, pour les Stoïciens, la « raison de Dieu » n'est rien d'autre qu'un « πνεῦμα corporel »[5]. À cet égard, Tenison rappelle que Hobbes fut appelé « *the New Stoick* », et cela parce qu'il n'y aurait rien de « plus divin », selon le « Monstre de Malmesbury », que « la matière et le mouvement »[6]. Mais une identification entre Dieu et l'éther pur paraît très paradoxale dans le cadre de la pensée hobbesienne, dans la mesure où l'éther pur est l'un des exemples que donne Hobbes d'un *spiritus* qui peut être conçu par l'esprit humain[7]. En d'autres termes, Hobbes considère l'éther pur comme un corps fini et créé, ce qui semble interdire de l'identifier sans reste au Dieu corporel infini.

Il reste toutefois qu'en décrivant l'univers comme un *plenum* dans lequel tout espace potentiellement vide est rempli par l'éther pur, Hobbes semble retirer à Dieu, en tant que corps le plus fluide qui soit, tout espace propre. D'où l'embarras de la description donnée par Hobbes du mode de présence et d'action de Dieu dans le monde. Dans l'*Answer to […] Bramhall*, Hobbes utilise une comparaison, à partir du mélange de deux eaux :

1. Cicéron, *De natura deorum*, I, XIV, 36, trad. fr. Clara Auvray-Assayas, Paris, Les Belles Lettres, 2004, p. 17 : « *Atque hic idem* [= *Zeno*] *alio loco aethera deum dicit* ».

2. *Ibid.*, I, XV, 40, éd. cit., p. 19 : « *Idemque* [= *Chrysippus*] *disputat aethera esse eum, quem homines Iovem appellarent* ».

3. Aétius, *Placita*, I, 7, 33 : « καὶ πνεῦμα μὲν διῆκον δι' ὅλον τοῦ κόσμου » = SVF, II, 1027.

4. Tertullien, *Adversus Marcionem*, I, 13, 3, SC, n° 365, p. 158-160 : « […] *ut Zeno aërem et aetherem* ».

5. Origène, *Contre Celse*, VI, 7 : « […] ὁ λόγος τοῦ θεοῦ […] οὐδὲν ἄλλο ἐστὶν ἢ πνεῦμα σωματικόν » = SVF, II, 1051. Voir encore SVF, II, 306-308.

6. Thomas Tenison, *The creed of Mr. Hobbes examined*, *op. cit.*, Art. VI, p. 105 : « […] *nothing more divine* […] *than Matter and Motion* ». Dans ce texte, sont également caractérisés et dénoncés comme stoïciens le nécessitarisme hobbesien et la thèse hobbesienne de la corporéité de l'âme (*soul*).

7. *DM*, XXVII, 1 (p. 312) : « *Spiritus itaque* si entia sint quae concipi possunt [nous soulignons], *ut aër, aether, spiritus animalis, vel aliud tenuius corpora sunt* ». Autre liste d'exemples : « […] *Aire, and aeriall substances* […], *Wind* […], *Vitall and Animall Spirits* » (*Lev.*, XXXIV, p. 429 / p. 419) ; « […] *thin Bodies ; as the Aire, the Wind, the Spirits Vitall, and Animall, of living creatures* » (*Lev.*, XXXIV, p. 435 / p. 425).

> J'ai vu, comme beaucoup d'autres, deux eaux, l'une de rivière, l'autre minérale, si semblables que nul ne pouvait les distinguer au regard; pourtant, une fois mélangées, elles formèrent une substance qui, à l'œil, ne différait pas du lait. Nous savons, cependant, que le mélange n'avait pas eu pour effet que chaque partie de l'une fût dans chaque partie de l'autre, car cela est impossible, à moins que deux corps puissent occuper un même lieu. Par conséquent, comment le changement put-il se produire dans chacune des parties, sinon par l'activité [*activity*] de l'eau minérale, modifiant tout l'ensemble pour les sens sans, pour autant, être partout ni dans chaque partie de l'eau [1]?

Les parties de l'eau de rivière et les parties de l'eau minérale ne fusionnent pas, puisque deux corps ne peuvent pas être simultanément dans un seul et même lieu[2]. Hobbes s'en remet donc à une « activité » (*activity*) de l'eau minérale pour expliquer le mélange et son aspect laiteux. Hobbes poursuit alors :

> Si, donc, des corps aussi grossiers peuvent avoir une aussi grande activité [*activity*], que penser des esprits [*spirits*], dont les sortes sont aussi nombreuses que les sortes de liqueur, et l'activité [*activity*] plus grande? Peut-on douter, dès lors, que Dieu, qui est un Esprit infiniment fin et, en outre, intelligent, ait la capacité de faire et de modifier toute sorte et variété de corps qu'il lui plaît [3]?

On le voit: la comparaison n'apporte pas vraiment de solution au problème de la présence et de l'action de Dieu dans le monde. Dans le cas des deux eaux, il faut supposer que leurs parties occupent des lieux finis distincts. Or, s'agissant de Dieu, il ne peut y avoir « aucun lieu plein là où Il n'est pas ». Cela implique-t-il que le fluide corporel divin viole le principe en vertu duquel les corps ne peuvent pas être au même moment dans un seul et même lieu[4]? À cette question, Hobbes préfère ne pas répondre :

1. *AB* (EW, IV, p. 309-310 / p. 186-187).

2. *AB* (EW, IV, p. 309 / p. 186) : un corps, « s'il est mélangé avec un corps d'une autre sorte, bien que le tout soit un composé ou un mixte, les parties, néanmoins, conservent leur simplicité, tout de même que quand l'eau et le vin sont mélangés, les parties des deux espèces conservent leur simplicité. L'eau et le vin, en effet, ne peuvent être en un seul et même lieu à la fois ».

3. *AB* (EW, IV, p. 310 / p. 187).

4. *Lev.*, III (p. 99 / p. 26) : « [...] et l'on ne saurait concevoir [...] qu'une chose quelconque soit toute entière en un lieu et toute entière en un autre, ni que deux choses ou davantage soient au même moment en une seule et même place. Car jamais rien de tout cela ne s'est jamais offert, et ne peut s'offrir, à la sensation : ce sont là des paroles absurdes, reçues (malgré leur absence de toute signification) sur la foi de philosophes qui se trompent et de Scolastiques trompés ou trompeurs ».

> Je n'ose affirmer, néanmoins, que telle est la façon dont le Dieu Tout-Puissant agit, parce que cela dépasse mon appréhension [1].

La précarité de la doctrine hobbesienne s'explique en grande partie par sa destruction de la doctrine scolastique de l'omniprésence divine, destruction qui ne s'accompagne pas – volontairement – de l'édification d'une théorie alternative positive. Il faut rappeler, au moins brièvement que, chez les Pères grecs, c'est l'« immensité » divine[2], déterminée par l'illocalité de Dieu et l'impossibilité de le circonscrire dans des limites, qui oriente essentiellement la réflexion sur l'omniprésence : Dieu échappe à la limite (ἀπερίγραφος), à la mesure (ἀμέτρητος), au lieu (ἀχώρητος). Origène rend ainsi compte des expressions bibliques qui assignent à Dieu un lieu et insiste sur l'incorporéité divine : « incorporel » est utilisé au sens de « sans corps »[3] ; en particulier, le dialogue avec la Samaritaine[4] montre que Dieu est esprit[5]. Tous ces thèmes sont notamment repris par Grégoire de Nysse dans son *Contre Eunome*[6]. Mais c'est surtout Jean Damascène, consacrant à ces thèmes un chapitre de sa *Foi orthodoxe*[7], qui lègue à la tradition scolastique une doctrine formulée dans un vocabulaire aristotélicien[8], où il distingue en particulier lieu corporel[1] et lieu spirituel,

1. *AB* (EW, IV, p. 310 / p. 187).

2. La source scripturaire est notamment Ba 3, 24-25 : « [24] Qu'elle est grande, Israël, la demeure de Dieu, qu'il est étendu le lieu de son domaine, [25] grand et sans borne, haut et immense ! ». Septante : « [24] ὦ Ισραηλ, ὡς μέγας ὁ οἶκος τοῦ θεοῦ καὶ ἐπιμήκης ὁ τόπος τῆς κτήσεως αὐτοῦ· 25 μέγας καὶ οὐκ ἔχει τελευτήν, ὑψηλὸς καὶ ἀμέτρητος ». *Authorized King James Version :* « [24] *O Israel, how great is the house of God! and how large is the place of his possession!* [25] *Great, and hath none end ; high, and unmeasurable* ».

3. Origène, *Traité des principes*, I, 1, 1-4, SC, n° 252, p. 90-96.

4. Jn 4, 24 : « πνεῦμα ὁ θεός », « *Spiritus est Deus* ». *Authorized King James Version :* « *God* is *a Spirit* ». Hobbes se sert du dialogue entre Jésus et la Samaritaine pour établir ce qui constitue selon lui l'*unum necessarium* en matière de salut, croire que Jésus est le Christ ; il est frappant de constater que, dans le *De Cive* par exemple, Hobbes cite les versets 25 à 27, sans mentionner le verset 24 : *DCi*, XVIII, 5 (p. 285).

5. Origène, *Traité des principes*, I, 1, 4, SC, n° 252, p. 96 : « À cette opinion de la Samaritaine, pensant à un privilège possédé par des lieux corporels, suivant lequel on adore Dieu à tort ou à raison si on le fait avec les Juifs à Jérusalem ou avec les Samaritains sur le mont Garizim, le Sauveur répondit qu'il ne faut pas se préoccuper de lieux corporels pour suivre Dieu [...] : il a opposé l'esprit aux corps, la vérité à l'ombre et à l'image ».

6. Saint Grégoire de Nysse, *Contra Eunomium libri duodecim*, III, PG, t. 45, col. 604 (avec la même référence au dialogue de la Samaritaine).

7. Saint Jean Damascène, *De la foi orthodoxe*, I, 13 (Περὶ τόπου Θεοῦ, καὶ ὅτι μόνον τὸ Θεῖον ἀπερίγραπτον), PG, t. 94, col. 849 b-860 a.

8. Hobbes fait référence à l'aristotélisme de Jean Damascène, pour le regretter et le dénoncer : *Lev.*, Appendice III (OL, III, p. 562 / p. 548-549).

ce dernier étant l'espace où se manifeste un esprit[2]; Dieu seul, parmi tous les esprits, manifeste sa puissance en tout lieu[3]. La tradition latine[4] traduit ainsi : Dieu n'est pas présent *circumscriptive* (comme un corps dans un lieu corporel), ni *definitive* (comme un esprit manifesté en un lieu), mais

1. Saint Jean Damascène, *De la foi orthodoxe*, I, 13, PG, t. 94, col. 849 c : « Τόπος ἐστὶ σωματικὸς, πέρας τοῦ περιέχοντος, καθ' ὃ περιέχεται τὸ περιεχόμενον », « Le lieu d'un corps est la limite du contenant, selon la notion de contenant et de contenu ».

2. *Ibid.*, I, 13, PG, t. 94, col. 852 a : « Ἔστι δὲ καὶ νοητὸς τόπος, ἔνθα νοεῖται, καὶ ἔστιν ἡ νοητὴ καὶ ἀσώματος φύσις · ἔνθαπερ πάρεστι, καὶ ἐνεργεῖ, καὶ οὐ σωματικῶς περιέχεται, ἀλλὰ νοητῶς », « Il y a aussi un lieu noétique où l'on pense, où est la nature noétique et incorporelle; là où elle est présente et opère, elle n'est pas contenue corporellement mais noétiquement ».

3. *Ibid.*, I, 13, PG, t. 94, col. 853 b : « Ἀπερίγραπτον μὲν οὖν, μόνον ἐστὶ τὸ Θεῖον, ἄναρχον ὂν, καὶ ἀτελεύτητον, καὶ πάντα περιέχον, καὶ μηδεμιᾷ καταλήψει περιεχόμενον », « Seul est donc incirconscriptible le divin, parce que sans commencement, sans fin, contenant tout et contenu par nulle intelligence ». Voir aussi I, 14, PG, t. 94, col. 860 a.

4. Laquelle tradition médite également l'immensité (*immensitas*) de Dieu. Voir, par exemple, Hilaire de Poitiers, *De Trinitate*, VIII, 24, PL, t. 10, col. 253 b-254 a : « *Deus, inquit, immensae virtutis, vivens potestas, quae nusquam non adsit nec desit usquam, se omnem per sua edocet, ut ubi sua sint, ipse esse intelligatur. Non autem corporali modi, cum alicubi sit, non et ubique esse credatur, cum et in omnibus esse non desinat* » – texte convoqué par Pierre Lombard, *Sententiae in IV Libris Distinctae* (ca. 1155-1158), I, dist. 37, cap. 1 (164), Grottaferrata, Ed. Collegii S. Bonaventurae Ad Claras Aquas, 1971, p. 264. Voir aussi Alexandre de Halès, *Summa theologica* (ca. 1240), I, pars 1, inquisitio 1, tractatus 2 (*De immensitate divinae essentiae*), quaestio 1 (*De immensitate Dei quantum ad se*), Ad Claras Aquas (Quaracchi), Ex typographia Collegii S. Bonaventurae, 1928, t. I, p. 54-58; quaestio 2 (*De immensitate Dei quantum ad intellectum*), *op. cit.*, t. I, p. 58-62; quaestio 3 (*De immensitate Dei quantum ad locum*), *op. cit.*, t. I, p. 62-83; quaestio 4 (*De immensitate Dei quantum ad durationem*), *op. cit.*, t. I, p. 84-111. Dans le contexte anglais du XVIIe siècle, voir, par exemple, Thomas Barlow, *Exercitationes aliquot metaphysicae de Deo* (1637), Oxford, excudebat A. Lichfield impensis J. Godwin and T. Robinson, Exercitatio VI (*De immensitate*), p. 240-328; Richard Baxter, *The Divine Life*, I, IV (PW, t. 3, p. 770 b-772 b); Stephen Charnock, *EAG*, Discourse VII (t. 1, p. 367) : « *It is plain, that God is thus immense, because he is infinite* ». On se rappelle également l'argumentation de Fénelon : « [...] il y a une extrême différence [...] entre attribuer à Dieu tout le positif de l'étendue, ou lui attribuer l'étendue avec une borne ou négation. Qui met l'étendue sans bornes, change l'étendue en l'immensité. Qui met l'étendue avec une borne, fait la nature corporelle. Dès que vous ne mettez aucune borne à l'étendue, vous lui ôtez la figure, la divisibilité, le mouvement, l'impénétrabilité [...]. Ces principes posés, il s'ensuit que tout le positif de l'étendue se trouve en Dieu, sans que Dieu soit ni figuré, ni capable de mouvement, ni divisible, ni impénétrable, ni par conséquent palpable, ni par conséquent mesurable » – *Démonstration de l'existence de Dieu, tirée de la connaissance de la nature et proportionnée à la faible intelligence des plus simples* (Paris, chez Jacques Estienne, 1713), II, V, 100-101, dans *Œuvres*, Jacques Le Brun (éd.), « Bibliothèque de la Pléiade », Paris, Gallimard, 1997, t. II, p. 668.

repletive (parce qu'il contient toute chose et tout lieu)[1]. Ainsi saint Thomas d'Aquin estime-t-il qu'« être dans un lieu se dit de manière diverse du corps, de l'ange et de Dieu » :

> Le corps est dans le lieu circonscriptivement, car il est mesuré par le lieu. L'ange est dans le lieu, non pas circonscriptivement, puisqu'il n'est pas mesuré par le lieu, mais définitivement, car lorsqu'il est dans un lieu, il n'est pas dans un autre. Dieu, enfin, n'est ni circonscriptivement ni définitivement, car il est partout[2].

Par son ubiquité, Dieu est donc partout « replétivement ». Contre Hobbes, Bramhall rappelle cette doctrine qui, au XVIIe siècle en Angleterre, avait déjà été reprise par Bayly[3] :

1. Voir Rev. Adrian Fuerst, o.s.b., s.t.l., *An Historical study of the doctrine of the omnipresence of God in selected writings between 1220-1270*, Washington, The Catholic University of America Press (« Studies in sacred theology. Second series », n° 62), 1951. Pour la distinction entre *esse in loco per definitionem* et *per circumscriptionem*, voir Pierre Lombard, *Sententiae in IV Libris Distinctae*, I, dist. 37, cap. 6 (169), *op. cit.*, p. 270 : « *Duobus namque his modis dicitur in Scriptura aliquid locale sive circumscriptibile, et e converso, scilicet vel quia dimensionem capiens longitudinis, altitudinis et latitudinis, distantiam facit in loco, ut corpus; vel quia loco definitur ac determinatur, quoniam cum sit alicubi, non ubique invenitur : quod non solum corpori, sed etiam omni creato spiritui congruit* ». Et Alexandre de Halès, *Summa theologica*, I, pars 1, inquisitio 1, tractatus 2 (*De immensitate divinae essentiae*), quaestio 3 (*De immensitate Dei quantum ad locum*), titulus 2 (*De localitate divinae essentiae*), caput 1 (*An Deus sit alicubi vel nusquam vel in se ipso*), § 40, *op. cit.*, t. I, p. 64 a-b : « *Si dicatur quod esse in loco est dupliciter : vel per definitionem, sicut spiritus sunt in loco, vel per circumscriptionem, sicut corpora : istis modis non est Deus in loco, tamen alio modo est in loco – sed tamen, quidquid dicatur, eo modo quo haec est falsa : "Deus est alicubi", est haec vera : "Deus est nusquam", quae est sua contradictoria. – Item, Boethius, in libro* De Trinitate : *"Ideo nusquam esse dicitur, quia ubique est"* [= Boèce, *De Trinitate* (520), IV, 25, dans *Traités théologiques*, Axel Tisserand (éd.), Paris, GF-Flammarion, 2000, p. 156 : « [...] *ideo nusquam in loco esse dicitur, quoniam ubique est sed non in loco* »]. *Ergo est nusquam* ». En Angleterre, voir Stephen Charnock, *EAG*, Discourse VII (t. 1, p. 367).

2. Saint Thomas d'Aquin, *ST*, Ia, q. 52, art. 2, co. (p. 63) : « *Sic igitur patet quod diversimode esse in loco convenit corpori, et Angelo, et Deo. Nam corpus est in loco circumscriptive, quia commensuratur loco. Angelus autem non circumscriptive, cum non commensuretur loco, sed definitive, quia ita est in uno loco, quod non in alio. Deus autem neque circumscriptive neque definitive, quia est ubique* ». Voir aussi *ScG*, III, 68, 3 (p. 236) et, pour la détermination thomiste du concept de « corps », *De ente et essentia* (1252-1256), II, 6-7, Alain de Libera et Cyrille Michon (éd.), Paris, Seuil, 1996, p. 80-82.

3. Lewis Bayly, *The practice of piety*, I, *op. cit.*, p. 18 : « *Unmeasureableness or ubiquity, whereby he* [= *God*] *is of infinite extension, filling heaven and earth (Acts* VII. *48 ; Psal.* CLXV *; Job* XI. *7, &c. ; 2 Chron.* II. *5, 6 ; Psal.* CXXXIX. *5, &c. ; Jer.* XXIII. *23, 24), containing all places, and not contained of any space, place, or bounds, and being nowhere absent, is everywhere present. There are four degrees of God's presence : The first is universal, by which God is repletively everywhere, inclusively*

> Le dieu de T. H. n'est pas le Dieu des Chrétiens ni d'aucun homme rationnel. Notre Dieu est partout, et, vu qu'il ne se compose pas de parties, il doit être entièrement ici, entièrement là, et entièrement partout. Ainsi le dicte la nature elle-même [...]. Ainsi nie-t-il [= Hobbes] l'ubiquité de Dieu. Être dans un lieu circonscriptivement, ou définitivement, ou replétivement, est du langage païen à ses yeux [1].

La réponse de Hobbes consiste à dénoncer l'« hypocrisie » et le « mensonge » de la distinction :

> En effet, bien que je sache ce que ces mots latins signifient pris séparément, je ne comprends pas, néanmoins, comment une chose est en un lieu « définitivement » et non pas « circonscriptivement », car « définitivement » vient de *definio* qui veut dire fixer des limites. Être en un lieu définitivement, c'est donc y être quand les limites de ce lieu ont été tracées de tous côtés. Mais être en un lieu circonscriptivement, c'est y être quand ses limites sont décrites de manière circulaire ; et être en un lieu replétivement, c'est l'emplir. Qui ne voit que cette distinction n'est qu'hypocrisie [*canting*] et mensonge [*fraud*] [2] ?

Et le philosophe en vient à rejeter explicitement, pour des raisons qui tiennent à la façon dont il conceptualise la notion de corps, l'omniprésence de Dieu :

> À cela, il [= Bramhall] réplique que « le dieu de T. H. n'est pas entièrement partout ». J'admets la conséquence ; car, dans ma langue [*in English*], je comprends que celui qui déclare qu'une chose est « toute ici » entend que *ni le tout ni aucune partie de cette chose n'est ailleurs* [3].

L'affirmation s'accorde mal avec la thèse développée dans le troisième dialogue du *Decameron physiologicum*. Et, de fait, Hobbes renvoie une nouvelle fois à l'incompréhensibilité divine :

nowhere ; secondly, special, by which God is said to be in heaven, because that there his power, wisdom, and goodness is in a more excellent manner seen and enjoyed (Psal. XIX. *1 ; Hos.* II. *21) ; as also because that usually he doth from thence pour forth his blessings and judgments ; thirdly, more special, by which God dwelleth in his saints (1 Cor.* III. *16 ;* VI. *19 ; 2 Cor.* VI. *16) ; fourthly, most special, and altogether singular, by which the whole fulness of the Godhead dwelleth in Christ bodily (Col.* II. *8.)* ».

1. John Bramhall, *The Catching of Leviathan, or The Great Whale*, I, *op. cit.*, p. 119 : « *For T. H. his god is not the God of Christians, nor of any rational men. Our God is every where, and seeing he hath no parts, he must be wholly here, and wholly there, and wholly every where. So nature it self dictateth* [...]. *Thus he denyeth the ubiquity of God. A circumscriptive, a definitive, and a repletive being in a place, is some heathen language to him* » = *AB* (EW, IV, p. 295 / p. 169-170).

2. *AB* (EW, IV, p. 297 / p. 172). Voir également *Lev.*, XLVI (p. 692 / p. 686).

3. *AB* (EW, IV, p. 296 / p. 171).

> Bien que je croie en l'omnipotence de Dieu, et qu'il peut ce qu'il veut, je n'ose, pourtant, dire comment toute chose se produit, parce que je ne puis concevoir [*conceive*] ni comprendre [*comprehend*] la substance divine, ou la façon dont elle agit [...]; et ce que je dis de l'omnipotence, je le dis également de l'ubiquité[1].

§ 3. « *Soit l'univers entier, soit une partie de l'univers* »[2]

La réponse de Hobbes est-elle satisfaisante? Pour Bramhall, assurément, elle ne l'est pas, et cela parce qu'elle dissimule mal, à ses yeux, l'orientation foncièrement « panthéiste »[3] de la pensée de Hobbes, lequel

1. *AB* (EW, IV, p. 296 / p. 170).

2. *AB* (EW, IV, p. 349 / p. 228) : « *And because God has a being, it follows that he is either the whole universe, or part of it* ».

3. Rappelons que le terme est anachronique, puisque John Toland semble être, en 1705, l'inventeur du mot anglais « *pantheist* » : *Socinianism truly stated; being an example of fair dealing in all theological controversys. To which is prefixt, Indifference in disputes: recommanded by a pantheist to an orthodox friend*, Londres, 1705. Sans doute en écho à son premier usage, en latin, par le mathématicien newtonien Joseph Raphson, dans son *De spatio reali* de 1697 : *Analysis æquationum universalis seu ad æquationes algebraicas resolvendas methodus generalis, & expedita, ex nova infinitarum serierum methodo, deducta ac demonstrata editio secunda cum appendice. Cui annexum est, De spatio reali, seu entre infinito conamen mathematico-metaphysicum*, Londres, Typis T. Braddyll, prostant venales apud Johannem Taylor, ad insigne Navis in Cœmeterio D. Pauli, 1697. Raphson emploie le néologisme « *Pantheorum* » contre les matérialistes (« *Panhylistae* »), ou athées, qui identifient le premier être avec la matière. En 1710, Toland précise le contenu du mot « *pantheist* », en parlant de « *the pantheistic opinion of those who believe in no other eternal being but the universe* » (*À Gottfried Wilhelm Leibniz*, 14 février 1710). De Toland, voir aussi *Pantheisticon, ou formule pour célébrer une Société socratique divisée en trois parties* (Londres, 1720), Antoine Peillon (éd.), Paris et Latresne, La Luminade et Le Bord de l'Eau, 2006 : c'est par cet ouvrage que Toland devait donner un droit de cité définitif au « panthéisme » dans la littérature philosophique. En français, l'apparition du mot « panthéiste » semble résulter directement de l'invention de Toland, puisque c'est le théologien Elie Benoist qui paraît l'utiliser pour la première fois dans sa critique de Toland intitulée *Mélanges de remarques critiques historiques, philosophiques, théologiques, sur les deux dissertations de M. Toland, intitulées l'une « L'Homme sans superstition » et l'autre « Les Origines judaïques », avec une dissertation, tenant lieu de Préface*, Delf, A. Beman, 1712. Voir Jacqueline Lagrée, « Panthéisme », dans Jean-Yves Lacoste (éd.), *Dictionnaire critique de théologie*, Paris, P.U.F., 1998, p. 847-849; Miguel Benítez, « L'historien et l'apologète. Panthéisme et athéisme aux temps modernes », dans Catherine Secrétan, Tristan Dagron et Laurent Bove (éd.), *Qu'est-ce que les Lumières « radicales »? Libertinage, athéisme et spinozisme dans le tournant philosophique de l'âge classique*, Paris, Éditions Amsterdam, 2007, p. 211-242. Et *OED*, art. « *pantheism* », « *pantheist* » et « *pantheistic* » (t. 11, p. 149).

s'abrite à trop bon compte derrière le « filet » de « l'incompréhensibilité de Dieu »[1] :

> Ceux qui nient toutes les substances incorporelles ne peuvent, par Dieu, entendre rien d'autre que, soit la nature (non pas *naturam naturantem*, c'est-à-dire, un véritable auteur de la nature, mais *naturam naturatam*, c'est-à-dire, le concours ordonné des causes naturelles que T. H. semble laisser supposer), soit une fiction du cerveau, sans être réel, que l'on entretient avec soin en considération des bénéfices qu'on en attend et des fins politiques que l'on poursuit, telle une erreur profitable, quelque dignité qu'on lui prête en lui conférant le titre de « cause éternelle de toutes choses »[2].

L'objection est reprise et amplifiée, par exemple, par Anne Conway :

> [Hobbes] enseignait que toutes les créatures étaient à l'origine une seule substance, de la plus basse et la plus ignoble à la plus haute et la plus noble [...]. Mais nous nions la conséquence, à savoir que Dieu et les créatures sont une seule substance[3].

Et l'on sait que Charles Blount, sur le conseil de son père, remit à Hobbes[4] un exemplaire de son traité *Anima mundi*, où il cherchait à

1. John Bramhall, *The Catching of Leviathan, or The Great Whale*, I, *op. cit.*, p. 129-130 = *AB* (EW, IV, p. 348 / p. 228).

2. *Ibid.*, I, p. 121 : « *They who deny all incorporeal substances, can understand nothing by God, but either nature, (not* naturam naturantem, *that is, a real authour of nature, but* naturam naturatam, *that is, the orderly concourse of natural causes, (as T. H. seemeth to intimate) or a fiction of the brain, without real being, cherished for advantage and politick ends, as a profitable error, howsoever dignified with the glorious title of* the eternal cause of all things » = *AB* (EW, IV, p. 312 / p. 189).

3. Anne Conway, *The principles of the most ancient and modern philosophy*, IX, 4 et 5, *op. cit.*, p. 136 et p. 138 (latin), p. 222 et p. 224 (anglais) : « [...] *quod omnes creaturas quam unam originaliter statuit esse substantiam ab infima maximeque ignobili usque ad summam & nobilissimam* [...]. *Negamus autem consequens, nimirum, quod Deus & Creaturae una sint substantia* », « [Hobbes] *taught that all Creatures were originally one Substance, from the lowest and most ignoble, to the highest and noblest* [...]. *But we deny the Consequence, viz. That God and Creatures are one Substance* » (= *The principles of the most ancient and modern philosophy*, Allison P. Coudert et Taylor Corse (éd.), Cambridge, Cambridge University Press, 1996, p. 64 et p. 65). Notons qu'à la différence du Dieu de Henry More, le Dieu d'Anne Conway n'est pas étendu et peut se contracter. Thomas Tenison soupçonne également Hobbes de confondre Dieu et le monde. En effet, écrit-il, si, selon Hobbes, Dieu lui-même est corps, « *then by the name of God we must understand the universe* », puisqu'il est infini ; conséquence : « *Then whatsoever we see, or whatsoever we move towards, the same is Jupiter, and such an opinion, if it once break in upon our belief, it will make a way there, by which a million of absurdities may follow after it* [...] » – *The creed of Mr. Hobbes examined*, *op. cit.*, Art. I, p. 12-13.

4. Charles Blount, *À Thomas Hobbes*, 1678, *Corr.*, Lettre 201, t. II, p. 763.

montrer que les plus sages des Anciens, et d'autres parmi ses contemporains, avaient cru que Dieu est le monde éternel et infini, fait de matière et d'esprit, cet esprit ou « âme du monde » étant le principe du mouvement et de la vie qui anime l'ensemble des êtres[1].

Il faut cependant souligner que Hobbes récuse lui-même, aussi bien dans le *De Cive* que dans le *Leviathan*, le « panthéisme » :

> Il est évident [...] que les philosophes qui ont dit que le monde, ou l'âme du monde, était Dieu, en parlaient d'une manière indigne de lui ; même, ils niaient son existence, car ce qu'on nomme Dieu, c'est justement la cause du monde : dire que le monde est Dieu, c'est dire qu'il n'a pas de cause, autrement qu'il n'existe pas de Dieu[2].

Il y a ainsi une tension caractéristique de la position théologique de Hobbes entre transcendance et immanence[3]. Le corps divin, étant « infini »[4], est un corps dont le propre est de ne partager aucune des caractéristiques des corps concevables. En même temps, s'« il ne peut y avoir aucun lieu vide là où [Dieu] est, ni plein là où Il n'est pas »[5], Dieu est partout dans le monde et tout est en Dieu. Cette tension se manifeste tout particulièrement dans l'*Answer to [...] Bramhall*, où Hobbes ne tranche pas véritablement la question de savoir si Dieu est l'univers entier ou l'une de ses parties :

1. Charles Blount, *Anima mundi : or, An historical narration of the opinions of the ancients concerning mans soul after this life : according to unenlightned nature*, Amsterdam [= Londres ?], Anno Mundi 00000 [= 1678/1679]. Sur le « panthéisme » de Blount, voir les travaux de Miguel Benítez : « Un altro *Esprit de Spinoza :* Charles Blount e il suo trattato sui miracoli », dans Antonio Santucci (éd.), *Filosofia e cultura nel Settecento britannico*, Bologne, Il Mulino, 2000, t. 1 (« Fonti e connessioni continentali. John Toland e il deismo »), p. 227-248 ; « Scepticisme et panthéisme dans l'*Anima Mundi* de Charles Blount », dans Marc André Bernier et Sébastien Charles (éd.), *Scepticisme et modernité*, Saint-Étienne, Publications de l'Université de Saint-Étienne, 2005, p. 77-99 ; voir également Karl-Josef Walber, *Charles Blount (1654-1693), Frühaufklärer. Leben und Werk*, Francfort-sur-le-Main, Peter Lang, 1988.

2. *Lev.*, XXXI (p. 401 / p. 386). Voir *DCi*, XV, 14 (p. 226) : « *Deinde Philosophos qui ipsum mundum, vel mundi animam (id est partem) dixerunt esse Deum, indigne de Deo loquutos esse ; non enim quicquam ei attribuunt, sed omnino esse negant ; nam per nomen illud,* Deus, *intelligitur* mundi causa ; *dicentes autem* mundum esse Deum, *dicunt* nullam esse eius causam, *hoc est,* Deum non esse ».

3. Disons-le sans détour : nous utilisons ces deux concepts faute de mieux, tant il est vraisemblable que le concept de « transcendance » n'ouvre ici aucunement sur un au-delà de la représentation et du concept. Sur les apories du concept de « transcendance », voir Jean-Luc Marion, « L'impossible pour l'homme – Dieu », *Conférence*, n° 18, printemps 2004, p. 329-332.

4. *DP*, III (EW, VII, p. 89).

5. *DP*, III (EW, VII, p. 89).

> De ce que je dis de l'univers, il [= Bramhall] conclut que je fais de Dieu un rien; mais la conclusion est absurde. Il aurait pu, en vérité, conclure que je fais de Dieu un esprit corporel, mais pur. J'entends par l'univers l'agrégat de toutes les choses qui ont l'être par elles-mêmes [*the aggregate of all things that have being in themselves*]; et c'est ainsi que l'entendent tous les autres hommes. De ce que Dieu a un être, il suit qu'il est, soit l'univers entier, soit une partie de l'univers: cela, Monseigneur ne s'applique pas à le réfuter, il semble seulement s'en émerveiller [1].

Dans le *Leviathan*, Hobbes précise ce qu'il entend par « monde » (*world*) ou « univers » (*universe*) :

> Le monde (par ce mot, je n'entends pas seulement la terre, au sens où ceux qui aiment celle-ci sont appelés *hommes mondains*, mais l'*univers*, c'est-à-dire la masse entière de toutes les choses qui existent) est corporel: en d'autres termes, il est corps; il possède les dimensions quantitatives, à savoir la longueur, la largeur et la profondeur; de plus, toute partie d'un corps est également corps, et possède aussi ces dimensions; en conséquence, chaque partie de l'univers est corps, et ce qui n'est pas corps n'est pas partie de l'univers, et parce que l'univers est tout [*the Universe is All*], ce qui n'en fait pas partie n'est *rien* [*Nothing*], et par conséquent n'est *nulle part* [*no where*] [2].

Au regard de cette définition, d'une part, et du rejet explicite du « panthéisme » formulé dans le *Leviathan*, d'autre part, on pourrait être tenté de conclure, même si Hobbes lui-même ne le fait pas de façon explicite, que le philosophe anglais fait de Dieu une partie de l'univers et non l'univers lui-même [3]. Or, si Dieu est ainsi une partie de l'univers, il faut nécessairement que cette partie soit infinie. Mais, pour Hobbes, considérer les parties d'un tout présuppose nécessairement une division mentale [4], c'est-à-dire une délimitation et une distinction. Conséquence : toute partie est finie [5], la notion de partie infinie étant parfaitement contradictoire, violant en outre l'axiome admis par Hobbes selon lequel le tout est plus

1. *AB* (EW, IV, p. 349 / p. 228).

2. *Lev.*, XLVI (p. 689 / p. 683-684). Voir aussi *Lev.*, XXXIV (p. 428 / p. 418; OL, III, p. 280 / p. 287).

3. Il faut toutefois signaler que Peleau estime légitime de demander à Hobbes son avis « sur vne des Plus Importantes questions de Physique », mais dont la « Matiere » est « vn peu chatouilleuse », à savoir « la Nullité de l'existence d'vn Dieu, distinct, et different, du Monde » : *À Thomas Hobbes*, [1er/]11 mars 1657, *Corr.*, Lettre 120, t. I, p. 450-451. La réponse de Hobbes à Peleau, si elle existe, ne nous est pas parvenue.

4. *DCo*, VII, 8 (p. 78-79).

5. *DM*, II, 2 (p. 110) et 4 (p. 111).

grand que ses parties[1]. Mais cette caractérisation demeure encore fort imprécise, car, pour Hobbes, les notions de tout et de partie ne peuvent s'appliquer en réalité ni l'une ni l'autre à des entités infinies[2] : en effet, dans la mesure où l'esprit humain ne peut concevoir des parties autrement que comme finies, il ne peut pas non plus concevoir un tout composé de parties autrement que comme fini. Puisque Dieu est infini, il ne peut donc être appelé ni une partie ni un tout. Dans le *De Cive*, Hobbes précise d'ailleurs qu'il est erroné de dire que Dieu « *habeat* partes, *aut quod sit* totum *aliquid* »[3]. Idée reprise dans le *Leviathan* :

> C'est pourquoi ce n'est pas l'honorer que [...] de lui attribuer des *parties* ou un *tout*, car ce sont là des attributs propres aux choses finies[4].

On pourrait alors peut-être dire que, pour Hobbes, puisque Dieu est un étant, il est une « partie » de l'univers, et puisque l'univers est corporel, il est également corporel, en précisant que Dieu est un corps qui, en vertu de son infinité, ne possède aucune des propriétés des corps concevables et imaginables, de sorte qu'il est une « partie » de l'univers dont le propre est de n'avoir pas la caractéristique fondamentale des parties d'un tout, à savoir la finitude.

L'explication, on le voit, est embarrassée. Il est certainement préférable de s'en tenir à ce que Hobbes fait lui-même explicitement et souligner son silence quant à la réponse qu'il convient d'apporter à la question de savoir si Dieu est l'univers entier ou une partie de l'univers. Le problème, dès lors, peut se formuler de la façon suivante : pour quelle raison Hobbes a-t-il besoin de soutenir la thèse de la corporéité divine, si cette thèse ne doit conduire à aucune élaboration théologique ou physique précise ? L'hypothèse qui sera d'abord envisagée est que c'est pour des raisons épistémiques, relatives à l'articulation des concepts *d'ens/corpus* et de *locus*, et théologiques, relatives à des perspectives sotériologiques, que Hobbes doit soutenir et assumer la thèse de la corporéité et de l'extension divines, quitte à devoir affaiblir volontairement le contenu précis de cette thèse.

1. *DCo*, VIII, 25 (p. 93) : « *Totum esse majus sua parte* ».

2. *DCo*, VII, 12 (p. 80) : « [...] *partes enim quotcunque, cum singulae sint finitae, etiam simul sumptae facient totum finitum* ».

3. *DCi*, XV, 14 (p. 226). Voir également *DCo*, I, 8 (p. 16) : en Dieu, « *nulla compositio, nulla divisio institui* [...] *potest* ».

4. *Lev.*, XXXI (p. 402 / p. 386 ; OL, III, p. 260 / p. 262) : « [...] *to attribute to him* Parts, *or* Totality ; *which are the Attributes onely of things Finite* », « *Dicere, item, Deum* totum ; *quia* totum *de finito tantum dicitur* ».

CHAPITRE IV

L'EXTENSION ET LE SÉJOUR DIVINS

§ 1. « Nowhere » / « nullibi », « nothing » / « nihil ». *Localisation, dimension, extension*

Pour Hobbes, on ne peut avoir aucune « conception » de quelque chose qui serait « spirituel », si du moins est entendue par ce terme une entité entièrement imperceptible :

> Mais connaître cela [= qu'il y a des esprits immortels], c'est-à-dire avoir une évidence naturelle à ce sujet, c'est impossible. En effet, toute évidence est conception [...], et toute conception est imagination et provient de la sensation [...]. Et quant aux esprits [*spirits*], nous supposons qu'ils sont ces substances qui n'opèrent pas sur la sensation et qui, par conséquent, ne sont pas concevables [1].

Cela ne signifie aucunement que l'on ne peut pas avoir de « conception » des esprits; plus exactement, cela signifie que « concevoir » quelque chose de spirituel (l'âme, les anges, Dieu), c'est nécessairement le « concevoir » comme quelque chose qui est étendu, c'est-à-dire qui « remplit le lieu que l'image d'un corps visible remplirait » [2]; c'est donc « concevoir quelque chose qui a des dimensions » [3]. L'argumentation de Hobbes repose ainsi sur deux demandes. 1) La première impose de dire que

1. *EL*, I, XI, 5 (p. 55).

2. *EL*, I, XI, 4 (p. 55) : « *By the name of spirit we understand a body natural, but of such subtility that it worketh not on the senses; but that filleth up the place which the image of a visible body might fill up* ».

3. *EL*, I, XI, 4 (p. 55) : « [...] *to conceive a spirit, is to conceive something that hath dimension* ».

tout ce qui est (un) étant (*ens*) implique le fait d'avoir une localisation, car rien ne mérite le nom d'« étant » qui ne soit en quelque manière localisé. S'il n'existe pas de « spectres incorporels » (*Ghosts incorporeall*), indique Hobbes, c'est parce qu'il n'existe pas de « spectres qui n'occupent *aucun lieu*; autrement dit, qui ne sont *nulle part*; autrement dit encore, qui semblant être *quelque chose*, ne sont *rien* »[1]. 2) La deuxième demande de Hobbes énonce que la localisation implique le fait d'avoir des dimensions, donc de l'extension. Dans les *Elements of Law*, Hobbes le soutient très clairement :

> [...] la localité est dimension, et tout ce qui a une dimension, quoi que ce soit, est corps, si subtil qu'il soit[2].

La thèse est reprise sans variation dans le *Leviathan* :

> [...] tout le monde sait que lieu signifie dimension, et que le lieu n'est rempli que par ce qui est corporel[3].

Pour Hobbes, ne pas être étendu, c'est-à-dire n'avoir pas de dimension, revient ainsi à ne pas être du tout localisé; dès lors, quelque chose d'inétendu, donc sans aucune localisation, ne peut être, en toute rigueur, que « rien ». Rapportées à Dieu, les deux demandes du philosophe doivent être transcrites de la façon suivante : si Dieu doit être considéré comme (un) étant ou (un) existant – et il doit l'être selon Hobbes –, alors cela implique qu'il possède quelque localisation et donc quelque extension.

Aucune des deux demandes de Hobbes n'est pourtant transparente : 1) il n'est pas évident qu'une chose doive exister quelque part pour exister; 2) il n'est guère plus évident qu'une chose doive occuper un lieu pour être quelque part. Pour comprendre la portée exacte des demandes hobbesiennes, il est requis de préciser la signification du concept de « lieu ». Pour Hobbes, dans les rapports entre notre esprit et le monde extérieur, c'est l'objet qui, en produisant un effet en nous, joue le rôle de cause. L'effet alors produit de la rencontre d'un corps (d'une grandeur déterminée) et de l'espace imaginaire (indéterminé) est le lieu, lequel est

1. *Lev.*, XXXIV (p. 434 / p. 425; OL, III, p. 285 / p. 293) : « [...] *and therefore are not Ghosts* incorporeall, *that is to say, Ghosts that are in* no place; *that is to say, that are* no where; *that is to say, that seeming to be* somewhat, *are* nothing », « [...] *sed non incorporei, id est, non sunt* nullibi, *nec cum videantur esse* aliquid, *sunt* nihil ».

2. *EL*, I, XI, 5 (p. 56) : « [...] *locality is dimension; and whatsoever hath dimension, is body, be it never so subtile* ».

3. *Lev.*, XLVI (p. 692 / p. 686) : « [...] *all men know that Place is Dimension, and not to be filled, but by that which is Corporeall* ».

cette partie de l'espace imaginaire avec laquelle la grandeur du corps le fait coïncider[1]. Or, comme l'espace imaginaire, le lieu est un phantasme[2]. De sorte que « le lieu n'est rien en dehors de l'esprit »[3]; il dépend complètement de notre imagination :

> Le mot *corps*, dans son acception la plus générale, désigne ce qui remplit ou occupe un espace (c'est-à-dire un lieu conçu par l'imagination) déterminé[4].

Le lieu des corps se situe ainsi entièrement en notre esprit. Il n'a pas d'existence réelle, pas plus que l'espace imaginaire. En tant qu'idée de l'extension, il est « extension fictive »[5]. Le lieu n'est qu'une position imaginaire dans l'espace imaginaire, par différence avec le mouvement qui, lui, est un accident réel des corps. Tout comme l'espace imaginaire, le lieu est ainsi l'idée du corps. Sa spécificité réside en ce qu'il n'est pas le phantasme d'un corps quelconque, mais d'un corps donné, dont les accidents sont déterminés[6].

D'un point de vue épistémique, tout ce qui est (un) étant (*being*, *ens*) est un corps (*body*, *corpus*) et relève de la substantialité (*substance*, *substantia*) au regard de sa subsistance sous l'espace imaginaire[7]. Dieu,

1. *NLW*, c. 6, dans *DM*, Appendice II, p. 453 : « *Space (which I always understand imaginary) which is coincident with the magnitude of any body is called the* place *of that body, and then the body is said to be* placed ». Voir également Manuscrit A 10 de Chatsworth, c. 8, dans *DM*, Appendice III, p. 477 ; *DM*, III, 3 (p. 118) ; *DCo*, VI, 6 (p. 60) ; *DCo*, VIII, 5 (p. 85).

2. *DCo*, XXVI, 1 (p. 281) : « *Nam Locus quidem et Tempus, id est, magnitudo et duratio corporis simpliciter dicti, id est indefinite sumpti sunt phantasmata* ».

3. *NLW*, c. 6, dans *DM*, Appendice II, p. 453 : « [...] *place is nothing, out of the mind* ». *DCo*, VIII, 5 (p. 85) : « [...] *locus nihil est extra animum* ».

4. *Lev.*, XXXIV (p. 428 / p. 418 ; OL, III, p. 280 / p. 287) : « *The Word* Body, *in the most generall acceptation, signifieth that which filleth, or occupyeth some certain room, or imagined place* », « Corpus *significat universaliter id quod locum aliquem certum implet sive occupat ; nec dependet, ut locus ipse, ab imaginatione nostra* ».

5. *NLW*, c. 6, dans *DM*, Appendice II, p. 454 : « [...] *place is a feigned (ficta) or fancied extension* ». *DCo*, VIII, 5 (p. 85) : « [...] *locus est extensio ficta* ». Cela implique que le lieu est de nature quantitative : « *Istuc infero, tempus, locum, motum, pondus, non minus proprie quantitates dici, quam linea, superficies, et solidum. Cum enim neque haec neque illa quantitates sint, sed quanta, aeque sunt utraque quantitates* » (*EE*, I, OL, IV, p. 17).

6. Pour une analyse de la notion hobbesienne de « lieu », de son rapport à la tradition aristotélicienne et à la tradition naturaliste renaissante, voir Cees Leijenhorst, *The Mechanisation of Aristotelianism. The Late Aristotelian Setting of Thomas Hobbes' Natural Philosophy*, Leyde, E. J. Brill, 2002, p. 102-105, p. 108-109.

7. Le terme « substance » (*substance*, *substantia*) signifie en effet, dans le lexique de Hobbes, le terme « corps » (*body*, *corpus*) en tant qu'il est « subsistant par soi » (*subsisting of itself*, *subsistens per se*) – *DCo*, VIII, 1 (p. 82) ; *AB* (EW, IV, p. 304, p. 308 / p. 180, p. 185) – ou « existant » (*existing*, *existens*) – *IIIae Objectiones*, *Objectio X* (AT, VII, p. 186, l. 16-17 –

parce qu'il est et ne relève pas de l'ordre du phantasme (*nothing*, *nihil*), ne peut pas être «*nowhere*» ou «*nullibi*». De la sorte, Dieu doit remplir en quelque manière le lieu (*place*, *locus*) que l'image d'un corps visible remplirait, en vertu de l'articulation entre l'étant ou le corps et le lieu. Mais, on vient de le rappeler, le lieu est le résultat, dans notre esprit, de la rencontre entre un corps déterminé et l'espace imaginaire indéterminé. Or, Dieu, s'il est un corps, n'est cependant pas un corps déterminé. C'est pourquoi la localisation de Dieu (l'univers entier ou une partie de l'univers) n'est pas décidable. La rencontre entre le corps divin (indéterminé) et l'espace imaginaire (indéterminé) a bien lieu (du moins Hobbes ne dit-il jamais explicitement le contraire), mais ne détermine pas, en notre esprit, un lieu. Dit autrement, le corps divin ne coïncide pas avec une partie déterminée et déterminable de l'espace imaginaire, partie qui formerait le lieu du corps de Dieu. La seule chose que le philosophe anglais s'autorise à dire, contre Jean Damascène, est que la subtilité et la pureté du corps divin ne doivent pas être trop tirées vers « la ténuité, qui est comme une étape vers le non-être »[1]. On sait qu'au chapitre 12 du livre I de la *Foi orthodoxe*, qui poursuit l'enquête du chapitre 11 consacrée aux «expressions sur Dieu en mode corporel»[2], Jean Damascène examine en particulier les noms divins « apophatiques » :

> C'est pourquoi des noms divins, les uns sont dits apophatiques, qui l'indiquent au- dessus de l'οὐσία; par exemple, sans οὐσία, ni temps, ni principe, invisible; non qu'il soit moindre que, ou manque de quoi que ce soit (tout est à lui, tout est venu de lui et par lui, et tout se maintient en lui), mais parce que, éminemment, il est exclu de tous les étants; il n'est aucun des étants, mais au-dessus de tous[3].

AT, IX-1, p. 145) –, c'est-à-dire en tant qu'il est indépendant de la pensée – *DCo*, VIII, 1 (p. 82 et p. 83). Pour l'identification hobbesienne de la substance avec le corps, voir *Lev.*, XXXIV (p. 428-429 / p. 418-419; OL, III, p. 280-281 / p. 287). Et aussi *Lev.*, Appendice I (OL, III, p. 530 / p. 517).

1. *Lev.*, Appendice III (OL, III, p. 562 / p. 548) : «*Illi quidem, qui Deo puritatem tribuunt, recte faciunt; est enim honorificum. Sed tenuitatem attribuere, quae gradus quidam est ad nihilitatem, periculosum est*».

2. Saint Jean Damascène, *De la foi orthodoxe*, I, 11 (Περὶ τῶν σωματικῶς ἐπὶ Θεοῦ λεγομένων), PG, t. 94, col. 841 a-844 b.

3. *Ibid.*, I, 12, PG, t. 94, col. 845 c-d : «Διὸ τῶν θείων ὀνομάτων, τὰ μὲν ἀποφατικῶς λέγεται, δηλοῦντα τὸ ὑπερούσιον· οἷον ἀνούσιος, ἄχρονος, ἄναρχος, ἀόρατος· οὐχ ὅτι τινὸς ἧττων ἐστὶν, ἤ τινος ἐστέρηται· αὐτοῦ γάρ ἐστι τὰ πάντα, καὶ ἐξ αὐτοῦ καὶ δι' ἀυτοῦ γέγονε, καὶ ἐν αὐτῷ συνέστηκεν· ἀλλ' ὅτι πάντων ὑπεροχικῶς τῶν ὄντων ἐξῄρηται· Οὐδὲν γάρ τῶν ὄντων, ἀλλ' ὑπερ πάντα ἐστί».

Hobbes lit ce texte à travers la grille de son lexique qui impose de rapporter « οὐσία » au genre des noms d'accidents et « τὸ ὄν » au genre des noms de corps :

> Jean Damascène, commentant le Symbole de Nicée, écrit au livre I, chapitre 13 : *Parmi les noms divins, les uns sont négatifs, et signifient ce qui est au-dessus de la substance : ainsi* ἀνούσιος *(c'est-à-dire sans essence),* ἄχρονος *(sans temporalité),* ἄναρχος *(sans principe); non pas que Dieu soit au-dessous de ces déterminations, mais parce qu'il est élevé au-dessus de tout cela. Dieu, en effet, n'est pas du nombre des étants, mais au-dessus d'eux tous.* Vous voyez que Jean Damascène, qui fut, comme le montre son livre sur la dialectique, un philosophe aristotélicien, en même temps qu'un Père de l'Église et un pieux docteur, tombe dans des propos athées (de peur de dire avec Tertullien que Dieu est un corps, et par désir de rendre plus ténue cette épaisseur corporelle qu'il estime, je ne sais pourquoi, indigne de Dieu), en disant que Dieu est ἀνούσιος, et qu'il n'est pas au nombre des choses qui sont[1].

En toute rigueur, Hobbes pourrait admettre que Dieu est ἀνούσιος, c'est-à-dire sans οὐσία, c'est-à-dire sans *esse*, c'est-à-dire sans accidents[2]. Mais élever la *puritas* de Dieu jusqu'à une *tenuitas* qui le ferait basculer au-delà de l'*ens*, c'est ravaler Dieu au *nihil :* il ne faut pas « prétendre exalter la finesse de la substance divine au point de la réduire à un esprit ou un phantasme, c'est-à-dire, rien »[3]. Il y a donc, parce que Dieu est (un) *ens*, une extension ainsi qu'une localisation de Dieu, mais cette extension et cette localisation demeurent indéterminées, ne permettant pas cette rencontre entre l'espace imaginaire et un corps déterminé qui donne lieu à un lieu.

§ 2. *Le « nullibisme »*

Afin de cerner la portée de la doctrine hobbesienne, une confrontation avec la philosophie et la théologie de Henry More peut se révéler instructive. Hobbes, sauf erreur, ne cite jamais More, ni dans ses œuvres ni dans sa correspondance. Mais de Hobbes, qu'il critique sévèrement en même temps qu'il le médite longuement[4], More semble retenir l'idée que

1. *Lev.*, Appendice III (OL, III, p. 562 / p. 548-549). Le texte de Damascène se trouve au chapitre 12 du livre I de la *Foi orthodoxe*, et non au chapitre 13.

2. Voir *AB* (EW, IV, p. 336 / p. 213).

3. *AB* (EW, IV, p. 309 / p. 187) : « [...] *better than by pretence of magnifying the fineness of the Divine substance, to reduce it to a spright or phantasm, which is nothing* ».

4. Comme en témoigne tout particulièrement *The Immortality of the Soul* (1659), I, IX-X, Alexander Jacob (éd.), La Haye, Martinus Nijhoff, 1987, p. 49-59. More reconstruit en particulier l'argumentation du chapitre XLVI du *Leviathan* anglais (*Lev.*, XLVI,

toute chose – y compris l'âme, les anges ou Dieu – est étendue[1]. En 1659, dans la Préface de *The Immortality of the Soul*, More déclare ainsi :

> Ôter toute extension, c'est réduire une chose uniquement à un point mathématique, qui n'est rien d'autre qu'une pure négation ou non-entité ; et n'y ayant aucun milieu entre « étendu » et « non-étendu », pas plus qu'entre « entité » et « non-entité », il est manifeste que si seulement une chose est, elle doit être étendue[2].

Affirmation qui vaut pour Dieu lui-même. Dès la lettre du 11 décembre 1648 à Descartes, More écrit ainsi, mais en apportant encore la nuance d'un « *suo modo* » :

> Dieu est étendu à sa manière[3].

C'est la position « nullibiste », selon l'expression ironique qu'il forge dans l'*Enchiridion Metaphysicum* de 1671, que More tente tout particulièrement de surmonter. Aux yeux de More, cette position s'appuie sur quatre principes : 1) celui selon lequel tout ce qui pense est immatériel (« *Quicquid cogitat, esse Immateriales* ») ; 2) celui selon lequel tout ce qui est étendu est matériel (« *Quicquid est extensum, esse Materiale* ») ; 3) celui selon lequel ce qui est inétendu n'est nulle part (« *Quicquid est inextensum, esse Nullibi* ») ; 4) enfin, celui selon lequel ce qui est quelque part est étendu

p. 692 / p. 686) de la façon suivante : « *Whatsoever is real, must have some place : But Spirits can have no place* » ; à quoi il répond : « *That Spirits are as truly in Place as Bodies* » (*The Immortality of the Soul*, I, X, 8, *op. cit.*, p. 57-58). On le voit : la reconstruction n'est pas fidèle à l'argument hobbesien (selon lequel les esprits sont des corps et donc ont un lieu, « *place* »), de sorte que la conclusion de More, elle, peut l'être totalement. Voir aussi *Enchiridion Metaphysicum : sive, De rebus incorporeis succincta & luculenta dissertatio. Pars prima : De exsistentia & natura rerum incorporearum in genere : In qua quamplurima mundi phænomena ad leges Cartesii mechanicas obiter expenduntur, illiúsque philosophiæ, & aliorum omnino omnium qui mundana phænomena in causas purè mechanicas solvi posse supponunt, vanitas falsitásque detegitur*, Londres, Typis E. Flesher, prostat apud Guilielmum Morden, bibliopolam Cantabrigiensem, 1671, XXVIII, 6 et 20, p. 382 et p. 401-402.

1. Sur Henry More et son concept d'extension divine, voir Alexandre Koyré, *Du Monde clos à l'univers infini*, trad. fr. Raissa Tarr, Paris, P.U.F., 1962 – Paris, Gallimard, 1973, p. 139-188 ; Amos Funkenstein, *Théologie et imagination scientifique du Moyen Âge au XVIIe siècle*, *op. cit.*, p. 86-90 ; Jean-Luc Marion, *Questions cartésiennes II*, *op. cit.*, VII, 10, p. 268-269.

2. *The Immortality of the Soul*, Préface, 3, *op. cit.*, p. 7 : « *For, to take away all* Extension, *is to reduce a thing onely to a Mathematical point, which is nothing else but pure Negation or Non-entity; and there being no* medium *betwixt* extended *and* not-extended, *no more then there is betwixt Entity and Nonentity, it is plain that if a thing be* at all, *it must be* extended ».

3. *À René Descartes*, 11 décembre 1648, AT, V, p. 238, l. 25-26 : « [...] *Deus extenditur suo modo* ». Voir p. 239, l. 2 : « *Deus igitur suo modo extenditur* ».

(« *Quicquid est alicubi, esse etiam Extensum* »)[1]. Au regard de ces quatre principes, More estime pouvoir faire de Descartes le « prince » des « nullibistes »[2], et des cartésiens de nécessaires « nullibistes »[3].

Contre les « nullibistes », More argumente ainsi pour ce qui concerne Dieu et l'âme :

> Même les « nullibistes » reconnaissent et affirment que les opérations au moyen desquelles l'âme agit dans le corps sont dans le corps, et que la puissance ou force divine par laquelle Dieu agit dans la matière et la meut est présente dans toutes les parties de la matière. De cela il est aisé d'inférer que l'opération de l'âme et la force motrice de Dieu sont quelque part, à savoir dans le corps et dans la matière [...]. Par conséquent, si l'opération de l'âme est quelque part, l'âme est quelque part, à savoir là où l'opération se trouve ; si la puissance de Dieu est quelque part, Dieu est quelque part, à savoir là où la puissance divine se trouve – Dieu dans toutes les parties de la matière ; l'âme dans le corps humain[4].

L'argumentation de More ne paraît pas montrer, comme c'est le cas dans l'argumentation de Hobbes, que l'existence (l'ordre de l'*ens* ou du *corpus* selon Hobbes) comprend la localisation (l'ordre du *locus*, par rencontre entre un corps déterminé et l'espace imaginaire, selon Hobbes). Elle montre plus exactement que tout ce qui possède des puissances d'agir dans le monde doit être en quelque façon localisé dans le monde : Dieu possède une puissance et l'âme des opérations qui sont présentes en différents lieux ; si une telle puissance et de telles opérations ont une localisation, leurs sujets en auront aussi ; or, Dieu agit et est présent partout,

1. *Enchiridion Metaphysicum*, XXVII, 2, *op. cit.*, p. 352 : « *Tota verò illius vis his tribus Effatis comprehenditur. Quorum primum est,* Quicquid cogitat, esse Immateriales ; *& contrá : Secundum,* Quicquid est extensum, esse Materiale : *Tertium,* Quicquid est inextensum, esse Nullibi. *Cui quidem tertio hoc quartum, tanquam illius necessarium & manifestissimum Consectarium, superadjiciam, viz.* Quicquid est alicubi, esse etiam Extensum ».

2. *Enchiridion Metaphysicum*, XXVII, 2, titre marginal, *op. cit.*, p. 351 : « *Quòd Cartesius Nullibistarum princeps est* ».

3. Mais More mentionne aussi le cas, exemplaire selon lui, de Louis de La Forge, qui fut cartésien tout en n'étant pas « nullibiste » : *Enchiridion Metaphysicum*, XXVII, 6, *op. cit.*, p. 357-358.

4. *Enchiridion Metaphysicum*, XXVII, 5, *op. cit.*, p. 356 : « *Nam & ipsi* Nullibistae *agnoscunt & asserunt Operationes quibus Anima agit in Corpus esse in corpore, & potentiam illam sive vim Divinam quâ agit Deus in Materiam eámque movet praesentem esse singulis Materiae partibus. Unde facile est colligere Operationem Animae Deique vim motricem esse alicubi, in Corpore nempe & in Materia* [...]. *Ergò si Operatio Animae est alicubi, Anima est alicubi, ibi nempe ubi est Operatio ; Si Potentia Dei est alicubi, Deus est alicubi, ibi scilicet ubi Divina Potentia : Hic in singulis Materiae partibus, Anima in humano corpore* ».

et l'âme opère et est présente à travers tout le corps; donc, Dieu et l'âme sont étendus.

Que Descartes et les cartésiens puissent être qualifiés par More de « nullibistes » ne manque cependant pas de surprendre. Car Descartes, s'il conçoit certes les corps comme étendus et les âmes comme incorporelles, ne considère pourtant nullement que le caractère incorporel de l'âme impliquerait l'illocalité de cette dernière. More le sait du reste mieux que quiconque puisque la position de Descartes est clairement énoncée dans les lettres destinées par le philosophe français au philosophe anglais[1]. Précisons ce point. Dans sa lettre à Descartes du 11 décembre 1648, More critique ce qu'il pense être le caractère trop large du concept cartésien d'extension de la façon suivante :

> [...] vous définissez la matière ou le corps d'une manière trop générale. En effet, Dieu paraît être une chose étendue, ainsi que les anges, et toute chose qui subsiste par soi-même ; en sorte que l'étendue paraît être enfermée dans les mêmes bornes que l'essence absolue des choses, qui peut néanmoins être diversifiée selon la variété des essences mêmes[2].

Et, pour appuyer sa critique, More utilise un raisonnement très semblable à celui qui sera développé plus de vingt ans plus tard dans l'*Enchiridion Metaphysicum* :

> Or, la raison qui me fait croire que Dieu est étendu à sa manière, c'est qu'il est omniprésent, et qu'il occupe intimement tout l'univers et chacune de ses particules. En effet, comment imprimerait-il le mouvement à la matière comme il a fait autrefois, et qu'il le fait actuellement selon vous, s'il ne touchait pour ainsi dire précisément la matière de l'univers, ou du moins s'il ne l'avait autrement touchée ? Ce qu'il n'aurait certainement jamais fait s'il ne se fût trouvé présent partout, et s'il n'avait occupé chaque lieu. Dieu est donc étendu et répandu à sa manière, et, par conséquent, il est une chose étendue[3].

1. *À Henry More*, 5 février 1649, AT, V, p. 267-279; 15 avril 1649, AT, V, p. 340-348; août 1649, AT, V, p. 402-405.

2. *À René Descartes*, 11 décembre 1648, AT, V, p. 238, l. 20-25 : « [...] *definitionem materiae seu corporis instituis multò quàm par est latiorem. Res enim extensa Deus videtur esse, atque Angelus; imò verò res quaelibet per se subsistens, ita vt eisdem finibus claudi videatur extensio, atque essentia rerum absoluta, quae tamen variari potest, pro essentiarum ipsarum varietate* ».

3. *À René Descartes*, 11 décembre 1648, AT, V, p. 238, l. 25-239, l. 3 : « *Atque equidem, quòd Deus extenditur suo modo, hinc arbitror patere, nempe quòd sit omnipraesens, & vniuersam mundi machinam singulasque eius particulas intimè occupet. Quomodo enim motum imprimeret materiae, quod fecisse aliquando, & etiamnum facere ipse fateris, nisi*

Dieu imprime le mouvement à chaque partie du monde, ce qui requiert un quasi toucher et donc que Dieu existe partout dans le monde.

Or, dans sa réponse, Descartes accepte sans la moindre réserve la doctrine de l'omniprésence divine, et il estime par conséquent que Dieu est donc bien, d'une certaine façon, étendu, tout comme le sont aussi les anges et l'âme :

> Je n'ai pas coutume de disputer sur les mots; c'est pourquoi si l'on veut que Dieu soit en un sens étendu, parce qu'il est partout, je le veux bien. Mais je nie qu'en Dieu, dans les anges, dans notre âme, enfin en toute autre substance qui n'est pas corps, il y ait une vraie étendue, et telle que tout le monde la conçoit; car par un étant étendu on entend communément quelque chose qui tombe sous l'imagination; que ce soit un étant de raison ou un étant réel, cela n'importe. Dans cet étant on peut distinguer par l'imagination plusieurs parties d'une grandeur déterminée et figurée, dont l'une n'est point l'autre; en sorte que l'imagination peut en transférer l'une en la place de l'autre, sans qu'on en puisse pourtant imaginer deux à la fois dans le même lieu[1].

L'âme, les anges et Dieu sont donc étendus, mais d'une extension dont Descartes précise qu'elle n'est pas une « vraie extension ». Celle-ci se définit par trois traits : 1) elle est saisie par l'imagination; 2) elle possède des parties distinctes d'une grandeur déterminée et figurée; 3) ces parties ne peuvent coexister simultanément en un seul et même lieu[2]. Descartes répète là des caractérisations qu'il a déjà conceptualisées. S'agissant de la

proximè quasi attingeret materiam vniuersi, aut saltem aliquando attigisset? Quod certè nunquam fecisset, nisi adfuisset vbique, singulasque plagas occupauisset. Deus igitur suo modo extenditur, atque expanditur ; ac proinde est res extensa ».

1. *À Henry More*, 5 février 1649, AT, V, p. 269, l. 25-270, l. 8 : « *Ego vero non soleo quidem de nominibus disputare, atque ideò, si ex eo quòd Deus sit vbique, dicat aliquis eum esse quodammodo extensum, per me licet. Atqui nego veram extensionem, qualis ab omnibus vulgò concipitur, vel in Deo, vel in Angelis, vel in mente nostrâ, vel denique in vllâ substantiâ quae non sit corpus, reperiri. Quippe per ens extensum communiter omnes intelligunt aliquid imaginabile (siue sit ens rationis, siue reale, hoc enim iam in medium relinquo), atque in hoc ente varias partes determinatae magnitudinis & figurae, quarum vna nullo modo alia sit, possunt imaginatione distinguere, vnasque in locum aliarum possunt etiam imaginatione transferre, sed non duas simul in vno & eodem loco imaginari* ».

2. Voir *À Henry More*, 5 février 1649, AT, V, p. 270, l. 28-31 : « [...] *ita illud solum quod est imaginabile, vt habens partes extra partes, quae sint determinatae magnitudinis & figurae, dico esse extensum, quamuis alia, per analogiam, etiam extensa dicantur* », « [...] ainsi, je dis qu'il n'y a d'étendue que dans les choses qui tombent sous l'imagination, comme ayant des parties extérieures les unes aux autres, et qui sont d'une grandeur et d'une figure déterminées, quoiqu'on nomme aussi d'autres choses étendues, mais seulement par analogie ». Voir aussi *À Henry More*, août 1649, AT, V, p. 403, l. 7-11.

divisibilité des corps, il argumente dans les *Principia Philosophiae* contre l'atomisme en indiquant que, « si petites qu'on suppose ces parties [de corps], néanmoins, parce qu'il faut qu'elles soient étendues [*necessariò debeant esse extensae*], nous concevons qu'il n'y en a pas une entre elles qui ne puisse être encore divisée en deux ou plus grand nombre d'autres plus petites, d'où il suit qu'elle est divisible »[1]. Quant à l'impénétrabilité, Descartes note en 1641, dans une remarque qui fut un temps destinée à la publication, que « l'esprit est co-étendu à un corps étendu, encore qu'il n'ait aucune vraie extension, c'est-à-dire aucune par laquelle il occupe un lieu et qui fait qu'il en chasse tout autre corps »[2].

Pour ce qui concerne la divisibilité et l'impénétrabilité comme traits distinctifs de ce qui est corporel, il y a accord, semble-t-il, entre More et Descartes, du moins est-ce là ce que l'on est tenté de penser en première approximation. Dans l'*Immortality of the Soul*, More définit en effet le corps (*body*) comme « une substance impénétrable et séparable » et l'esprit (*spirit*) comme « une substance pénétrable et inséparable »[3], et si l'esprit est inséparable, précise More, c'est parce qu'il n'a pas de parties. Selon More, la séparabilité (« *discerpibility* ») veut dire « divisibilité actuelle » (« *actual divisibility* »), c'est-à-dire « grossière déchirure ou grossier découpage d'une partie d'une autre » (« *gross tearing or cutting one part from*

1. *Principia Philosophiae* (1644, 1647), II, 20, AT, VIII-1, p. 51 – AT, IX-2, p. 74.

2. *À l'Hyperaspistes*, août 1641, AT, III, p. 434, l. 9-12 : « *Quomodo mens corpori extenso coextendatur, etsi non habeat vllam veram extensionem, hoc est vllam per quam locum occupet, atque aliud quid ab eo excludat* [...] ». Dans cette lettre, Descartes renvoie à l'explication qu'il a donnée dans les *VIae Responsiones*, sur l'exemple de la pesanteur : « [...] *vera enim corporis extensio talis est, ut omnem partium penetrabilitatem excludat* », « [...] la même sorte d'étendue qui constitue la nature du corps, car cette étendue est telle qu'elle exclut toute pénétrabilité de parties » (AT, VII, p. 442, l. 6-8 – AT, IX-1, p. 240). Sur l'impénétrabilité, voir encore *À Élisabeth*, 28 juin 1643, AT, III, p. 694, l. 24-28 : « [...] l'extension de cette matière est d'autre nature que l'extension de cette pensée, en ce que la première est déterminée à un certain lieu, duquel elle exclut toute autre extension de corps, ce que ne fait pas la deuxième ». Sur l'impénétrabilité et la divisibilité, voir encore *Le Monde* (1632-1633), VI, AT, XI, p. 33, l. 26-34, l. 3 : « [...] chacune de ses parties [de la matière du « nouveau monde »] occupe toujours une partie de cet espace, tellement proportionnée à sa grandeur, qu'elle n'en saurait remplir une plus grande, ni se resserer en une moindre, ni souffrir que, pendant qu'elle y demeure, quelqu'autre y trouve place. Ajoutons à cela, que cette matière peut être divisée en toutes les parties et selon toutes les figures que nous pouvons imaginer ».

3. *The Immortality of the Soul*, I, III, 1, *op. cit.*, p. 29-30 : « *I will define therefore a* Spirit *in generall thus, A* substance penetrable and indiscerpible [...], *and then define* Body *to be A* Substance impenetrable and discerpible », « Je définirai par conséquent un esprit en général ainsi : une substance pénétrable et inséparable [...], puis je définirai le corps comme étant une substance impénétrable et séparable ». Voir aussi I, II, Axiome IX, 11, *op. cit.*, p. 27.

another»)[1]. Notons cependant que More soutient aussi que « la matière consiste en particules inséparables »[2]. Ici, More se contredit-il, attribuant à la matière une propriété de l'esprit ? Non, car cette inséparabilité ne fait pas de la matière un esprit, puisque ces particules, explique More, sont toujours divisibles intellectuellement :

> [...] les parties qui constituent une particule inséparable sont réelles, mais sont seulement divisibles intellectuellement ; il appartient à l'essence vraie de quoi que ce soit qui est d'avoir des parties ou de l'extension d'une façon ou d'une autre[3].

Notons encore qu'on comprend toutefois peut-être mal comment More peut alors écrire que l'âme (*soul*), qui est un esprit (*spirit*), « est intellectuellement divisible mais réellement inséparable »[4] : n'est-ce pas conférer à un esprit le type de divisibilité caractérisant la matière ?

L'accord apparent entre Descartes et More ne doit cependant pas masquer les lignes d'opposition. Tout d'abord, on peut noter que, dans la lettre du 11 décembre 1648, More tente de défendre, mais en vain, la percevabilité comme une marque distinctive de ce qui est corporel[5], une vue qu'il devra du reste abandonner[6]. Surtout, More ne fait pas encore

1. *The Immortality of the Soul*, I, II, Axiome IX, 10, *op. cit.*, p. 27.

2. *The Immortality of the Soul*, Préface, 3, *op. cit.*, p. 6 : « *Matter consists of parts indiscerpible* ».

3. *The Immortality of the Soul*, Préface, 3, *op. cit.*, p. 7 : « [...] *the parts that constitute an* indiscerpible *particle are real, but divisible only intellectually ; it being of the very essence of whatsoever is to have* Parts *or* Extension *in some measure or other* ».

4. *The Immortality of the Soul*, I, X, 8, *op. cit.*, p. 58 : l'âme « *is intellectually divisible, but really indiscerpible* ». Pour les définitions de l'esprit et du corps, voir encore *Enchiridion Metaphysicum*, XXVIII, 1-2, *op. cit.*, p. 376-378. Sur le lien entre indivisibilité et absence de parties, voir aussi *Enchiridion Metaphysicum*, VIII, 14, *op. cit.*, p. 73-74 : « Quòd aliquid extendi potest nec tamen in partes discerpi. *Ut clarè constat in* interno *hoc sive* intimo loco *immenso, quem ut omes Extensum agnoscunt, ità ego Substantiam esse probavi incorpoream & indiscerpibilem. Nam si partes discerpi fingerentur, conciperentur ipso facto in loco moveri, atque sic interior esset locus in quo moverentur & profundior quàm de quo nos hactenus egimus* ».

5. *À René Descartes*, 11 décembre 1648, AT, V, p. 239-240.

6. Voir les objections de Descartes : *À Henry More*, 5 février 1649, AT, V, p. 268-269, notamment p. 268, l. 22-25 (« *Potest enim corpus retinere omnem suam corporis naturam, quamuis non sit ad sensum molle, nec durum, nec frigidum, nec calidum, nec denique habeat vllam sensibilem qualitatem* », « Car un corps peut conserver toute sa nature corporelle, bien que les sens n'y aperçoivent ni mollesse, ni dureté, ni froideur, ni chaleur, ni enfin aucune autre qualité sensible »). Et aussi *À Henry More* 15 avril 1649, AT, V, p. 341, l. 5-22, notamment l. 6-8 (« *Sensibilitas nihil mihi videtur esse in re sensibili, nisi denominatio extrinseca. Nec etiam rei est adaequata* », « La sensibilité ne me paraît être dans la chose sensible qu'une dénomination extrinsèque, et n'est point adéquate à la chose »).

mention de la divisibilité des corps, insistant surtout sur leur impénétrabilité[1]. Descartes accorde à More que cette dernière caractérise bien tous les corps et seulement les corps, mais c'est l'extension, et non l'impénétrabilité, qui constitue l'essence des corps, l'impénétrabilité n'étant, si l'on suit les termes de la logique de Porphyre, qu'un *proprium quarto modo* :

> Mais encore un coup, ce pouvoir d'être touché, ou cette impénétrabilité dans le corps, est seulement comme la faculté de rire dans l'homme, le *proprium quarto modo* des règles communes de la logique : mais ce n'est pas sa différence véritable et essentielle, qui, selon moi, consiste dans l'étendue[2].

L'impénétrabilité appartient ainsi bien « à l'essence de l'extension, et non à l'essence d'aucune autre chose »[3], mais « personne n'a encore démontré que la faculté d'être touché, ou l'impénétrabilité, soient des propriétés qui conviennent à la substance étendue »[4].

Cette réponse de Descartes peut surprendre. En effet, dans la mesure où Descartes défend l'idée que ce qui est incorporel, sans posséder une « extension vraie », est néanmoins étendu d'une certaine façon, il semble que l'extension seule ne puisse aucunement suffire à définir l'essence de ce qui est corporel, sauf, précisément, à y intégrer aussi l'impénétrabilité (et aussi, peut-être, la divisibilité). Or, Descartes, on le voit, refuse une telle intégration. En réalité, il n'y a ici nul embarras de la part de Descartes.

1. *À René Descartes*, 11 décembre 1648, AT, V, p. 240, l. 6-11 : « *Quod & aliam innuit materiae siue corporis conditionem, quam appellare poteris impenetrabilitatem; nempe quod nec penetrare alia corpora, nec ab illis penetrari possit. Vnde manifestissimum est discrimen inter Naturam diuinam ac corpoream, cùm illa hanc, haec verò seipsam penetrare non possit* ».

2. *À Henry More*, 5 février 1649, AT, V, p. 269, l. 10-16 : « *Sed rursus ista tangibilitas & impenetrabilitas in corpore, est tantùm vt in homine risibilitas, proprium quarto modo, iuxta vulgares logicae leges, non vera & essentialis differentia, quam in extensione consistere contendo; atque idcircò, vt homo non definitur animal risibile, sed rationale, ita corpus non definiri per impenetrabilitatem, sed per extensionem* ». Selon Porphyre, auquel Descartes fait ici référence, la quatrième sorte de « propre » (τὸ ἴδιον, ἴδιος) est « le cas où coïncident appartenir à une seule [espèce], [à l'espèce] tout entière et toujours : ainsi, pour l'homme le fait d'être capable de rire » (*Isagoge*, IV, 1, trad. fr. Alain de Libera et Alain-Philippe Segonds, Paris, Vrin, 1998, p. 15).

3. *À Henry More*, 15 avril 1649, AT, V, p. 342, l. 7-9 : « [...] *sicque, meo iudicio, demonstratur impenetrabilitatem ad essentiam extensionis, non autem vllius alterius rei, pertinere* », « [...] ainsi on peut démontrer, selon moi, que l'impénétrabilité appartient à l'essence de l'extension, et non à l'essence d'aucune autre chose ».

4. *À Henry More*, 15 avril 1649, AT, V, p. 341, l. 23-24 : « *Nondum demonstratum tangibilitatem aut impenetrabilitatem proprias esse substantiae extensae affectiones* ».

Contre More, Descartes soutient en effet, dans la lettre du 15 avril 1649, que seuls les corps sont « essentiellement » étendus, ce qui est incorporel ne l'étant que de façon dérivée à partir de l'extension corporelle :

> Pour moi, je ne conçois aucune extension de substance [*extensionem substantiae*], ni en Dieu, ni dans les anges, ni dans notre âme ; mais seulement une extension en puissance [*extensionem potentiae*] ; en sorte qu'un ange peut proportionner sa puissance [*potentiam suam*] tantôt à une plus grande, tantôt à une moindre partie de la substance corporelle [*substantiae corporeae partem*]. Car s'il n'y avait aucun corps, je ne comprendrais aussi aucun espace [*spatium*] à qui l'ange ou Dieu fussent coétendus [*coextensus*]. Quant à ce qu'on attribue à la substance l'extension qui n'appartient qu'à la puissance [*Quod autem quis extensionem, quae solius potentiae est, tribuat substantiae*], c'est un effet du même préjugé qui nous fait supposer toute substance et Dieu même, comme tombant sous l'imagination [1].

Dire que Dieu, les anges et l'âme ne possèdent aucune extension « substantielle », signifie que l'extension n'entre pas dans leur « essence ». Dire qu'ils possèdent seulement une extension « potentielle », signifie qu'ils ont la potentialité d'être étendus, ne l'étant pas nécessairement. Et c'est pourquoi Descartes peut affirmer que, s'il n'y avait aucun corps, les substances incorporelles ne seraient pas étendues : Dieu, les anges et l'âme pourraient alors fort bien exister, mais ils n'auraient pas d'extension. C'est très certainement cette thèse qui explique fondamentalement pourquoi More tient Descartes pour un « nullibiste » : dans la mesure où il y a des corps, il faut dire – Descartes l'admet – que Dieu, les anges et l'âme sont bien étendus en quelque façon, *per potentiam ;* mais qu'ils puissent exister sans être étendus doit être tenu, selon Descartes, pour un trait fondamental de leur « essence ». D'un point de vue théologique, la possibilité pour Dieu et l'âme humaine d'exister sans être étendus n'est du reste pas sans conséquence : elle peut permettre, par exemple, d'expliquer pourquoi et comment Dieu existait sans être étendu avant la Création du monde ; elle peut permettre également d'expliquer pourquoi et comment l'âme humaine existera sans être étendue après la mort du corps et avant la Résurrection. Mais Descartes se montre ici très prudent :

1. *À Henry More*, 15 avril 1649, AT, V, p. 342, l. 13-22.

> [...] je crois qu'il est mieux de raisonner en pareille matière sur notre âme ou les anges, comme choses plus proportionnées à notre manière de penser, que sur Dieu [1].
> [...] je ne détermine jamais rien sur les choses dont je n'ai aucune raison certaine pour donner lieu à des conjectures [2].

Descartes entend en réalité marquer de façon très nette la différence entre *potentia* et *essentia*. C'est le cas lorsqu'il critique la théorie de More concernant l'ubiquité divine :

> Je n'admets pas ce *partout*. Car il paraît ici que vous ne faites consister l'infinité en Dieu qu'en ce qu'il existe partout, ce que je ne vous passe point; croyant au contraire que Dieu est partout à raison de sa puissance, et qu'à raison de son essence il n'a absolument aucune relation au lieu [3].

Et ce qui vaut pour Dieu, sur ce point du moins, vaut aussi pour l'esprit :

> Et bien que je croie qu'aucune manière d'agir ne convient dans le même sens à Dieu et aux créatures, j'avoue cependant que je ne trouve en moi-même aucune idée qui me représente la manière dont je suis convaincu, en moi-même, que je puis mouvoir mon corps par ma pensée. Et véritablement mon âme ne peut pas tantôt s'étendre, tantôt se rassembler par rapport au lieu à raison de sa substance, mais seulement à raison de sa puissance, qu'elle peut appliquer à des corps plus grands ou plus petits [4].

1. *À Henry More*, 15 avril 1649, AT, V, p. 343, l. 19-22 : « [...] *satiùs esse puto in talibus de mente nostrâ vel Angelis, tanquam perceptioni nostrae magis adaequatis, quàm de Deo ratiocinari* ».

2. *À Henry More*, août 1649, AT, V, p. 402, l. 10-12 : « [...] *nec me vnquam de ijs, de quibus nullam habeo certam rationem, quicquam determinare, & coniecturis locum dare* ».

3. *À Henry More*, 15 avril 1649, AT, V, p. 343, l. 14-18 : « *Hoc* vbiquè *non admitto. Videris enim hîc infinitatem Dei in eo ponere, quod vbiquè existat; cui opinioni non assentior : sed puto Deum, ratione suae potentiae, vbiquè esse ; ratione autem suae essentiae, nullam planè habere relationem ad locum* ». Voir aussi *À Henry More*, août 1649, AT, V, p. 403, l. 12-17 : « J'ai dit que Dieu est étendu en puissance [*ratione Potentiae*], parce que cette puissance se fait voir ou se peut faire voir dans la chose étendue; et il est certain que l'essence de Dieu doit être présente partout, afin que sa puissance s'y puisse mettre au jour; mais je dis qu'elle n'y est pas à la manière des choses étendues [*per modum rei extensae*] ».

4. *À Henry More*, 15 avril 1649, AT, V, p. 347, l. 15-26 : « *Et quamuis existimem nullum agendi modum Deo & creaturis vniuocè conuenire, fateor tamen, me nullam in mente meâ ideam reperire, quae repraesentet modum quo Deus vel Angelus materiam potest mouere, diuersam ab eâ quae mihi exhibet modum, quo ego per meam cogitationem corpus meum mouere me posse mihi conscius sum. Nec verò mens mea potest se modò extendere, modò colligere, in ordine ad locum, ratione substantiae suae, sed tantùm ratione potentiae, quam potest ad maiora vel minora corpora applicare* ».

Descartes, notons-le, s'écarte ici de la triade médiévale *per potentiam, per praesentiam, per essentiam*[1], et notamment de son interprétation par saint Anselme de Cantorbéry et par saint Thomas d'Aquin.

Dans le *Monologion*, Anselme estime en effet – contre Honoré d'Autun qui soutenait l'ubiquité *potentialiter* mais la présence de Dieu dans le ciel *substantialiter*[2] – que l'omniprésence est substantielle, car Dieu est substantiellement identique à sa puissance :

> Dit-on qu'elle-même [= la *summa natura*, la nature suréminente] est par soi quelque part et quelquefois de manière déterminée, mais que par sa puissance elle est partout où quelque chose est – et toujours –, ce n'est pas vrai. Parce que sa puissance manifestement n'est rien d'autre qu'elle-même, sa puissance n'est de nulle manière sans elle. Bref, puisqu'elle n'est pas de manière déterminée quelque part ou quelquefois, il est nécessaire qu'elle soit toujours et partout, *i.e.* en tout lieu ou temps[3].

On se rappelle également que, pour Thomas, l'ubiquité de Dieu n'admet ni l'impénétrabilité[4], ni la divisibilité[5] ; mais l'Aquinate refuse de

1. Ce n'est pas à Grégoire le Grand qu'il faut attribuer cette triade, comme tous les docteurs médiévaux le firent à tort après que Pierre Lombard l'eut introduite (*Sententiae in IV Libris Distinctae*, I, dist. 37, cap. 1 (164), *op. cit.*, p. 264), mais à une origine qui demeure inconnue : voir Amos Funkenstein, *Théologie et imagination scientifique du Moyen Âge au* XVII*e siècle*, *op. cit.*, p. 56, n. 1.

2. *Elucidarium, sive Dialogus de summa totius christianae theologiae*, I, 3 (*De Dei habitatione ac loco*), PL, t. 172, col. 1111 c : « *D. Ubi habitat Deus ? – M. Quamvis ubique potentialiter, tamen in intellectuali coelo substantialiter* ».

3. *Monologion* (1076), § 20 (OC, t. 1, p. 100-102) : « *Quod si dicitur, quia determinate ipsa per se alicubi et aliquando est, sed per potentiam suam est ubicumque vel quandocumque aliquid est : non est verum. Quoniam enim potentiam eius nihil aliud quam ipsam esse manifestum est, nullo modo potentia eius sine ipsa est. Cum ergo non sit alicubi vel aliquando determinate, necesse est ut sit ubique et semper, id est in omni loco vel tempore* ».

4. *ST*, Ia, q. 8, art. 2, co. (p. 217) : « [...] *locata sunt in loco inquantum replent locum, et Deus omnem locum replet. Non sicut corpus, corpus enim dicitur replere locum, inquantum non compatitur secum aliud corpus ; sed per hoc quod Deus est in aliquo loco, non excluditur quin alia sint ibi, imo per hoc replet omnia loca, quod dat esse omnibus locatis, quae replent omnia loca* », « [...] les corps sont dans un lieu en ce sens qu'ils le remplissent : et de même Dieu remplit tout lieu ; mais ce n'est pas à la façon d'un corps ; car un corps est dit remplir son lieu par exclusion de tout autre occupant, dont la présence serait incompatible avec la sienne ; Dieu, lui, quand il occupe un lieu, non seulement n'en exclut pas d'autres êtres : au contraire, il remplit tout lieu selon qu'il donne l'être à tout ce qui occupe un lieu dans tout l'univers ».

5. *ST*, Ia, q. 8, art. 4, co. (p. 229) : « *Respondeo dicendum quod esse ubique primo et per se, est proprium Dei. Dico autem esse ubique primo, quod secundum se totum est ubique. Si quid enim esset ubique, secundum diversas partes in diversis locis existens, non esset primo ubique, quia quod convenit alicui ratione partis suae, non convenit ei primo ; sicut si homo est albus dente, albedo non convenit primo homini, sed denti* », « Être partout primitivement et par soi est le propre de Dieu. Je dis primitivement, c'est-à-dire que Dieu est ainsi en tous lieux

dire que Dieu est partout présent uniquement en vertu de sa *potentia*, car Dieu est partout présent à la fois *per potentiam*, *per praesentiam* et *per essentiam*. En effet, la présence *per potentiam* se rattache au gouvernement divin, celle *per praesentiam* à la science divine et celle *per essentiam* à la création et à la conservation :

> Or, certains, à savoir les Manichéens, ont prétendu qu'à la puissance divine sont soumises les créatures spirituelles et incorporelles, mais que les visibles et les corporelles obéissent au principe contraire. Contre ceux-là il fut nécessaire de dire que Dieu est en toutes choses par sa puissance. D'autres, admettant que tout est soumis à la puissance divine, ne consentaient pourtant pas à étendre la Providence de Dieu jusqu'aux humbles réalités corporelles. C'est à eux que le Livre de Job prête ces paroles : « Il se promène sur la voûte du ciel et ne s'occupe pas de ce qui nous regarde ». Il a fallu établir contre eux que Dieu est en toutes choses par sa présence. Enfin, d'autres encore, tout en accordant à la Providence le gouvernement de toutes choses, ont nié que tout fût créé par Dieu à titre immédiat ; ils disaient que Dieu a créé lui-même, sans intermédiaire, les premières et les plus élevées parmi les créatures ; mais que celles-ci, ensuite, ont créé les autres. Contre ces derniers, il faut dire que Dieu est en tout être par son essence. Ainsi donc, Dieu est en tout par sa puissance, parce que tout lui est soumis ; il est en tout par sa présence, parce que tout est à découvert et comme à nu devant ses yeux ; il est en tout par son essence, parce qu'il est présent à tout comme cause universelle de l'être [1].

selon tout lui-même. En effet, si quelque chose était partout selon ses diverses parties étendues en divers lieux, être partout ne lui conviendrait pas primitivement ; car ce qui s'attribue à quelque chose en raison de ses parties n'a pas le caractère immédiat dont on parle. Par exemple, si un homme est dit blanc parce qu'il a les dents blanches, la blancheur ne convient pas à titre immédiat à l'homme lui-même, mais à ses dents ».

1. *ST*, Ia, q. 8, art. 3, co. (p. 224-225) : « *Fuerunt ergo aliqui, scilicet Manichaei, qui dixerunt divinae potestati subiecta spiritualia esse et incorporalia, visibilia vero et corporalia subiecta esse dicebant potestati principii contrarii. Contra hos ergo oportet dicere quod Deus sit in omnibus per potentiam suam. Fuerunt vero alii, qui licet crederent omnia esse subiecta divinae potentiae, tamen providentiam divinam usque ad haec inferiora corpora non extendebant, ex quorum persona dicitur Iob XXII,* circa cardines caeli perambulat, nec nostra considerat [= Jb 22, 14]. *Et contra hos oportuit dicere quod sit in omnibus per suam praesentiam. Fuerunt vero alii, qui licet dicerent omnia ad Dei providentiam pertinere, tamen posuerunt omnia non immediate esse a Deo creata, sed quod immediate creavit primas creaturas, et illae creaverunt alias. Et contra hos oportet dicere quod sit in omnibus per essentiam. Sic ergo est in omnibus per potentiam, inquantum omnia eius potestati subduntur. Est per praesentiam in omnibus, inquantum omnia nuda sunt et aperta oculis eius. Est in omnibus per essentiam, inquantum adest omnibus ut causa essendi* ». Thomas fournit ici une importante contextualisation historique : *per potentiam* est un antidote contre les Manichéens qui croyaient le monde au pouvoir du principe mauvais ;

S'il s'écarte de la triade médiévale, Descartes, en soutenant que ce qui est incorporel n'est étendu que de façon dérivée, se montre toutefois, en un sens, plus « traditionnel » que More dans son interprétation de la doctrine de l'omniprésence dérivée de la causalité divine. Dieu, estiment la plupart des penseurs scolastiques, existe partout, agissant causalement partout, ce qui suppose une forme de localisation[1]. Or, si Dieu n'a d'extension que parce qu'il agit ainsi sur les corps, c'est bien dire, si l'on suit Descartes, que son extension n'est que de façon dérivée. C'est pourquoi, en accord avec la tradition médiévale, Descartes maintient que, en dépit du fait qu'en Dieu puissance et essence se confondent[2], Dieu n'a rien de commun avec le monde matériel, et Descartes fait bien de l'*absoluta immensitas* l'un des attributs divins les plus directement affectés de l'infinité de Dieu[3].

More refuse, sans peut-être la comprendre totalement, la distinction cartésienne entre *extensio substantiae* et *extensio potentiae*. Dans sa troisième lettre à Descartes, celle du 23 juillet 1649, il affirme ainsi qu'il est contradictoire de dire que la puissance de l'esprit est étendue, alors que l'esprit lui-même ne le serait d'aucune façon[4]. Mais, on le voit, More déforme ici quelque peu la pensée de Descartes, lequel ne soutient pas que ce qui est incorporel n'est pas étendu, mais est étendu d'une certaine façon,

per praesentiam un antidote contre ceux qui nient la Providence divine (Épicure et les Épicuriens ?) ; *per essentiam* un antidote contre ceux qui nient que Dieu ait créé toutes choses sans la médiation des causes secondes (Averroès et les Averroïstes ?).

1. Voir saint Thomas d'Aquin, *ST*, Ia, q. 8, art. 1, co. (p. 212) : « *Respondeo dicendum quod Deus est in omnibus rebus, non quidem sicut pars essentiae, vel sicut accidens, sed sicut agens adest ei in quod agit* », « Dieu est dans tous les êtres, non comme une part de leur essence, ou comme un accident, mais comme l'agent est présent à ce qu'il actionne ». Pour Thomas, Dieu est dit présent en toute chose comme l'agent dans sa cause, puisqu'il est cause de l'être de chaque chose ; mais cette causalité ne maintient pas la transcendance de la cause par rapport à l'effet, puisque la participation assure une certaine immanence qui renforce la notion de présence. Pour la localisation des substances incorporelles là où elles exercent quelque action causale, voir également *ST*, Ia, q. 52, art. 1, co. (p. 58-59), pour les anges, et Ia, q. 76, art. 8, co. (p. 114-118), pour l'âme ; voir aussi Suppl., q. 69, art. 1 (p. 9-13), en particulier ad 1-3 (p. 12-13).

2. *À Henry More*, 15 avril 1649, AT, V, p. 343, l. 19 : « [...] *in Deo potentia & essentia non distinguantur* ».

3. *IIae Responsiones*, AT, VII, p. 137, l. 15-16 – AT, IX-1, p. 108 : « *Sed praeterea in Deo intelligimus absolutam immensitatem, simplicitatem, unitatem omnia alia attributa complectentem, quae nullum plane exemplum habet* », « Mais, outre cela, nous concevons en Dieu une immensité, simplicité, ou unité absolue, qui embrasse et contient tous les autres attributs, et de laquelle nous ne trouvons ni en nous, ni ailleurs, aucun exemple ».

4. *À René Descartes*, 23 juillet 1649, AT, V, p. 379, l. 6-8 : « *Cùm ego potiùs putarem implicare contradictionem, quòd potentia mentis sit extensa, cùm mens ipsa non sit extensa vllo modo* ».

c'est-à-dire non pas substantiellement, mais potentiellement. Surtout, More semble comprendre que Descartes estime qu'une partie de l'esprit, à savoir sa puissance, est étendue, alors qu'une autre de ses parties, à savoir sa substance, ne l'est pas. La critique de More consiste alors à affirmer que si quelque partie de l'esprit est étendue, alors l'esprit lui-même doit l'être. More paraît ainsi ne pas comprendre que Descartes argumente de façon modale : Descartes ne fait pas la distinction entre des parties ou des aspects de l'esprit, mais entre ce qui lui est essentiel et ce qui en constitue une possibilité, et c'est pourquoi la distinction entre *extensio substantiae* et *extensio potentiae* peut aussi s'appliquer à Dieu.

Mais si More manque le sens de cette distinction de Descartes, c'est pour des raisons de fond et non pas seulement de mécompréhension. En effet, contre ce que peut laisser penser une lecture trop hâtive de son argumentation fondée sur la dérivation de l'omniprésence à partir de la causalité divine, More ne dit pas seulement qu'agissant partout Dieu doit être partout et ainsi être étendu *en quelque façon;* il déduit en réalité de son argumentation que Dieu lui-même est *essentiellement* étendu. La formulation abrupte de cette thèse n'apparaît pas dans la première lettre à Descartes, celle du 11 décembre 1648[1], mais elle est en réalité déjà implicite, lorsque More critique l'idée défendue par Descartes dans les *Principia Philosophiae* selon laquelle, « en cas que Dieu ôtât tout le corps qui est dans un vase », il ne pourrait pas en maintenir séparés les côtés, qui « se toucheraient immédiatement »[2]; même sans matière, objecte alors More, l'espace serait rempli par l'« extension divine »[3]. Cette idée sera rendue explicite et considérablement développée dans le chapitre VIII de l'*Enchiridion Metaphysicum*, où More décrit l'extension divine comme étant une, simple, immobile, éternelle, complète, indépendante, comme existant *a se* et subsistant *per se*, comme étant incorruptible, nécessaire, immense, increéée, incirconscriptible, incompréhensible, omniprésente, incorporelle, comme pénétrant et embrassant tout, comme étant *ens per essentiam*, *ens actu* et acte pur[4]; bref, comme étant équivalente à Dieu lui-même. À la différence

1. Lettre dans laquelle, on l'a dit, More apporte la nuance d'un « *suo modo* » : « [...] *Deus extenditur suo modo* » (AT, V, p. 238, l. 25-26) ; « *Deus igitur suo modo extenditur* » (AT, V, p. 239, l. 2).

2. *Principia Philosophiae*, II, 18, AT, VIII-1, p. 50, l. 20-29 – AT, IX-2, p. 73.

3. *À René Descartes*, 11 décembre 1648, AT, V, p. 241, l. 4-9 : « *Sed, vt leuiusculum illud argumenti genus missum faciam, diuinam contendo interiacere extensionem, tuumque hîc suppositum esse infirmum, materiam solummòdo extendi : latera tamen, vt anteà, coitura non necessitate logicâ, seu naturali ; Deumque solum hanc coitionem inhibere posse* ».

4. *Enchiridion Metaphysicum*, VIII, 8, *op. cit.*, p. 69.

des autres esprits, l'extension de Dieu est infinie, elle est l'espace lui-même. C'est pourquoi la « spissitude »[1] de Dieu, si du moins une telle propriété peut encore lui être attribuée, est proprement immense : Dieu pénètre tout, ce qui fait que la capacité d'expansion et de contraction, que possèdent les autres esprits, ne lui appartient pas vraiment; comme l'espace, Dieu est toujours le même[2].

More et Descartes semblent donc bien tous les deux reconnaître que la divisibilité et l'impénétrabilité sont des traits distinctifs de ce qui est corporel; mais l'accord n'est que superficiel, tant est profonde la divergence concernant ce que veut dire être « essentiellement » étendu. Jean-Luc Marion le rappelle : à la « sommation des perfections » destinée à définir Dieu, « Descartes avait fixé une borne », Dieu excluant de sa définition l'étendue, « sinon par éminence équivoque » ; More « transgresse » bien cet « interdit », en attribuant à Dieu une *extensio substantiae*, c'est-à-dire une extension appartenant par « essence » à Dieu[3]. Entre l'extension divine et l'étendue matérielle, il reste toutefois un « *discrimen* »[4] : Dieu étendu pénètre la matière sensible en restant indivisible, alors que celle-ci reste toujours impénétrable et divisible[5]; les corps, bien que divisibles, sont

1. *The Immortality of the Soul*, I, II, Axiome IX, 11, *op. cit.*, p. 28 : « *I mean nothing else by* Spissitude, *but the redoubling or contracting of Substance into less space then it does sometimes occupy* », « Je ne veux rien dire d'autre par spissitude que le redoublement ou la contraction de la substance dans un espace moindre que celui qu'elle occupe parfois ».

2. Sur ce point, il existe des liens entre la théologie de More et les spéculations kabbalistiques : *Enchiridion Metaphysicum*, VIII, 8 et 15, *op. cit.*, p. 70 et p. 74. Voir Brian P. Copenhaver, « Jewish Theologies of Space in the Scientific Revolution : Henry More, Joseph Raphson, Isaac Newton and their Predecessors », *Annals of Science. An International Review of the History of Science and Technology from the Thirteenth Century*, vol. 37, n° 5, 1980, p. 489-548; Amos Funkenstein, *Théologie et imagination scientifique du Moyen Âge au XVIIe siècle*, *op. cit.*, p. 89-90.

3. Jean-Luc Marion, *Questions cartésiennes II*, *op. cit.*, VII, 10, p. 268.

4. *À René Descartes*, 11 décembre 1648, AT, V, p. 240, l. 9.

5. *À René Descartes*, 11 décembre 1648, AT, V, p. 240, l. 6-11 : « *Quod & aliam innuit materiae siue corporis conditionem, quam appellare poteris impenetrabilitatem; nempe quod nec penetrare alia corpora, nec ab illis penetrari possit. Vnde manifestissimum est discrimen inter Naturam diuinam ac corpoream, cùm illa hanc, haec verò seipsam penetrare non possit* » ; 5 mars 1649, AT, V, p. 305, l. 4-17 : « Atque ita supponere Deum habere partes extra partes, & esse diuisibilem, omnemque prorsus rei corporeae essentiam illi tribuere. *Nullam tribuo. Nego enim extensionem corpori competere, quatenus corpus est, sed quatenus ens, aut saltem substantia est. Praeterea, cùm Deus, quantum mens humana Deum capit, sit totus vbique, integrâque suâ essentiâ omnibus locis siue spatijs spatiorumque punctis adsit, non sequitur quòd partes haberet extra partes, aut, quod consequens est, quòd sit diuisibilis, quamuis arcte confertimque loca omnia occupet, nullis relictis interuallis. Vnde praesentiam, seu amplitudinem, vt ipse vocas, diuinam, mensurabilem agnoscam; Deum autem ipsum diuisibilem, nullo modo* ».

impénétrables, alors que Dieu, indivisible, est pénétrable; en d'autres termes, seules la pénétrabilité et l'inséparabilité (*indiscerpibility*) distinguent l'extension divine et l'extension matérielle[1]. En 1655, dans une réponse *post mortem* à la dernière lettre inachevée de Descartes[2], More, reprenant une nouvelle fois l'argument tiré de l'omniprésence déduite de la causalité divine, écrit que, « concernant ce qu'ils appellent l'omniprésence de Dieu, il n'y a aucun désaccord entre nous, puisqu'il [= Descartes] reconnaît que Dieu est partout, qu'il exerce sa force sur un sujet matériel et que, par conséquent, un certain genre d'extension s'applique à lui, mais qui est très différent de celui qui s'applique à un corps divisible et impénétrable »[3]. On le voit: l'accord avec Descartes que suppose et peut-être même que revendique More ne saurait masquer ou atténuer l'opposition

1. *The Immortality of the Soul*, I, IV, 3 et 4, *op. cit.*, p. 33 : « [...] *the Divine Essence is* every where present *with all those adorable Attributes of* Infinite *and* absolutely-Perfect Goodness, Knowledge *and* Power [...]. *Which* Ubiquity *or* Omnipresence *of God is every whit as intelligible as the overspreading of* Matter *into all places. But if here any one demand, How the Parts, as I may so call them, of the Divine Amplitude hold together, that of* Matter *being so discerpible; it might be sufficient to re-mind him of what we have already spoken of the general Notion of a* Spirit ». Voir également, pour la notion d'« esprit » en général, *An antidote against atheisme : or, An appeal to the natural faculties of the minde of man, whether there be not a God*, Printed by James Flesher for William Morden, bookseller in Cambridge, 1653[1], 1655[2], I, IV, 3, p. 15-16 : « *As for example, I conceive the intire* Idea *of a* Spirit *in generall, or at least of all finite created and subordinate* Spirits, *to consist of these several powers or properties, viz.* Self-penetration, Self-motion, Self-contraction *and* Dilatation, *and* Indivisibility; *and these are those that I reckon more absolute : I will adde also what has relation to another, and that is the power of* Penetrating, Moving, *and* Altering the Matter. *These* Properties *and* Powers *put together make up the* Notion *and* Idea *of a* Spirit, *whereby it is plainly distinguished from a* Body, *whose parts cannot* penetrate *one another, is not* Self-moveable, *nor can* contract *nor* dilate *it self, is* divisible *and* separable *one part from another* ».

2. Une lettre que Descartes n'envoya pas à More; ce dernier n'en prit connaissance que cinq ans plus tard. Sur les circonstances de la réponse *post mortem* de More à Descartes, voir Alan Gabbey, « *Philosophia Cartesiana Triumphata :* Henry More (1646-1671) », dans Thomas Michael Lennon, John M. Nicholas et John Whitney Davis (éd.), *Problems of Cartesianism*, Kingston (Ont.), McGill-Queen's University Press, 1982, p. 171-250.

3. *Henrici Mori Epistolae quatuor ad Renatum Des-Cartes : cum responsis clarissimi philosophi ad duas priores, cúmque aliis aliquot espistolis, quarum occasiones, argumenta, ordinem versa pagina tibi commonstrabit*, « Responsio ad Fragmentum Cartesii, ex Epistola Henrici Mori ad Claudium Clerselier », 3, dans Henry More, *A Collection of several philosophical writings*, Londres, Printed by James Flesher for William Morden (Cambridge), 1662, I-2, p. 106 : « *De Dei etiam, quam vocant, Omnipraesentia nullum superest inter nos diffidium, cùm ubique eum esse agnoscat, vímque suam in subjectam materiam exerere, extensionem porrò aliqualem ei competere, sed longè diversam ab ea quae divisibili ac impenetrabili corpori competit* ».

entre les deux philosophes au sujet du sens qu'il convient de conférer à l'ubiquité et à l'extension de Dieu.

Quel éclairage les positions de More viennent-elles apporter sur celles de Hobbes ? D'une façon qu'on estimera sans doute « hétérodoxe », More s'inscrit dans le sillage des Pères de l'Église et développe les deux fondements que ces derniers ont donnés à l'omniprésence divine : l'immensité et la relation de causalité entre Dieu et les créatures, le premier fondement garantissant le caractère substantiel et éternel de l'omniprésence, tandis que le second la relie à l'existence actuelle des créatures. More fait ainsi de l'« immensité de l'essence divine » un moment essentiel de sa doctrine de l'ubiquité divine[1]. Mais c'est en accentuant le rôle de l'opération divine que More en vient à former la thèse de l'extension de Dieu : Dieu est présent en toute chose comme l'agent dans sa cause, et c'est cette opération qui implique que Dieu soit étendu[2]. Or, Hobbes ne peut justement pas s'appuyer sur une telle conceptualisation de l'opération causale de Dieu pour penser le statut de son ubiquité. Pourquoi ? Parce que, selon Hobbes, « Dieu effectue toutes les actions naturelles par les causes secondes, à savoir les corps »[3], et la philosophie n'a aucunement les moyens de se prononcer de façon consistante et précise sur la façon dont Dieu agirait causalement dans le monde.

§ 3. *Le « ciel empyrée » et le « marchepied » de Dieu*

Hobbes dénonce en outre les germes de « panthéisme » qui travaillent selon lui l'idée de l'omniprésence divine :

> Mais Monseigneur l'Évêque [= Bramhall] se montre plus intrépide, qui nous déclare que Dieu est « entièrement ici, entièrement là, et entièrement partout », parce qu'il ne se compose pas de parties. Je ne puis comprendre ni concevoir cela ; car il me semble que cette opinion implique encore que le monde entier est, à la fois, dans Dieu tout entier, et dans chaque partie de Dieu. Or, je ne saurais concevoir comment on peut parler d'une chose

1. *An Antidote against Atheism*, Appendix (1655), VII, *op. cit.*, p. 334 : « *Immensity of the Divine Essence* ».

2. Voir Amos Funkenstein, *Théologie et imagination scientifique du Moyen Âge au* XVII*e* *siècle*, *op. cit.*, p. 86 : « La présence d'esprits et, ultimement, de Dieu dans le monde n'était pas à ses yeux [= ceux de More] seulement métaphysique, en tant qu'ils étaient substances, mais encore physique, car ils partageaient avec les corps la dimensionalité » ; d'où « un mode de causation divine non équivoque, ce qui était une manière de traiter l'impénétrabilité comme une condition des corps réelle plutôt qu'hypothétique ».

3. *DM*, XXXVI, 7 (p. 399).

> « entière » qui ne se compose pas de parties, et je n'en trouve nulle trace dans l'Écriture[1].

En même temps, Hobbes refuse l'idée que Dieu puisse être circonscrit dans un lieu déterminé :

> C'est pourquoi ce n'est pas l'honorer que [...] de dire qu'il est en tel ou tel *lieu*, car tout ce qui est en un lieu est limité et fini[2].
> J'ai dit dans mon *Leviathan* que ce n'est pas conférer un attribut honorable à Dieu que d'affirmer qu'il se trouve « en un lieu », parce que ce qui est infini n'est pas confiné en un lieu[3].

La doctrine de l'ubiquité divine et la doctrine de la localisation déterminée de Dieu sont donc renvoyées dos-à-dos. Les conséquences de ce renvoi sont une indétermination complète au sujet du séjour divin. Cette question ne constitue aucunement, au XVIIe siècle, une « curiosité ». Un auteur comme Juste Lipse, par exemple, s'interrogeant sur la notion stoïcienne d'âme du monde, examine le problème dans sa *Physiologia stoicorum*[4]. Dans la pensée de Hobbes, si les motifs de l'indétermination du séjour de Dieu sont assurément épistémiques, ils sont également d'ordre théologique et, plus précisément encore, dans le cadre chrétien dans lequel Hobbes s'inscrit, sotériologique. Pour Hobbes, le « lieu » (*place*) de

1. *AB* (EW, IV, p. 296/p. 170-171) : « *But his Lordship is more valiant in this place, telling us that God is* wholly here, *and* wholly there, *and* wholly every where; *because he has no parts. I cannot comprehend nor conceive this. For methinks it implies also that the whole world is also in the whole God, and in every part of God. Nor can I conceive how any thing can be called* whole, *which has no parts, nor can I find anything of this in the Scripture* ».

2. *Lev.*, XXXI (p. 402 / p. 386; OL, III, p. 260 / p. 262) : « [...] *to say he is in this, or that* Place *: for whatsoever is in Place, is bounded, and Finite* », « *Dicere, item, quod Deus in loco hoc vel illo est; nam quicquid in loco est, circumscribitur et finitum est* ».

3. *AB* (EW, IV, p. 296 / p. 171) : « *I said in my* Leviathan, *that it is no honourable attribute to God, to say he is in* a place, *because infinite is not confined within a place* ». Voir également *DCi*, XV, 14 (p. 226); *Lev.*, XLVI (p. 693 / p. 686); *Lev.*, XLVI (p. 694 / p. 687).

4. Juste Lipse, *Physiologia stoicorum*, I, 21 : « *De loco dei obiter, qui ubique est, sed conspicua tamen sede in Coelis* » (voir Jacqueline Lagrée, « Introduction », dans *Juste Lipse et la restauration du stoïcisme*, Paris, Vrin, 1994, p. 55-56). Voir également Thomas Barlow, *Exercitationes aliquot metaphysicae de Deo*, Exercitatio VI (*De immensitate*), *op. cit.*, p. 292 : « [...] *dico Scripturam Deum in coelo collocare, ex quo sequetur, Deum in coelo esse, quod verissimum esse & scimus, & agnoscimus* [...]. *Cum enim scripturae dicunt Deum esse in coelo, hoc intelligendum est positive solum, & affirmative, quod ibi sit : non exclusive, quasi alibi non sit. Ut qui dicit animam rationalem esse in capite, vera dicit, cum anima revera ibi sit : sed non sequetur. Ergo anima non est in corde, cùm illic aeque ac in capite reperiatur. Si quis dicit Deum esse in coelo, verum asserit : cum ibi revera Deus sit. At non inde sequetur quod non est in terra, vel alibi extra coelum, cum & ipsa scriptura aperte asserit, quod coelum, & coelum coelorum illum non comprehendat* ».

l'éternité d'Adam, s'il n'avait pas péché, aurait été le « paradis terrestre »[1]; le Christ ayant regagné par sa Passion pour tous les croyants la vie éternelle perdue par Adam[2], après la Résurrection, le Royaume de Dieu sera sur la Terre :

> Pour ce qui est du lieu où les hommes jouiront de cette vie éternelle que le Christ leur a gagnée, les textes qui viennent d'être allégués semblent le placer sur Terre [*on Earth*][3].

L'argumentation de Hobbes, dans le chapitre XXXVIII du *Leviathan*, se veut scripturaire et s'appuie aussi bien sur l'Ancien que sur le Nouveau Testaments :

> À cette interprétation semblent s'accorder les paroles suivantes du psalmiste (Ps 133 [Vulg. 132], 3) : *À Sion Dieu a ordonné la bénédiction, la vie à jamais;* car Sion est à Jérusalem, sur Terre. Et aussi ce passage de saint Jean (Ap 2, 7) : *à celui qui l'emporte je donnerai à manger de l'arbre de vie, qui est au milieu du Paradis de Dieu.* C'était l'arbre de la vie éternelle d'Adam; or, c'est sur Terre que sa vie devait s'écouler. Ceci semble être encore confirmé par saint Jean en Ap 21, 2, où il dit : *Moi, Jean, je vis la cité sainte, la nouvelle Jérusalem, descendant d'auprès de Dieu dans les cieux, comme une épousée ornée pour son mari.* Et le verset 10, lui aussi, va dans le même sens. C'est comme si le texte disait : la nouvelle Jérusalem, le paradis de Dieu, descendra du ciel au retour du Christ, vers le peuple de Dieu; ce n'est pas le peuple qui montera de la Terre vers elle. Et ceci s'accorde exactement avec ce que les deux hommes en vêtements blancs (c'est-à-dire les deux anges) dirent aux Apôtres qui regardaient vers le Christ lors de son Ascension (Ac 1, 11) : *Ce même Jésus qui est enlevé d'auprès de vous vers les cieux viendra de la même manière que vous l'avez vu monter aux cieux.* Ce qui paraît bien signifier qu'il descendrait

1. *Lev.*, XXXVIII (p. 479 / p. 472), titre marginal : « *the terrestriall Paradise* ». Un peu plus loin, Hobbes poursuit : « *Adam, if he had not sinned, had had an Eternall Life on Earth* », « si Adam n'avait pas péché il aurait joui d'une vie éternelle sur Terre » (p. 479 / p. 473).

2. *Lev.*, XXXVIII (p. 479-480 / p. 473), avec comme appuis scripturaires Rm 5, 18-19 et 1 Co 15, 21-22.

3. *Lev.*, XXXVIII (p. 480 / p. 473). Il faut le souligner : il y a une évolution de Hobbes sur ce point, puisque, dans le *De Cive*, le philosophe affirme que le Royaume du Christ n'est pas terrestre mais céleste. Hobbes écrit en effet : « Troisièmement à l'office du Christ appartenait le fait d'enseigner tous les commandements de Dieu concernant le culte ou les dogmes de la foi qui ne peuvent être connus par raison naturelle, mais seulement par Révélation [*quae ratione naturali sciri non possunt, sed reuelatione tantum*], comme : *que Jésus est le Christ; que son Royaume n'est pas de ce monde, mais qu'il est céleste* [*Regnum suum non esse terrestre, sed caeleste*] ; *qu'il y a des récompenses et des peines après cette vie ; que l'âme est immortelle; qu'il y a des sacrements en tel nombre et qui seront de telle nature; que ces symboles sacrés sont tels et en tel nombre ;* et autres semblables » – *DCi*, XVII, 13 (p. 262).

> pour les gouverner ici à jamais sous l'autorité de son Père : et non pour les emmener, afin de les y gouverner, au ciel ; cela correspond à la restauration du Royaume de Dieu institué sous Moïse, lequel Royaume était un gouvernement politique des Juifs sur la Terre [1].

Quelques pages plus loin, Hobbes commente encore en ce sens des passages des Livres prophétiques d'Isaïe, de Joël et d'Abdias, ainsi que de l'Évangile de Jean et de l'Épître aux Romains [2]. En 1668, dans l'Appendice III du *Leviathan*, Hobbes confirme sa thèse et verse au « dossier » scripturaire un nouvel extrait du Livre de l'Apocalypse [3]. Or, cette thèse conduit en particulier Hobbes à critiquer la notion de « ciel empyrée » (*caelum empyreum*) :

> Je n'ai trouvé aucun texte qui puisse avec quelque vraisemblance être allégué pour prouver quelque chose comme une ascension des saints au ciel (j'entends : en quelque *caelum empyreum*, ou en quelque autre région éthérée) [...]. Que les sujets de Dieu doivent avoir quelque place au niveau de son trône, ou plus haut que son marchepied [*Footstoole*], cela ne paraît pas convenir à la dignité d'un roi, et je ne peux trouver dans l'Écriture aucun texte qui aille évidemment dans ce sens [4].

Dans la cosmologie théologique grecque, le « ciel empyrée » est la plus élevée des quatre sphères célestes, contenant les feux éternels (les astres) et constituant le séjour des dieux. C'est par l'intermédiaire, pour partie, de la spéculation de Basile de Césarée [5] et, pour partie, de celle de Bède le Vénérable [6], ainsi que de celle de Walafrid Strabon [1], que le Christianisme a

1. *Lev.*, XXXVIII (p. 480-481 / p. 474).

2. *Lev.*, XXXVIII (p. 492-494 / p. 486-488) ; Is 33, 20-24, puis Is 65 (en réalité 66), 20-21 ; Jl 2, 30-32 (mais les versets cités par Hobbes ne se trouvent pas dans le Livre de Joël) ; Ab 17 et 19-21 ; Jn 4, 22 et 25 ; Rm 1, 16-17.

3. *Lev.*, Appendice III (OL, III, p. 565-566 / p. 551-552) ; Ap 5, 8-10.

4. *Lev.*, XXXVIII (p. 494 / p. 488). Voir aussi *Lev.*, XXXVIII (p. 481-482 / p. 475-476) ; *AB* (EW, IV, p. 346-347 / p. 226-227). Dans le sens de Hobbes, on pourra songer à la dernière strophe du poème d'Abraham Cowley intitulé « *Hymn to Light* » : Helen Gardner (éd.), *The metaphysical poets*, Harmondsworth, Penguin Books, 1957 [1], p. 231.

5. Saint Basile de Césarée, *Homiliae in Hexaemeron*, *Homilia I*, 5, PG, t. 29, col. 13-16.

6. Saint Bède le Vénérable, *Hexaemeron, sive libri quatuor in principium Genesis usque ad nativitatem Isaac et electionem Ismaelis*, *Incipit liber primus*, PL, t. 91, col. 13 d-14 a : « *Non ergo superius illud coelum, quod mortalium omnium est inaccessibile conspectibus, inane creatum est et vacuum in terra, quae nihil in prima sua creatione virentium germinum vel viventium produxit animantium, quia nimirum suis incolis mox creatum, hoc est beatissimis angelorum agminibus impletum est* ». Et *Commentarii in Pentateuchum*, *Expositio in primum librum Mosis*, c. 1, PL, t. 91, col. 192 b : « *Coelum hic synecdochice dicitur, id est, pars pro toto. Coeli hic proprie dicuntur, quia multi sunt ; ut, Scinditur auricolor coeli septemplicis aether, quorum haec sunt nomina, aer, aether, olympus, spatium igneum,*

intégré cette notion dans sa théologie et dans sa propre cosmologie, en en faisant le séjour, situé par delà le ciel atmosphérique et *supra firmamentum*, des anges et des bienheureux, réunis dans la jouissance commune de Dieu[2]. Il faut souligner en particulier que, l'hypothèse une fois admise d'un lieu spécial réunissant tous les élus, la question s'est posée aux théologiens de savoir si ce lieu était matériel ou corporel. Si Dieu seul est bien le lieu des esprits, il serait pourtant étrange et contradictoire d'affirmer que le « ciel empyrée » est une sorte de non-être, ou de vide, habitable. C'est en ce sens que les théologiens médiévaux enseignent que le « ciel empyrée » ne peut être qu'un corps. « *Caelum empyreum est corpus* », dit ainsi Alexandre de Halès[3]. Pour saint Bonaventure, le « ciel empyrée » est le corps le plus vaste

firmamentum, coelum angelorum, et coelum Trinitatis ». Dans le *Leviathan*, Hobbes dit « *our Beda* » : *Lev.*, XLVI (p. 703 / p. 693).

1. Walafrid Strabon, *Glossa ordinaria*, *Liber Genesis*, c. 1, v. 1-2, PL, t. 113, col. 67 a-71 a. Strabon est cité par saint Thomas d'Aquin : *ST*, Ia, q. 61, art. 4, s. c. (p. 257), et Ia, q. 66, art. 3, s. c. et co. (p. 57-58). Voir aussi Remi d'Auxerre, *Commentarius in Genesim*, *Incipit textus bresith*, c. 1, v. 1, PL, t. 131, col. 54 d-55 a : « Creavit *enim* coelum et terram. *Coelum non istud visibile firmamentum accipere debemus, sed illud empyreum, id est igneum, vel intellectuale coelum quod non ab ardore, sed a splendore igneum dicitur, quod statim repletum est angelicis spiritibus de quibus in Job dicitur :* Cum me laudarent simul astra matutina et jubilarent omnes filii Dei [= Jb 38, 7] » (ce texte est d'attribution incertaine).

2. Dans la théologie médiévale, voir notamment Pierre Lombard, *Sententiae in IV Libris Distinctae*, II, dist. 2, cap. 4 (10), *op. cit.*, p. 339-340 ; Alexandre de Halès, *Summa theologica*, II, pars 1, inquisitio 3, tractatus 2, quaestio 2, titulus 1, membrum 1 (*De luce corporali*), caput 1 (*De luce corporali sparsa in caelo empyreo*), § 266-270, *op. cit.*, t. II, p. 327-331 ; saint Thomas d'Aquin, Ia, q. 61, art. 4 (p. 256-259) ; Ia, q. 66, art. 3 (p. 55-63) ; Ia, q. 68, art. 1 (p. 92-100) ; Suppl., q. 69, art. 1 (p. 9-13) et art. 7 (p. 38-46) ; *Quodlibet IV*, q. 2, art. 2 ; *Quodlibet VI*, q. 2, art. 2 et q. 11 ; *De potentia*, q. 3, art. 18 et 19. Voir les indications fournies par P. Bernard, art. « Ciel », *DTC*, t. II-2, col. 2474-2511, en particulier col. 2503-2508 ; voir aussi Jean Delumeau, *Une histoire du paradis* (1992-2000), Paris, Hachette Littératures, 2003, t. 3 (« Que reste-t-il du paradis ? »), p. 44-50 et p. 382-395. Au XVIe et au XVIIe siècles, dans le contexte du conflit entre les catholiques et les protestants, voir, pour un point de vue protestant, Ludwig Lavater, *Of Ghostes and Spirites walking by Nyght*, trad. angl. R. H. (1572[1], 1596[2]), II, 2, J. Dover Wilson et May Yardley (éd.), Oxford, Oxford University Press, 1929, p. 102 ; William Ames, *The Marrow of Theology*, I, XXIII, 22, *op. cit.*, p. 147 : « [*Christ*] *ascended to the empyreal heaven of the blessed, which is not a heaven which is everywhere as some imagine (so that ascension would be only a change of condition and not of place) but the highest above all other heavens, Eph. 4 : 10, the seat, house, or mansion of God, John 14 : 2* ». John Bunyan dénonce l'erreur des Quakers qui soutiennent que Jésus « *was not ascended above the starry heavens* » : *Grace abounding to the chief of sinners* (1666), § 124 (W, t. 1, p. 18 a).

3. Alexandre de Halès, *Summa theologica*, II, pars 1, inquisitio 3, tractatus 2, quaestio 2, titulus 1, membrum 1 (*De luce corporali*), caput 1 (*De luce corporali sparsa in caelo empyreo*), articulus 2 (*Utrum caelum empyreum sit corpus*), § 267, *op. cit.*, t. II, p. 329 a-b : « *Ad quod dicendum quod caelum empyreum est corpus. Est enim quoddam caelum quod*

qui soit, « *maximum mole* », parce que tous les autres corps sont renfermés en lui, « *omnia corpora locat per ambitum et continentiam* »[1]. Saint Thomas d'Aquin parle quant à lui du « ciel empyrée » comme du « corps suprême »[2].

Contre cette spéculation, refusant entièrement au « ciel empyrée » le statut de « lieu » et de « corps » (au sens qu'il donne à ces concepts), et s'appuyant à deux reprises sur le Livre d'Isaïe[3], Hobbes soutient que l'homme allant vers le « lieu du salut éternel »[4] ne s'élève pas plus haut que le « marchepied » de Dieu, c'est-à-dire la Terre. Au Dieu corporel, qui s'incarne en Jésus afin de regagner pour tous les croyants la vie éternelle perdue par le péché d'Adam, correspond un « lieu du salut éternel » capable d'accueillir corporellement les élus, la Terre, seul « lieu » scripturairement fondé pour cet office.

Il est vrai que, plutôt que du séjour divin à strictement parler, il est question dans l'analyse hobbesienne du séjour de la vie éternelle des croyants. Il est cependant remarquable que John Bramhall, dans *The Catching of Leviathan, or The Great Whale*, enchaîne explicitement l'examen du rejet par Hobbes de la notion de « ciel empyrée » et l'examen de la thèse hobbesienne relative à la corporéité de Dieu :

continet res corporales, sicut est caelum inferius, quoddam vero quod continet res incorporales sive spirituales, sicut caelum superius ».

1. Saint Bonaventure, *Commentaria in quatuor libros Sententiarum*, II, d. 2, p. 2 (*De loco, ubi fuerunt Angeli creati*), a. 1 (*De natura caeli empyrei in se*), q. 2 (*Utrum caelum empyreum influat in haec inferiora*) (OO, t. II, p. 74 b).

2. Saint Thomas d'Aquin, *ST*, Ia, q. 61, art. 4, co. (p. 257) : « *Unde conveniens fuit quod Angeli in supremo corpore crearentur, tanquam toti naturae corporeae praesidentes* ».

3. Is 66, 1 : « Ainsi parle Yahvé : Le ciel est mon trône et la terre mon marchepied ! ». Septante : « Οὕτως λέγει κύριος Ὁ οὐρανός μοι θρόνος, ἡ δὲ γῆ ὑποπόδιον τῶν ποδῶν μου ». Vulgate : « *Haec dicit Dominus : caelum sedis mea et terra scabillum pedum meorum* ». *Authorized King James Version* : « *Thus saith the LORD, The heaven* is *my throne, and the earth* is *my footstool* ». Voir *Lev.*, XXXVIII (p. 482 / p. 476) et *Lev.*, XXXVIII (p. 494 / p. 488). De ce texte, Luther propose une analyse bien différente de celle de Hobbes : « Du moment que le ciel est son trône, comme dit Isaïe, chapitre 66, verset 1, la puissance de Dieu s'étend bien plus loin que le ciel. Et comme la terre est son escabeau ou son marchepied, il s'ensuit forcément qu'il est aussi présent dans le monde entier. À preuve les paroles suivantes, quand Dieu dit : "Quel est donc le lieu où je pourrai demeurer ? Je tournerai mes regards vers ceux qui souffrent et qui ont l'esprit contrit, et qui craignent ma parole". Ce qui revient à dire : c'est en ces gens-là que j'établirai ma demeure et mon séjour. Mais comme ces gens sont dispersés par tout le monde, et que Dieu remplit toutes choses, comme dit saint Paul aux Éphésiens (4, 10), il s'ensuit obligatoirement qu'il est partout présent » – *Propos de table*, trad. fr. Louis Sauzin, Paris, Aubier, 1992, p. 77-78.

4. *Lev.*, XXXVIII (p. 491 / p. 485), titre marginal : « *The Place of Eternall Salvation* ».

> À quel objet un *caelum empyreum*, ou paradis des bienheureux, pourrait-il répondre selon lui, qui juge que les anges bienheureux qui habitent cette heureuse demeure sont soit des « idoles du cerveau », autrement dit, en langage simple, rien du tout, soit des « corps fluides, fins et subtils », ce qui détruit la nature angélique ? « L'univers étant l'agrégat de tous les corps, il n'est aucune de ses parties réelles qui ne soit aussi un corps » [= *Lev.*, XXXIV, p. 428 / p. 418]. On lit aussi : « Toute partie de l'univers est corps, et ce qui n'est pas corps ne fait pas partie de l'univers ; et, parce que l'univers est tout, ce qui n'en fait pas partie n'est rien et, par conséquent, nulle part » [= *Lev.*, XLVI, p. 689 / p. 683-684]. Comment ? Par cette doctrine, ce ne sont pas seulement les anges, mais c'est Dieu lui-même qui en vient à n'être « rien » [...]. Bien que nous ne soyons pas capables de comprendre parfaitement ce qu'est Dieu, nous sommes pourtant parfaitement capables de comprendre ce que Dieu n'est pas, savoir, qu'il n'est pas imparfait, donc qu'il n'est pas fini et, par conséquent, qu'il n'est pas corporel. Ce serait une belle manière d'« honorer » Dieu, en vérité, que de l'honorer d'un mensonge. Si ce qu'il dit ici est vrai, que « chaque partie de l'univers est corps, et tout ce qui n'est pas corps n'est rien », alors, en vertu de cette doctrine, si Dieu n'est pas un corps, Dieu n'est rien : non pas un esprit incorporel, mais une des « idoles du cerveau », un simple « rien » [1].

La force du raisonnement de Bramhall tient à ce qu'il fait apparaître en toute clarté la racine commune à la destruction par Hobbes de la théorie théologique du « ciel empyrée » et à la constitution par ce dernier de la thèse de la corporéité de Dieu : la doctrine hobbesienne de l'« univers » et du « rien ». Si tout ce qui n'est pas corps n'appartient pas à l'univers et est donc « rien », alors Dieu, comme corps de l'univers, c'est-à-dire comme corps du tout, est un corps, et tous les lieux dont la dimensionalité n'est pas avérée – ni conceptuellement, ni scripturairement – doivent être rejetés.

1. John Bramhall, *The Catching of Leviathan, or The Great Whale*, I, *op. cit.*, p. 129-130 : « *To what purpose should a* caelum empyreum, *or Heaven of the blessed, serve in his judgment, who maketh the blessed Angels that are the inhabitants of that happy mansion, to be either idols of the brain, that is in plain English, nothing, or thin, subtile, fluid bodies, destroying the Angelical nature.* The universe being the aggregate of all bodies, there is no real part thereof that is not also body. *And elsewhere,* Every part of the universe is body, and that which is not body, is no part of the universe. And because the universe is all, that which is no part of it, is nothing, and consequently no where. *How ? by this doctrine he maketh not only the Angels, but God himself to be nothing* [...]. *Though we be not able to comprehend perfectly what God is, yet we are able to comprehend perfectly what God is not, that is, he is not imperfect, and therefore he is not finite, and consequently he is not corporeal. This were a trim way to honour God indeed, to honour him with a lie. If this that he says here be true, That* every part of the universe is a body, and whatsoever is not a body, is nothing. *Then by this doctrine, if God be not a body, God is nothing ; not an incorporeal spirit, but* one of the idols of the brain, *a meer nothing* » = *AB* (EW, IV, p. 347-348 / p. 227-228).

CHAPITRE V

LA « TRANSPARENCE DE DIEU »[1]

Il reste toutefois, au-delà des raisons épistémiques et sotériologiques avancées par Hobbes, à s'interroger sur la signification métaphysique précise de la thèse hobbesienne relative à la corporéité de Dieu[2]. L'analyse critique de Bramhall montre que cette signification est centrée sur l'unité du concept d'*ens* que Hobbes tente de déployer en le rendant commun à Dieu et aux étants créés.

§ 1. *La destruction de l'analogie*

Dans son argumentation contre Hobbes, Bramhall ne fait que reproduire en apparence la thèse de Maïmonide du sens exclusivement négatif des attributs de Dieu[3], laquelle thèse ne prend sens, il faut le rappeler, qu'au sein d'une doctrine de l'équivocité :

> Il est donc clair, pour celui qui comprend le sens de la similitude, que, si l'on applique en même temps à Dieu et à tout ce qui est en dehors de lui le mot « existant », ce n'est que par simple homonymie ; et de même, si la

1. Amos Funkenstein, *Théologie et imagination scientifique du Moyen Âge au XVIIe siècle*, *op. cit.*, p. 27 : « Le corps de Dieu n'est qu'un cas particulier de ce qui pourrait être dénommé la transparence de Dieu au XVIIe siècle ». Voir également p. 132.

2. Nous reprenons ici, en l'approfondissant, une esquisse parue sous le titre « Le corps de Dieu » dans la revue *Lumières*, Bordeaux, Presses Universitaires de Bordeaux, n° 10, 2e semestre 2007 (« Hobbes : nouvelles lectures »), p. 77-92.

3. *Le Guide des égarés*, I, 58, *op. cit.*, p. 134 : « Sache que les vrais attributs de Dieu sont ceux où l'attribution se fait au moyen de négations, ce qui ne nécessite aucune expression impropre, ni ne donne lieu, en aucune façon, à attribuer à Dieu une imperfection quelconque ; mais l'attribution énoncée affirmativement renferme l'idée d'association et d'imperfection ».

> science, la puissance, la volonté et la vie sont attribuées en même temps à Dieu et à tout ce qui est doué de science, de puissance, de volonté et de vie, ce n'est que par simple homonymie, de manière qu'il n'y a aucune ressemblance de sens entre les deux (sortes d'attributs)[1].

Or, Bramhall n'argumente pas explicitement en faveur de l'équivocité, indiquant même que « nous sommes *parfaitement* capables de *comprendre* ce que Dieu n'est pas »[2]. Que nommer Dieu consiste à dire ce qu'il n'est pas, est du reste une thèse déjà avancée par Jean Damascène :

> Il ne faut donc pas penser que les façons de nommer Dieu s'appliquent à quelque chose de son essence, mais qu'elles montrent [...] ce qu'il n'est pas[3].

D'une certaine façon, saint Thomas d'Aquin ne dit pas autre chose :

> Une fois assurés qu'un être est, il reste à se demander comment il est, afin d'en venir à ce qu'il est. Mais à l'égard de Dieu, ne pouvant savoir ce qu'il est, réduits à connaître ce qu'il n'est pas, nous n'avons point à considérer comment il est, mais plutôt comment il n'est pas [...]. On peut montrer comment Dieu n'est pas, en écartant de lui ce qui ne saurait lui convenir, comme d'être composé, d'être en mouvement, et autres choses semblables. Il faut donc s'occuper 1° de la simplicité de Dieu, par laquelle nous excluons de lui toute composition. Mais parce que, dans les choses corporelles, les choses simples sont les moins parfaites et font partie des autres, nous traiterons 2° de sa perfection; 3° de son infinité; 4° de son immutabilité; 5° de son unité[4].

1. *Le Guide des égarés*, I, 56, *op. cit.*, p. 131. Voir T.-L. Penido, « Les attributs de Dieu d'après Maïmonide », *Revue néo-scolastique de philosophie*, t. 26, n° 2, mai 1924, p. 137-163; Shmuel Trigano, *La Demeure oubliée. Genèse religieuse du politique*, Paris, Gallimard, 1994[2], p. 115-145; Joseph A. Buijs, « A Maimonidean Critique of Thomistic Analogy », *Journal of the History of Philosophy*, vol. 41, n° 4, octobre 2003, p. 449-470.

2. *The Catching of Leviathan, or The Great Whale*, I, *op. cit.*, p. 129 : « [...] *we are able to* comprehend perfectly *what God is not* » (nous soulignons).

3. Saint Jean Damascène, *De la foi orthodoxe*, I, 9, PG, t. 94, col. 836 a : « Χρὴ τοίνυν ἕκαστον τῶν ἐπὶ Θεοῦ λεγομένων, οὐ τί κατ' οὐσίαν ἐστὶ σημαίνειν οἴεσθαι, ἀλλ' [...] τί οὐκ ἔστι δηλοῦν ». Texte cité par saint Thomas d'Aquin : *ST*, Ia, q. 13, art. 2, arg. 1 (p. 87).

4. *ST*, Ia, q. 3, prol. (p. 84) : « *Cognito de aliquo an sit, inquirendum restat quomodo sit, ut sciatur de eo quid sit. Sed quia de Deo scire non possumus quid sit, sed quid non sit, non possumus considerare de Deo quomodo sit, sed potius quomodo non sit* [...]. *Potest autem ostendi de Deo quomodo non sit, removendo ab eo ea quae ei non conveniunt, utpote compositionem, motum, et alia huiusmodi. Primo ergo inquiratur de simplicitate ipsius, per quam removetur ab eo compositio. Et quia simplicia in rebus corporalibus sunt imperfecta et partes, secundo inquiretur de perfectione ipsius; tertio, de infinitate eius; quarto, de immutabilitate; quinto, de unitate* ».

Cette thèse s'articule, chez l'Aquinate, à une doctrine de l'analogie, dont il importe de dire qu'elle n'utilise jamais le syntagme « *analogia entis* ». Pour Thomas, l'impossible univocité n'entraîne pas, comme déjà pour Alexandre de Halès [1], la pure équivocité, et c'est expressément que le « Docteur Angélique » critique « *Rabbi Moyses* » [2]. En effet, s'« il est impossible que rien soit attribué à Dieu et aux créatures dans un sens univoque » [3], « ce n'est pas non plus dans un sens purement équivoque, ainsi que certains l'ont prétendu » [4] ; il reste une autre hypothèse, au « milieu » ou « intermédiaire » [5], celle selon laquelle « les noms [...] sont attribués à Dieu et aux créatures sous le bénéfice de l'analogie, c'est-à-dire en vertu d'une certaine proportion » [6], et, par *proportio*, il faut entendre, du moins dans

1. Rappelons qu'Alexandre de Halès pense le rapport de la créature à Dieu, non comme une *convenientia secundum univocationem*, qui suppose au moins un genre identique, mais comme une *convenientia secundum analogiam*, qui renvoie au rapport entre la substance et les accidents : dans la pluralité des sens de l'être, il y a un sens premier, « substance », et les autres se disent par référence à lui selon un ordre de postérieur à antérieur ; le bien est d'abord dit de Dieu par nature, puis de la créature par participation. Voir *Summa theologica*, I, tractatus introductorius, quaestio 2 (*De cognitione Dei in via*), membrum 3 (*De cognitione Dei in via ex parte medii cognoscendi*), caput 2 (*Utrum Deus cognoscatur per creaturam sicut per medium*), resp., § 21, *op. cit.*, t. I, p. 32 a : « *Secundum univocationem est convenientia in genere vel in specie vel in numero. Convenientia secundum analogiam : ut substantia et accidens conveniunt in ente, quia dicitur secundum prius et posterius de illis : quia ens substantia est principium accidentis, et ideo per prius dicitur ens de substantia, quae est ens per se ; per posterius de accidente, quod est ens in alio. – Dicendum ergo quod non est convenientia Dei et creaturae secundum univocationem, sed per analogiam : ut si dicatur bonum de Deo et de creatura, de Deo dicitur per naturam, de creatura per participationem. Similiter omne bonum de Deo et de creatura dicitur secundum analogiam* ». Ajoutons toutefois qu'Alexandre de Halès estime que la notion de « personne », elle, doit être pensée comme univoque : *Summa theologica*, I, pars 2, inquisitio 2 (*De divinis nominibus in speciali*), tractatus 2 (*De nominibus personalibus*), sectio 1 (*De nominibus personalibus propriis*), quaestio 1 (*De nominibus personalibus absolutis*), membrum 1 (*De nomine "persona"*), caput 4 (*De communitate huius nominis "persona"*), articulus 1 (*Utrum "persona" dicatur univoce*), § 388, *op. cit.*, t. I, p. 572-573.

2. *ST*, Ia, q. 13, art. 2, co. (p. 88-89) ; *De potentia*, q. 7, art. 2, s. c. 2 ; q. 7, art. 4, s. c. 3 ; q. 7, art. 5, co. ; q. 7, art. 7, co. ; q. 7, art. 10, co. ; *Scriptum super Sententiis*, I, d. 2, q. 1, art. 3, co.

3. *ST*, Ia, q. 13, art. 5, co. (p. 106-107) : « [...] *impossibile est aliquid praedicari de Deo et creaturis univoce* », « *Unde nullum nomen univoce de Deo et creaturis praedicatur* ». Voir aussi *ST*, Ia, q. 29, art. 4, ad 4 (p. 84) : « [...] *nihil univoce de Deo dici possit et de creaturis* ». Et *ScG*, I, 32 (p. 223-225).

4. *ST*, Ia, q. 13, art. 5, co. (p. 107-108) : « *Sed nec etiam pure aequivoce, ut aliqui dixerunt* ». Voir aussi *ScG*, I, 33 (p. 226-227).

5. *ST*, Ia, q. 13, art. 5, co. (p. 109) : « *Et iste modus communitatis* [= l'analogie de référence] *medius est inter puram aequivocationem et simplicem univocationem* ».

6. *ST*, Ia, q. 13, art. 5, co. (p. 108) : « *Dicendum est igitur quod huiusmodi nomina dicuntur de Deo et creaturis secundum analogiam, idest proportionem* ». Voir aussi *ST*, Ia

l'exposition de la *Summa contra Gentiles* et de la *Summa Theologiae*, une analogie non pas de proportionnalité (*analogia proportionalitatis*)[1], mais de proportion (*analogia proportionis*) ou d'attribution (*analogia attributionis*) ou de référence[2], dans laquelle l'attribution est *ad unum ipsorum*[3], le terme de référence appartenant à la série des analogués, les perfections nommées appartenant cependant d'abord à Dieu car elles « préexistent plus éminemment en lui »[4].

Bramhall ne soutient pas une doctrine de l'équivocité ; il ne soutient pas non plus, du moins de façon explicite, une doctrine de l'analogie. On notera cependant que si l'analogie n'est certes pas centrale dans la pensée réformée anglaise, elle n'est pas non plus purement et simplement discréditée, comme en témoigne par exemple la théologie d'un William Ames. Ames suit en effet assez fidèlement Thomas lorsqu'il rappelle que nous ne pouvons nommer Dieu que d'après les créatures, les noms attribués se

IIae, q. 20, art. 3, ad 3 (p. 371) : « [...] *secundum analogiam vel proportionem* ». Et *ScG*, I, 34 (p. 227-229).

1. Laquelle correspond à ce qu'Aristote appelle ἀναλογία et qui met quatre termes en rapport (a est à b ce que c est à d). Dans le *De veritate*, Thomas définit cette analogie comme étant une « *convenientia proportionalitatis* », qui joue dans le cas d'une « *similitudo duarum ad invicem proportionum* » et qui met donc en rapport des rapports (q. 2, art. 11, co.). Retenue dans le *De veritate*, cette analogie n'est pas même évoquée dans la *Summa contra Gentiles*. On peut rappeler que c'est Boèce, dans la tradition latine, qui transforme l'usage mathématique de la notion d'analogie en traduisant λόγος (rapport entre deux termes) par *proportio* et ἀναλογία par *proportionalitas : Institutio arithmetica*, II, 40 (*De proportionalitatibus*), PL, t. 63, col. 1145-1146 / *Institution arithmétique*, trad. fr. Jean-Yves Guillaumin, Paris, Les Belles Lettres, 1995, p. 140-141.

2. Dans le *De veritate*, Thomas définit cette analogie comme « *convenientia proportionis* », dans le cas d'un rapport simple entre deux termes (d'un nombre entier à l'unité), ou plus, pourvu qu'ils soient tous directement référés à un terme unique, compris dans ou hors de la série (q. 2, art. 11, co.).

3. *ScG*, I, 34, 3 (p. 228) : « [...] *secundum quod duorum attenditur ordo vel respectus, non ad aliquid alterum, sed ad unum ipsorum* ».

4. *ST*, Ia, q. 13, art. 6, co. (p. 116) : « *Cum enim dicitur Deus est bonus, vel sapiens, non solum significatur quod ipse sit causa sapientiae vel bonitatis, sed quod haec in eo eminentius praeexistunt* ». Il en va notamment ainsi pour l'être : les créatures ne savent de l'*esse* divin, auquel elles réfèrent leur *esse* participé, qu'une chose, qu'il provient de Dieu même, dont l'*actus purus* reste définitivement antérieur. Il n'est pas question de retracer ici les avatars de la notion d'analogie dans les diverses œuvres de Thomas : sur les variations de la doctrine thomiste, en particulier dans le *De veritate* (avec sa substitution, pour des raisons épistémologiques, de l'analogie de proportionnalité, *proportionalitas*, à l'analogie de référence, *proportio :* q. 2, art. 11), voir Bernard Montagnes, *La Doctrine de l'analogie de l'être d'après saint Thomas d'Aquin*, Louvain et Paris, Publications Universitaires et Béatrice-Nauwelaerts, 1963, et Jean-Luc Marion, *Sur la théologie blanche de Descartes. Analogie, création des vérités éternelles et fondement*, Paris, P.U.F., 1981, I, 1, 5, p. 85-92 ; *Dieu sans l'être* (1982), Paris, P.U.F., 2002, VIII, 4, p. 294-301.

disant cependant *essentialiter* d'abord de Dieu (*per prius*), puis des créatures (*posterius*) :

> Ces attributs qui sont d'une certaine manière communs à Dieu et aux créatures appartiennent dans leur substance premièrement à Dieu et secondairement aux créatures, bien que les noms soient pris des créatures et appliqués à Dieu, et ainsi, en un sens, appartiennent premièrement aux créatures[1].

Ames précise encore :

> Ceux [des attributs divins] dont on dit qu'ils sont communiqués aux créatures s'appliquent par analogie, non selon le même mode ni avec la même signification que celui selon lequel et que celle avec laquelle ils sont dits exister en Dieu[2].

Contre Bramhall (et contre Ames tout aussi bien), Hobbes paraît éprouver une telle transcendance de Dieu que celle-ci semble interdire purement et simplement tout discours univoque ou analogique sur lui. Comme Maïmonide, Hobbes défend ainsi un pur rapport d'équivocité entre Dieu et les étants créés, équivocité qu'il veut, au moins en apparence, radicale :

> En effet, il est vrai que Dieu n'est pas dit être en puissance d'effectuer un acte extérieur à lui, si ce n'est par analogie ou équivoque délibérée, et il est vrai aussi que la puissance de Dieu n'a pas une vraie raison de puissance, à savoir que lorsque nous attribuons ce terme à Dieu nous ne comprenons ni

1. *The Marrow of Theology*, I, IV, 22, *op. cit.*, p. 84-85 : « *Those attributes which are in some way common to God and to creatures belong in their substance first to God and secondarily to the creatures, although the names are taken from creatures and applied to God, and so in one sense belong first to the creatures* ». Pour Thomas, « *non* [...] *possumus nominare Deum nisi ex creaturis* », « nous ne pouvons nommer Dieu que d'après les créatures » (*ST*, Ia, q. 13, art. 5, co., p. 109) ; en effet, « *quantum ad impositionem nominis, per prius a nobis imponuntur creaturis, quas prius cognoscimus. Unde et modum significandi habent qui competit creaturis* », « s'agit-il de l'origine du nom, c'est aux créatures que tous les noms s'attribuent d'abord ; car ce sont elles d'abord qui viennent en notre connaissance : aussi la manière dont les noms signifient est-elle empruntée aux créatures » (*ST*, Ia, q. 13, art. 6, co., p. 116-117). Toutefois, « *quantum ad rem significatam per nomen, per prius dicuntur de Deo quam de creaturis, quia a Deo huiusmodi perfectiones in creaturas manant* », « si l'on a égard à la chose signifiée par le nom, chaque nom est dit par priorité de Dieu, non de la créature ; car c'est de Dieu que dérivent vers les créatures les perfections que l'on nomme » (*ST*, Ia, q. 13, art. 6, co., p. 116). Voir aussi Denys l'Aréopagite, *Les Noms divins* (v. 480-500), I, 7, PG, t. 3, col. 597 a (texte cité par Thomas, *ST*, Ia, q. 13, art. 6, arg. 2, p. 113).

2. *The Marrow of Theology*, I, IV, 30, *op. cit.*, p. 85 : « *Those that are said to be communicated to creatures apply by analogy, not in the same mode nor with the same meaning as they are said to exist in God* ».

> ne concevons rien, car Dieu lui-même étant inconcevable, tout ce qui appartient à sa nature est inconcevable également; nous attribuons cependant ce terme à Dieu de façon équivoque, parce que nous le tenons pour honorable, et qu'il n'est pas dans notre intention de philosopher sur Dieu, mais d'honorer Dieu; aussi une telle locution est-elle appelée à juste titre « équivoque délibérée », en tant qu'elle correspond à l'intention d'honorer Dieu (en effet, si, en philosophie, quelqu'un faisait délibérément usage d'une équivoque, nulle raison ne pourrait être donnée d'une telle intention, si ce n'est peut-être celle de paraître savoir ce que l'on ignore) [1].

Est-il pour autant légitime et pertinent de voir en Hobbes un lointain héritier ou continuateur de Maïmonide? En toute rigueur, non, car la thèse de l'équivocité défendue par Maïmonide vaut pour l'être lui-même :

> Dieu existe, mais non par l'existence, et de même, il vit, mais non par la vie, il peut, mais non par la puissance, et il sait, mais non par la science [2].

En outre, Maïmonide rejette entièrement l'idée d'une corporéité divine. Parce que Dieu est parfait en acte, « qu'Il soit exalté au-dessus de toute imperfection »[3], de sorte qu'il faut refuser toute forme d'anthropomorphisme, quelle qu'elle soit: « tout ce qui implique corporéité, il faut nécessairement l'écarter de Dieu »[4]. La définition de la corporéité adoptée par Maïmonide est composée de la « passion », de la possibilité de la « privation » et de la « ressemblance » (aux créatures)[5]. « La perfection signifie (pour nous) négation des imperfections »[6]; l'irréligion consiste précisément « à faire admettre en Dieu une défectuosité, comme les circonstances de la corporéité, des attributs et des passions »[7]. Quant au séjour divin, Maïmonide est très explicite :

> Dans le *Beréchîth rabbâ* (68), les docteurs, en expliquant cette parole divine : « Une demeure, le Dieu éternel » (Dt 33, 27), s'expriment ainsi : « Dieu est la demeure du monde, mais le monde n'est point sa demeure »; et ils ajoutent ensuite (en comparant Dieu à un guerrier monté à cheval) : « Le cheval est l'accessoire du cavalier, mais le cavalier n'est pas l'accessoire

1. *DM*, XXXIV, 7 (p. 384).
2. *Le Guide des égarés*, I, 57, *op. cit.*, p. 132.
3. *Le Guide des égarés*, I, 46, *op. cit.*, p. 101. Voir aussi *Traité d'éthique. « Huit chapitres »*, trad. fr. Rémi Brague, Paris, Desclée de Brouwer, 2001, VIII, p. 129.
4. *Le Guide des égarés*, I, 55, *op. cit.*, p. 128-129.
5. *Le Guide des égarés*, I, 55, *op. cit.*, p. 129.
6. *Le Guide des égarés*, I, 58, *op. cit.*, p. 136.
7. *Le Guide des égarés*, II, 47, *op. cit.*, p. 403.

du cheval ; c'est là ce qui est écrit : "Lorsque tu montas sur tes chevaux" (Ha 3, 8) »[1].

Maïmonide interprète la « présence » de Dieu (*Chekhinâ*) comme signifiant métaphoriquement la constance de ses effets, c'est-à-dire la Providence[2], et le « lieu » de Dieu (*makôm*) comme signifiant métaphoriquement le « rang de son existence »[3].

En faisant de Dieu un étant, c'est-à-dire un corps, en le soumettant au principe directeur de sa doctrine de l'« univers », en mesurant sa nature à l'aune de sa partition entre le *corpus* et le *nihil*, Hobbes n'assume pas jusqu'au bout la thèse d'une équivocité radicale, complète et générale. L'équivocité hobbesienne tend vers une univocité, liée très exactement à l'unité du concept d'*ens*, unité qui se diffracte ensuite, mais de façon seulement dérivée et à partir des exigences de la concevabilité, en étants inconcevables et en étants concevables.

§ 2. *Équivocité et/ou univocité ?*

D'une certaine façon, le philosophe anglais paraît suivre et peut-être même poursuivre, avec cependant une topique différente, la même stratégie que Francisco Suárez. De même, en effet, que le *Doctor Eximius* argumente verbalement en faveur de l'analogie mais soutient, de fait, une doctrine dont le centre de gravité (le concept objectif d'étant[4]) tend vers

1. *Le Guide des égarés*, I, 70, *op. cit.*, p. 171. Référence à *Midrash Be-reshit raba*, 68, 8, Julius Theodor et Chanoch Albeck (éd.), Berlin, Bi-defus Ts. H. b. R. Y. Ịttsḳoyṣḳi (« Veröffentlichungen der Akademie für die Wissenschaft des Judentums »), 1903-1929 ; réimpression, Jérusalem, Sifre Ỵahrman, 1965, t. I, p. 777.

2. *Le Guide des égarés*, I, 25, *op. cit.*, p. 61 : « C'est dans ce sens métaphorique que (le verbe en question) [= le verbe *chakhan*, demeurer] a été appliqué à Dieu, je veux dire à la permanence de sa *Chekhinâ* (majesté), ou de sa Providence dans un lieu quelconque, ou à la Providence se montrant permanente dans une chose quelconque [...]. Et toutes les fois qu'on trouve ce verbe attribué à Dieu, il désigne la permanence, dans quelque lieu, de sa *Chekhinā*, je veux dire de sa lumière (qui est une chose) créée, ou la permanence de la Providence (se manifestant) dans une chose quelconque, selon ce qui convient à chaque passage ». Maïmonide commente plus particulièrement Ex 24, 17, Ex 29, 45 et Dt 33, 16.

3. *Le Guide des égarés*, I, 8, *op. cit.*, p. 41 : « Et de même chaque fois qu'on se sert du mot *makôm* (lieu), en parlant de Dieu, on ne veut dire autre chose, si ce n'est le rang de son existence, qui n'a pas de pareil ni de semblable ». Maïmonide commente ici plus précisément Ez 3, 12 et Ex 33, 21. Dans le Judaïsme, Ez 3, 12 (« Bénie soit la gloire de Yahvé, au lieu de son séjour ») fait partie de la liturgie quotidienne ; dans la Septante, on lit : « Εὐλογημένη ἡ δόξα κυρίου ἐκ τοῦ τόπου αὐτοῦ », et dans la Vulgate : « *benedicta gloria Domini de loco suo* ».

4. *Disputationes Metaphysicae* (Salamanque, 1597), *Disputatio II*, s. 2, n° 3 (OO, t. 25, p. 70 b) : « [...] *conceptus obiectivus nihil aliud est quam obiectum ipsum, ut cognitum vel apprehensum per talem conceptum formalem* », « [...] le concept objectif n'est pas autre

l'univocité[1], de même Hobbes argumente-t-il en faveur de l'équivocité mais soutient, de fait, lui aussi, une doctrine dont le centre de gravité (la réduction de l'*ens* au *corpus*) tend vers l'univocité.

Comme Suárez, Hobbes n'énonce pas explicitement l'*esse univocum*, et, comme Suárez, il ne conclut pas directement à l'univocité de l'étant. D'une certaine manière, Hobbes semble même argumenter contre l'univocité. Deux arguments peuvent être ici mobilisés. 1) Hobbes pense qu'il faut supposer la création de l'étant avec l'étendue, opération véritablement surnaturelle et qui ne peut appartenir qu'à Dieu[2], afin de pouvoir rendre compte de la raison de la concevabilité du corps en tant que corps. 2) Le philosophe estime en outre que seul Dieu est *ens a se*, aucun étant fini ne méritant une telle caractérisation[3]. On trouve aussi ces deux arguments rappelés par Suárez. 1) Contre l'univocité, Suárez commence en effet par soutenir que « la créature est un effet de Dieu non seulement pour autant

chose que l'objet lui-même, en tant qu'il est connu ou appréhendé au moyen du concept formel ». Le concept objectif d'étant désigne donc l'étant abstrait de toute autre détermination que d'être conçu. En conséquence, parmi les étants réduits à ce qu'en saisit le concept formel d'étant – donc au concept objectif de l'étant –, Dieu sera un objet soumis à la métaphysique. En ce sens, voir *Disputationes Metaphysicae*, *Disputatio I*, s. 1, n° 19 (OO, t. 25, p. 9 a) : « [...] *ergo absolute Deus cadit sub obiectum huius scientiae* [= la *metaphysica*]. *Confirmatur secundo, quia haec scientia est perfectissima sapientia naturalis; ergo considerat de rebus et causis primis et universalissimis, et de primis principiis generalissimis, quae Deum ipsum comprehendunt* », « [...] donc, Dieu tombe absolument sous l'objet de cette science [= la métaphysique]. Cela est confirmé, en second lieu, parce que cette science est la sagesse naturelle la plus parfaite; elle considère donc les choses et les causes premières et les plus universelles, et les principes premiers les plus généraux qui comprennent Dieu lui-même ».

1. *Disputationes Metaphysicae*, *Disputatio XXVIII*, s. 3 (OO, t. 26, p. 13 a-21 a) : « *Utrum praedicta divisio* [= la division de l'infini et du fini] *univoca sit, vel analoga* ». Pour la démonstration de cette assertion, voir Jean-Luc Marion, *Sur la théologie blanche de Descartes*, *op. cit.*, I, 1, 6, p. 96-109. Selon l'auteur, Suárez réussit « le tour de force, sur la même question, de sauver une thèse thomiste [= la doctrine de l'analogie de référence] en satisfaisant à une objection cajetanienne [= l'analogie de référence demeure extrinsèque] par un argument scotiste [= l'*ens* pris immédiatement signifie un concept commun à Dieu et aux créatures] » (p. 96).

2. *DM*, XXVII, 1 (p. 314) : « *Corpus quidem sive materia, creari ex nihilo, & in nihilum reduci per omnipotentiam divinam potest, sed quomodo id fieri potest homo imaginari non potest* », « Le corps, ou la matière, peut être créé à partir de rien et réduit au néant par l'omnipotence divine, mais comment cela peut être réalisé l'homme ne peut l'imaginer ».

3. *DM*, XXIX, 1 (p. 339) : « *Quando iam dicitur Homo* est à se, *idem est ac si diceremus nullam unquam fuisse causam efficientem quae hominem ex non-ente, sive non existente, effecerit ut esset* ens *vel ut* existeret. *Ideoque quando aliquid dicitur* esse a se, *dicitur* ab aeterno extitisse; *nam quomodo non-ens coeperit esse ens sine causa praeexistente intelligi non potest* [...]. *Ut autem uno verbo dicam* esse à se *(quoniam in confesso est nihil posse facere seipsum) idem est quod* aeternum esse [...] ». Sur l'aséité et l'éternité, voir aussi *DM*, XXIX, 7 (p. 345); *Lev.*, Appendice I (OL, III, p. 513 / p. 503-504).

qu'elle est tel étant, mais aussi pour autant qu'elle est un étant, parce que l'étant créé selon toute sa *ratio* dépend de Dieu et que sous aucune *ratio* la créature n'égale la vertu ou l'essence de Dieu »[1]. 2) Suárez poursuit en soulignant que Dieu inclut « essentiellement l'*esse* lui-même, parfaitement indépendant et de soi », alors que la *ratio entis*, dans la créature, est « parfaitement dépendante et d'un autre »[2].

En même temps, Suárez pense que ces deux arguments développés contre l'univocité ne sont pas suffisants, car ils vont jusqu'à nier « un seul concept objectif commun pour Dieu et les créatures »[3], ce que le Jésuite n'admet pas en vertu de son concept objectif d'étant. Or, de la même façon, on peut dire que Hobbes ne s'en tient pas aux deux arguments qui pourraient servir à rejeter l'univocité : 1) il fait de « Créateur » une appellation révérentielle indéfinie[4], mais se refuse à thématiser pour elle-même, ce qui permettrait d'asseoir la différence de nature entre Dieu et les étants finis, la transcendance causale de la création divine vis-à-vis du régime commun de la causalité efficiente ; en d'autres termes, l'écart entre la création et la causalité commune est indiqué de façon révérentielle, mais il ne joue aucun rôle théorique précis, ou encore, dit autrement, la distance infinie séparant l'action créatrice divine et la causalité efficiente est nommée, mais elle n'a aucune fonction architectonique dans la constitution de la *philosophia prima* et de la *physica*, elle n'a pas de contenu cognitif ; 2) en outre, la pensée de Hobbes, si elle admet bien la création comme dogme de foi, rend toutefois précaire, comme l'indique Bramhall[5], la distance entre Dieu, cause sans cause, et les étants finis, lesquels, il faut ici le rappeler, ne peuvent être conçus, d'un point de vue épistémique, autrement que comme

1. *Disputatio XXVIII*, s. 3, n° 7 (OO, t. 26, p. 15 a) : « [...] *creatura est effectus Dei non tantum prout tale ens est, sed etiam prout ens est, quia ens creatum secundum omnem rationem suam pendet a Deo, et sub nulla ratione adaequat creatura virtutem seu essentiam Dei* ».

2. *Disputatio XXVIII*, s. 3, n° 8 (OO, t. 26, p. 15 b) : « [...] *atque adeo (quod praecipuum est) includit essentialiter ipsum esse omnino independens et a se, cum tamen e contrario in creatura, ipsamet ratio entis sit omnino dependens et ab alio* ».

3. *Disputatio XXVIII*, s. 3, n° 9 (OO, t. 26, p. 15 b) : « *Hae quidem rationes, et similes, graves sunt et acutae ; illud tamen semper in eis difficile superest, quia vel nimium probant, vel efficaces non sunt, quia nimirum non solum probarent ens non esse univocum, sed etiam non habere unum communem conceptum objectivum Deo et creaturis* ».

4. *DCi*, XV, 14 (p. 227) : « [...] *vel indefinita, vt* bonus, iustus, fortis, creator, rex *& similia* » ; *Lev.*, XXXI (p. 403 / p. 387) : « [...] *or Indefinite, as* Good, Just, Holy, Creator ».

5. Bramhall, dans un esprit parfaitement thomiste, accuse Hobbes d'oublier que « l'être infini et l'être participé ne sont pas de même nature » – *The Catching of Leviathan, or The Great Whale*, I, *op. cit.*, p. 121 : « *Infinite being and participated being are not of the same nature* » = *AB* (EW, IV, p. 312 / p. 189).

inengendrables et incorruptibles[1], ce qui ouvre à une compréhension du fonctionnement des causes secondes indépendamment de la cause première[2]. Tout cela ne signifie aucunement que Hobbes en viendrait à annuler toute différence entre Dieu et les étants finis; cela ne signifie pas non plus une forme d'incohérence des thèses hobbesiennes : cela signifie bien plutôt que ce qui doit primer aux yeux de Hobbes, c'est l'unité du concept de corps ou d'étant, lequel doit s'appliquer aussi bien à Dieu qu'aux créatures, même si la façon dont Dieu est un corps reste, pour les créatures, incompréhensible. Ou, pour le dire autrement, cette incompréhensibilité est seconde par rapport à l'affirmation, pour Dieu et pour les étants finis, d'une *univocatio entis*.

On se rappelle en outre que Suárez critique l'analogie de proportionnalité en affirmant que « la créature est un *ens* en raison de son *esse* considéré absolument et sans proportionnalité précise »[3]; « le nom d'*ens* n'est pas donné à la créature parce qu'il maintiendrait d'elle à Dieu une proportion ou une proportionnalité, mais simplement parce qu'il est en soi quelque chose et non absolument rien »[4]; « la créature est *ens* vraiment, proprement et simplement »[5]. Examinant l'analogie d'attribution ou de référence, le

1. À l'intérieur du monde, les naissances et les morts ne se font jamais qu'à la manière du passage d'un mode d'être déterminé à un autre : ce sont des générations et des corruptions, lesquelles ne sont que des mutations ou des altérations et non pas des créations ou des annihilations. Voir *DM*, V, 3 (p. 130) : « *Generatio ergo corporis est mutatio eius, propter quam ipsi conveniet nomen novum ex iis quae pertinent ad Categoriam essentiae ; homo qui, ex cubitali fit bicubitalis, nomen quidem novum habet ex iis quae sunt in Categoria secunda, quae est mensurarum, hominis tamen nomen manet; sed si mutetur in arborem, generari arbor dicetur, & homo interire. Interitus enim corporis, est mutatio eius illa, propter quam nomen ei non ampliùs convenit quod habebat ante ex iis quae pertinent ad Categoriam* οὐσίας *essentiae* ».

2. *DM*, XXXVI, 7 (p. 399) : « *Deus efficiat omnes actiones naturales per causas secundas, nempe corpora* », « Dieu effectue toutes les actions naturelles par les causes secondes, à savoir les corps » ; *DCi*, XIII, 1 (p. 195) : « [...] *Deus, primus omnium motor, effectus naturales producit per ordinem causarum secundarum* », « Dieu, premier moteur de toutes choses, produit les effets naturels par le moyen des causes secondes ». Sur la distinction entre cause première et causes secondes, voir aussi *QLNC*, n° XVIII (EW, V, p. 241 et p. 245 / p. 246 et p. 249). Seule l'« opération surnaturelle » semble vraiment caractéristique de Dieu ; en ce sens, voir *Lev.*, XXXVI (p. 466 / p. 457).

3. *Disputatio XXVIII*, s. 3, n° 11 (OO, t. 26, p. 16 b) : « *Creatura enim est ens ratione sui esse absolute et sine tali proportionalitate considerati* ».

4. *Disputatio XXVIII*, s. 3, n° 11 (OO, t. 26, p. 16 b) : « [...] *nomen etiam entis non ideo est impositum creaturae, quia servat illam proportionem seu proportionalitatem ad Deum, sed simpliciter quia in se aliquid est, et non omnino nihil* ».

5. *Disputatio XXVIII*, s. 3, n° 11 (OO, t. 26, p. 16 b) : « [...] *creatura vere, proprie ac simpliciter est ens* ».

Jésuite semble pourtant reconnaître que « parfois nous disons que Dieu est plutôt l'*ipsum esse* que l'*ens* »[1]. Mais la reconnaissance de cette scission entre l'*esse* et l'*ens* sert en réalité surtout à Suárez à souligner que « la signification ou la désignation *ens* convient plus proprement à la créature qu'à Dieu »[2], le nom « *ens* » pouvant s'entendre comme étant donné d'abord à l'*ens* créé, plutôt qu'à l'*ens* incréé[3]. L'analyse, on le voit, converge donc vers l'idée que, pour reprendre le commentaire de Jean-Luc Marion, « l'*ens* advient d'abord, de plein droit et en toute propriété, à la créature, justement parce que l'on décide que la créature n'advient pas à elle-même à partir de Dieu »[4]. En d'autres termes, n'est plus reconnue une antériorité divine, normative et constitutive de l'essence de la créature, ce que vient confirmer la mise en question de la Création à laquelle Suárez parvient :

> La créature, comme elle est *ens*, ne se définit pas par le Créateur ou par l'*esse* divin, mais par l'*esse* comme tel et parce qu'elle est sortie du néant[5].

La mention de Dieu, comme Créateur, ne concerne donc pas l'*ens* de la créature comme tel, mais seulement le mode qui, en un second temps, le spécifie comme tel ou tel *ens*. La Création devient ainsi extérieur à l'*ens ut sic*[6]. L'inclusion de l'*ens ut sic* dans la transcendance d'une cause créatrice devient, à cause du concept objectif commun d'*ens*, inutile :

> À dire vrai, parmi ceux qui admettent un seul concept confus commun de l'étant, il ne peut presque pas y avoir sur cette question de dissension *de re*, mais seulement de façon de parler; car, sans doute, l'*ens* a une grande similitude avec les termes univoques, puisqu'au moyen d'un seul concept il est prédiqué absolument et sans addition de Dieu et de la créature[7].

1. *Disputatio XXVIII*, s. 3, n° 13 (OO, t. 26, p. 17 a) : « [...] *interdum dicimus, Deum potius esse ipsum esse, quam ens* ».

2. *Disputatio XXVIII*, s. 3, n° 13 (OO, t. 26, p. 17 a) : « [...] *significatio seu denominatio entis proprius convenit creaturae quam Deo* ».

3. *Disputatio XXVIII*, s. 3, n° 11 (OO, t. 26, p. 16 b) : « [...] *prius intelligi potest tale nomen impositum enti creato, quam increato* ».

4. Jean-Luc Marion, *Sur la théologie blanche de Descartes*, *op. cit.*, I, 1, 6, p. 99.

5. *Disputatio XXVIII*, s. 3, n° 15 (OO, t. 26, p. 18 a) : « [...] *creaturam, ut ens est, non definiri per creatorem aut per esse Dei, sed esse ut sic, et quia est extra nihil* ».

6. *Disputatio XXVIII*, s. 3, n° 15 (OO, t. 26, p. 18 a) : « [...] *nam si addatur habitudo ad Deum, verbi gratia, creaturam esse ens, quia est participatio divini esse, sic non jam definitur creatura, ut ens est, sed ut tale ens est, nimirum creatum* ».

7. *Disputatio XXVIII*, s. 3, n° 17 (OO, t. 26, p. 19 b) : « [...] *ut verum fatear, inter eos qui admittunt unum conceptum confusum entis, vix potest esse in hac quaestione dissensio de re, sed de modo loquendi; nam sine dubio habet ens magnam similitudinem cum terminis univocis, cum medio uno conceptu absolute et sine addito de Deo et creatura praedicetur* ».

> Tout ce que nous avons dit sur l'unité du concept d'*ens* semble beaucoup plus clair et certain que le fait que l'*ens* soit analogue, et donc il n'est pas correct, afin de défendre l'analogie, de nier l'unité du concept, mais s'il fallait nier l'un des deux, ce serait plutôt l'analogie, qui est incertaine, que l'unité du concept, qui semble démontrable par des raisonnements certains. Mais, en réalité, il n'est pas nécessaire de nier l'une ou l'autre [...][1].

Ce qui prime, c'est donc le concept objectif et commun de l'*ens*[2], faisant abstraction de toute différence entre les étants réels; il précède Dieu même[3]. Pour Suárez, en cela scotiste, avant d'être infini ou fini, l'étant est donc, d'abord et univoquement, inscrit dans un concept d'étant[4].

De la même façon, on peut dire que, pour Hobbes, avant d'être inconcevable ou concevable, tout ce qui est est *ens*, c'est-à-dire *corpus*. Et c'est l'exigence de concevabilité qui impose cette priorité et cette antériorité de l'*ens* comme *corpus* sur toute autre détermination[5]. C'est également à partir de l'exigence de concevabilité, une fois posée et reconnue la priorité et l'antériorité de l'*ens*, que la distinction entre les étants inconcevables et les étants concevables peut être tracée. L'objectif visé par Hobbes en soutenant la thèse de la corporéité de Dieu est donc très précis : il ne s'agit pas de spécifier Dieu et la nature de sa présence et de son action dans le monde, il s'agit d'assurer l'intégrité et l'intégralité de l'*univocatio entis*, à partir du concept de *corpus* conçu comme *conceptus univocus entis*. Hobbes affirme certes clairement le rapport d'équivocité, ou

1. *Disputatio II*, s. 2, n° 36 (OO, t. 25, p. 81 b/p. 240) : « [...] *omnia, quae diximus de unitate conceptus entis, longe clariora et certiora videri, quam quod ens sit analogum, et ideo non recte propter defendendam analogiam negari unitatem conceptus, sed si alterum negandum esset, potius analogia, quae incerta est, quam unitas conceptus, quae certis rationibus videtur demonstrari, esset neganda. Re tamen vera neutram negari necesse est* [...] ».

2. *Disputatio XXVIII*, s. 3, n° 9 (OO, t. 26, p. 15 b) : « [...] *unum communem conceptum objectivum Deo et creaturis* », « [...] *ut uno conceptu formali repraesentetur et unum conceptum objectivum constituat* » ; n° 14 (OO, t. 26, p. 18 a) : « [...] *unus conceptus communis formalis et objectivus* » ; n° 20 (OO, t. 26, p. 20 b) : « [...] *secundum communem objectivum conceptum* ».

3. *Disputatio I*, s. 1, n° 13 (OO, t. 25, p. 6 a/p. 60) : « [...] *aliquam rationem entis, quae sit prior natura Deo* ».

4. *Disputatio II*, s. 2, n° 11 (OO, t. 25, p. 73 a/p. 220) : « [...] *quia ens, de quo nunc loquimur, commune est enti creato, et increato* ».

5. Cette exigence de concevabilité est tout particulièrement soulignée par Naigeon, dans l'article « Unitaires » de l'*Encyclopédie :* « Que l'idée d'un Dieu corporel est si naturelle à l'homme, qu'il lui est impossible de s'en défaire tant qu'il veut raisonner sans préjugés, & ne pas croire sur parole ce qu'il ne comprend pas, & ce qui confond les idées les plus claires qui soient dans son esprit » (éd. cit., t. 17, p. 397 b).

d'homonymie, entre Dieu et les étants finis; mais il est nécessaire, malgré cette équivocité proclamée et en deçà d'elle, de qualifier d'étant toute instance, Dieu compris, en sorte que l'équivocité est seconde, commandée par une dénomination de Dieu comme étant, dénomination liée entièrement à une décision de fond en faveur de l'*univocatio entis*; l'équivocité n'apparaît qu'après coup, pour marquer le caractère incompréhensible du *corpus* divin.

§ 3. *Une thèse ontothéologique ?*

La thèse hobbesienne relative à la corporéité de Dieu, replacée dans le cadre de la décision prise par le philosophe anglais pour l'univocité de l'étant, constitue-t-elle une thèse ontothéologique, au sens de l'herméneutique de l'histoire de la philosophie mise en œuvre par Martin Heidegger? Pour s'orienter dans cette question, il faut prendre deux précautions indispensables : 1) définir exactement les caractères de l'ontothéologie selon Heidegger; 2) mesurer précisément si les thèses de Hobbes en illustrent certains et dans quelle mesure.

La tâche est grandement aidée par les analyses que développe Jean-Luc Marion à ce sujet, et dans ce qui suit nous les présupposerons. L'auteur, dans l'étude consacrée à « Saint Thomas d'Aquin et l'onto-théo-logie », écrit :

> L'onto-théo-logie se définit [...] selon des caractères extrêmement précis, sans lesquels on ne saurait identifier une pensée comme métaphysique : i) « Le dieu » doit s'inscrire explicitement dans le champ métaphysique, c'est-à-dire se laisser déterminer à partir d'une des déterminations historiques de l'être en tant qu'étant, éventuellement à partir du concept d'étant; ii) il doit y assurer une fondation causale [...] de tous les étants communs dont il rend raison ; iii) il doit, pour ce faire, assumer toujours la fonction et éventuellement le nom de *causa sui*, c'est-à-dire de l'étant suprêmement fondateur parce que suprêmement fondé par lui-même [1].

La question, dès lors, est de savoir si la philosophie de Hobbes remplit, pleinement ou partiellement, ces trois caractéristiques de toute ontothéologie.

1) Elle ratifie sans conteste et pleinement la première : celle selon laquelle Dieu relève de ce qui est, autant et comme les étants finis. C'est très exactement ce que dit, implique et assume la thèse de la corporéité de Dieu, qui inscrit sans reste Dieu dans le concept d'étant. La définition de la

1. Jean-Luc Marion, *Dieu sans l'être*, *op. cit.*, VIII, 2, p. 287.

métaphysique par l'ontothéologie implique que Dieu, quel qu'il soit, *soit*, l'« étantité » (si du moins l'on peut utiliser cette expression) déterminant de plein droit Dieu. Or, déterminé comme *corpus*, le Dieu hobbesien s'inscrit entièrement dans le régime uniforme et commun de l'*ens*, et c'est pour cette raison que Hobbes n'hésite pas à soutenir la thèse de la corporéité de Dieu, laquelle, dès lors, ne se situe pas à la périphérie ou à la marge de sa philosophie, mais bien plutôt, et bien plus fondamentalement, en son cœur, puisqu'elle est requise pour pouvoir affirmer une *univocatio entis* sans faille.

2) Le deuxième des critères de l'ontothéologie demande une définition de Dieu par sa « fondation » efficiente des autres étants, les relations de création et donc les relations entre le Créateur et les créatures étant entièrement traduites en termes de « fondation » par une cause efficiente. Hobbes, on l'a vu, fait bien de Dieu un *ens a se* assurant, par son action créatrice, la fonction de causalité ultime de l'étant avec l'étendue ; en outre, l'existence ne revient assurément à Dieu, selon Hobbes, qu'à titre de cause de l'existence du monde[1]. Hobbes considère toutefois l'appellation indéfinie de « Créateur » comme étant strictement révérentielle, et le propre de sa philosophie est de ne plus spécifier, à la différence de ce qui se produit encore dans la philosophie de More (laquelle entend dériver de façon précise l'omniprésence de Dieu à partir de sa causalité créatrice entendue comme causalité efficiente), comment intervient causalement Dieu dans le monde, quelles sont son œuvre et sa présence dans l'ordre des causes secondes. Pour Hobbes, l'action causale de Dieu relève de son action créatrice, laquelle demeure proprement inconcevable dans le cadre de sa

1. Hobbes désigne fréquemment Dieu comme le « Créateur du monde » : *IIIae Objectiones*, Objectio V (AT, VII, p. 180, l. 27 – AT, IX-1, p. 140 : « [...] *mundi creator* ») ; *DCo*, XXVII, 1 (p. 302 : « [...] *Universi conditor omnipotens* ») ; *AB* (EW, IV, p. 316 / p. 192 : « *God, in his own person,* [...] *created the world* ») ; *DHo*, XIV, 1 (OL, II, p. 118 : « [...] *rerum omnium omnipotentem et omniscium creatorem et rectorem* ») ; *DHo*, XIV, 2 (OL, II, p. 119) : « [...] *credimus Deum condidisse et regere omnia* » ; *DP*, III (EW, VII, p. 89 : « [...] *the infinite and omnipotent Creator of all things* »). Ou comme la « cause du monde » : *DM*, XXVII, 15 (p. 323-324 : « [...] *1ª omnium effectuum causa, nam omnis varietatis effectuum in mundo causa 1ª est Deus* ») ; *DCi*, XV, 14 (p. 226 : « [...] *causam mundi* ») ; *Lev.*, XXXI (p. 401 / p. 386 : « [...] *the cause of the World* »). Ou encore comme l'« auteur de la nature » : *EL*, I, XVII, 12 (p. 93 : « [...] *the author of nature, God Almighty* ») ; *EL*, II, X, 7 (p. 188 : « [...] *the author of nature, God Almighty* ») ; *Lev.*, XXVIII (p. 355 / p. 333 : « [...] *God, who is the author of Nature* ») ; *Lev.*, XXX (p. 394 / p. 377 : « [...] *God, as he is the Author of Nature* ») ; *DCo*, XXVII, 1 (p. 303 : « [...] *Naturae Authoris* ») ; *QLNC*, n° XVII (EW, V, p. 237 / p. 241 : « [...] *the Author of nature* », « [...] *nature itself, as the universal work of God* ») ; *DP*, II (EW, VII, p. 88 : « [...] *the Author of nature* »).

doctrine de la causalité efficiente[1]. De sorte que l'« articulation » théologique qu'appelle le problème de l'intégrité de la *philosophia prima* ne se transforme pas en une « fondation ».

3) Sans cause ni fondement, le Dieu hobbesien s'interdit l'autofondation métaphysique dont la *causa sui* désigne le paradigme. Mais Hobbes a-t-il véritablement besoin d'un concept de *causa sui* pour assurer l'intégralité de l'univocité de l'étant? Selon Hobbes, Dieu est un *ens a se*, qui n'est pas lui-même soumis à la causalité efficiente; quant aux étants finis, à moins d'être créés à partir de rien ou réduits au néant par l'omnipotence divine[2], ils ne peuvent être conçus autrement que comme ingénérables et incorruptibles. En d'autres termes, le fait que les corps aient été créés n'appartient aucunement à la définition du nom absolument universel « corps » – ce que Hobbes indique explicitement[3] –, et cette détermination vaut aussi bien pour Dieu que pour les étants finis. L'absence d'identification de Dieu à la fonction de *causa sui* répond en ce sens parfaitement, dès lors que l'on se situe dans l'horizon de la réduction de l'*ens* au *corpus*, à la caractérisation du corps comme étant ingénérable et incorruptible. Et cette correspondance assure le règne sans partage de l'univocité de l'étant, le fait, pour les corps finis, d'être créés ou annihilés étant secondarisé. Avons-nous dès lors les moyens de répondre à la question de savoir pour quelle raison de fond Hobbes refuse d'intégrer dans la définition du corps le fait d'avoir été créé? D'une certaine manière, Hobbes paraît reprendre, mais pour le reconfigurer en réalité entièrement dans le sens du règne de l'univocité, un argument de type thomiste. Se demandant si « tout être est nécessairement créé par Dieu »[4], l'Aquinate soutient qu'il n'est pas possible de définir les étants abstraction faite de leur dépendance envers Dieu, car ce sont d'abord et fondamentalement des effets de la causalité créatrice[5]. Mais Thomas précise aussi :

1. Voir Jean Terrel, *Hobbes : matérialisme et politique*, *op. cit.*, p. 326 : « L'idée de création est étrangère à la philosophie naturelle qui, tout au plus, accède à une première cause ».

2. *DM*, XXVII, 1 (p. 314).

3. *DM*, XXVI, 2 (p. 309) : « *Quae cum ita sint, rectè* αφιλοσόφως *faciunt qui profitentur se demonstraturos quod Deus existit, aut quòd ante sex mille annos vel saltem ante aliquod tempus corpus nullum omnino extiterit; nec si qui putant ex definitione corporis sequi quòd fuerit creatum, aut ex definitione incorporei quòd fuerit ab aeterno* [...] *illi satis intelligunt quid sit aut corpus aut incorporeum* ».

4. *ST*, Ia, q. 44, art. 1 (p. 8) : « *Utrum sit necessarium omne ens esse creatum a Deo* ».

5. *ST*, Ia, q. 44, art. 1, co. (p. 10) : « *Respondeo dicendum quod necesse est dicere omne quod quocumque modo est, a Deo esse. Si enim aliquid invenitur in aliquo per participationem, necesse est quod causetur in ipso ab eo cui essentialiter convenit* », « Il faut dire que

> Bien que la référence à sa cause n'entre pas dans la définition de l'étant qui est causé, elle est pourtant une conséquence de ce qui appartient à sa raison ; car, du fait que quelque chose est étant par participation, il est causé par un autre[1].

De soi l'être n'inclut donc pas dans sa définition la dépendance vis-à-vis d'une cause. Pourquoi ? Parce qu'alors il faudrait dire que Dieu n'est pas un être, puisqu'il n'est pas causé. Mais si l'être appartient à Dieu *per prius* et aux créatures *per posterius*, on doit en conclure légitimement, estime Thomas, que les êtres ne se peuvent définir indépendamment de leur dépendance envers Dieu, comme les effets de la causalité créatrice, et c'est parce qu'il y a ainsi dépendance causale de tous les êtres vis-à-vis de Dieu que la structure de l'analogie par référence à un premier est possible. À l'évidence, Hobbes ne retient rien de cette argumentation en faveur de l'analogie; mais, parce que Dieu est selon lui à la fois un être, c'est-à-dire un corps, et un être qui n'est pas causé (pas même sous la forme de la *causa sui*), il ne saurait être question pour lui d'intégrer dans sa définition du corps le fait d'avoir été créé: c'est donc bien la décision en faveur de l'univocité qui commande ici le refus hobbesien.

tout ce qui est, quel que soit son mode d'être, est par Dieu. Si quelque chose se trouve en un autre par participation, il faut qu'il soit causé en lui par ce à quoi cela convient par essence ».

1. *ST*, Ia, q. 44, art. 1, ad 1 (p. 11) : « *Ad primum ergo dicendum quod, licet habitudo ad causam non intret definitionem entis quod est causatum, tamen sequitur ad ea qua sunt de eius ratione, quia ex hoc quod aliquid per participationem est ens, sequitur quod sit causatum ab alio* ». Voir les commentaires de Jean-François Courtine, Inventio analogiae. *Métaphysique et ontothéologie*, Paris, Vrin, 2005, p. 268-269, p. 281-282, p. 302.

CONCLUSION

Il se peut que la philosophie de Hobbes ne valide que de façon partielle les trois caractéristiques essentielles définissant toute ontothéologie. Mais l'analyse confirme surtout, et là est le point essentiel pour caractériser la structure « métaphysique » de la pensée de Hobbes, que le cœur du système hobbesien se joue pleinement dans l'affirmation d'une *univocatio entis* intégrale.

On comprend également dès lors les raisons de fond expliquant la nature strictement révérentielle de la théologie hobbesienne des noms divins : l'analogie comme principe d'accès à Dieu par le langage étant définitivement morte, elle est remplacée par une logique du concept représentatif, imposant de penser, d'abord et de plein droit, tout ce qui est univoquement comme *corpus* ; c'est seulement ensuite que l'écart entre Dieu et les créatures peut être affirmé, en faisant de Dieu un corps incompréhensible et inconcevable.

Très exactement, la situation « métaphysique » de la philosophie hobbesienne est donc la suivante : à partir de l'affirmation première et principielle d'une *univocatio entis*, qu'il reconfigure à partir de la version scotiste puis suárézienne de la « métaphysique » dans le sens d'une réduction de l'*ens* au *corpus*[1], Hobbes déploie, mais seulement dans un deuxième moment, un dispositif de l'équivocité radicale, héritée de l'âge gréco-latin, c'est-à-dire porphyrien[2] et boécien[1], de la « métaphysique ».

1. Sur ce point, voir notre esquisse « La *philosophia prima* de Hobbes. Sur une alternative supposée au "système de la métaphysique" », dans Michel Fichant et Jean-Luc Marion (dir.), Dominique Weber (éd.), *Hobbes, Descartes et la métaphysique*, Paris, Vrin, 2005, p. 33-57.

2. L'*Isagoge* de Porphyre professe une rigoureuse homonymie de l'être, qui se situe aux antipodes de toute tentative d'univocisation de l'être. Alain de Libera rappelle d'ailleurs que c'est comme tenant de l'homonymie stricte de l'être que le présentent les commentateurs de l'*Isagoge*, y compris les plus tardifs : « Genèse et structure des métaphysiques médiévales »,

En ce sens, il y a bien une ontothéologie hobbesienne, fondée sur l'univocité du concept d'étant, l'équivocité ne jouant qu'à l'intérieur de ce que trace et de ce que commande le concept univoque de l'*ens*. Mais d'un côté (celui, premier, de l'univocité) comme de l'autre (celui, second, de l'équivocité), Hobbes ratifie la « mort » de l'analogie entre Dieu et les créatures. Et, de fait, la thèse hobbesienne relative à la corporéité de Dieu demeure l'extravagance qu'y dénoncèrent déjà les contemporains de Hobbes, tant que l'on n'y reconnaît pas une récusation complète de la problématique de l'*analogia entis*, au profit d'une défense de l'univocité de l'étant.

Une telle défense a pour effet de rattacher très directement la philosophie de Hobbes à un courant de pensée dont, incontestablement, les deux protagonistes majeurs sont, au tournant du XVIe et du XVIIe siècles, Francisco Suárez[2] et, à la fin du XIIIe et au début du XIVe siècles, Jean Duns Scot[3]. Mais on sait que, parmi les penseurs dont Hobbes affirme

dans Jean-Marc Narbonne et Luc Langlois (éd.), *La Métaphysique : son histoire, sa critique, ses enjeux*, Paris et Laval, Vrin et Les Presses de l'Université Laval, 1999, p. 162.

1. Boèce pose, comme une loi interne au langage, que toute utilisation théologique des mots du langage ordinaire ou philosophique ou, plus précisément, des catégories « universellement prédiquées de toutes choses », suppose qu'ils soient l'objet d'une transformation, conformément au principe selon lequel les catégories sont ce que leurs substrats leur permettent d'être : *De Trinitate*, IV, 1-4, dans *Traités théologiques*, *op. cit.*, p. 152-153. Pas plus que Porphyre, Boèce ne s'engage donc dans une univocisation de l'être.

2. Rappelons la célèbre déclaration, complètement anti-thomiste, de Suárez en faveur de l'univocité : « [...] *nunc solum assero, omnia, quae diximus de unitate conceptus entis, longe clariora et certiora videri, quam quod ens sit analogum, et ideo non recte propter defendendam analogiam negari unitatem conceptus, sed si alterum negandum esset, potius analogia, quae incerta est, quam unitas conceptus, quae certis rationibus videtur demonstrari, esset neganda* » – *Disputationes Metaphysicae*, *Disputatio II*, s. 2, n° 36 (OO, t. 25, p. 81 b / p. 240). Suárez examine explicitement la position de Scot et des scotistes relatives à l'*univocatio entis* dans la *Disputatio XXVIII*, s. 3, n° 2 (OO, t. 26, p. 13 a) : « *Secunda sententia* [la première étant celle en faveur de l'équivocité] *est, ens univoce dici de Deo et creaturis. Hanc tenuit Scot., in 1, d. 3, q. 1 et 3, et in 3, d. 8, q. 2, quem eisdem locis Scotistae sequuntur ac defendunt* » ; références (corrigées) à Scot : *Ordinatio*, I, dist. 3, pars 1, q. 2, n. 26-29 (OO, t. III, p. 18-19 / p. 94-96) et q. 3, n. 131-136 (OO, t. III, p. 81-85 / p. 138-141) ; *Ordinatio*, I, dist. 8, pars 1, q. 3, n. 88-89 (OO, t. IV, p. 195 / p. 233-234).

3. On se souvient que, dans l'*Ordinatio*, Scot cherche à établir qu'il y a un concept univoque de l'*ens*, aussi bien pour Dieu que pour les créatures, contre toute analogie de l'étant entre le fini et l'infini, le créé et l'increé. L'argument est le suivant : on peut bien douter de savoir si Dieu est infini ou non ; on peut bien douter de savoir s'il y a un Dieu ou plusieurs dieux ; on peut bien douter de savoir quelle est la nature exacte du fini ; mais, avant de douter de tout cela, on doit, ne serait-ce que pour en douter, les comparer à partir d'un seul et même concept d'*ens* : *Ordinatio*, I, dist. 3, pars 1, q. 2, n. 27 (OO, t. III, p. 18 / p. 95). En d'autres termes, le concept d'*ens* intervient avant même qu'on ait fait la distinction entre l'infini (Dieu) et le fini (la créature) : *Ordinatio*, I, dist. 3, pars 1, q. 1-2, n. 26 (OO, t. III, p. 18 / p. 94-95) ; *Ordinatio*, I, dist. 3, pars 1, q. 3, n. 126 (OO, t. III, p. 79 / p. 137) ; *Ordinatio*, I, dist. 3, pars

ouvertement qu'il les a méprisés, figurent explicitement et Suárez et Scot. Dans les *Questions concerning liberty, necessity, and chance* de 1656, Hobbes écrit ainsi :

> Certains docteurs de l'Église, tels que Suárez, Duns Scot, et leurs imitateurs, afin d'entretenir chez autrui les opinions que l'Église de Rome jugeait conformes à son intérêt, ont écrit des choses que ni autrui ni eux-mêmes ne comprenaient. Ceux-là, j'avoue les avoir quelque peu méprisés [*These I confess I have a little slighted*][1].

Dans le *Behemoth* rédigé vers 1666-1668, Suárez et Scot sont à nouveau associés, avec Pierre Lombard, dans une commune réprobation :

> [Les théologiens scolastiques], en s'efforçant de soutenir de nombreux articles de foi incompréhensibles, et appelant la philosophie d'*Aristote* à la rescousse, écrivirent de gros livres de théologie scolastique, incompréhensibles à tout autre homme, et à eux-mêmes, comme chacun peut s'en rendre compte en considérant les œuvres de *Pierre Lombard* ou de *Scot* qui écrivit sur lui des commentaires, ou de *Suárez*, ou de tout autre théologien scolastique d'une époque postérieure[2].

Dans le chapitre VIII du *Leviathan*, pour illustrer cette folie qui consiste à utiliser des « paroles qui ne signifient rien »[3], c'est de Suárez que Hobbes choisit de se moquer :

> Que signifient ces mots : *La cause première n'influe pas nécessairement dans la cause seconde, en vertu de l'essentielle subordination des causes secondes, quelque chose par quoi elle l'aide à opérer* ? C'est la traduction

1, q. 3, n. 139 (OO, t. III, p. 86-87 / p. 142). Scot admet certes que la première division de l'étant le distingue en infini et fini, décidant ainsi de la distinction entre Dieu et toute créature ; mais il s'ensuit que tout ce qui convient « à l'étant en tant qu'indifférent au fini et à l'infini » (« [...] *enti ut* [...] *indifferens ad finitum et infinitum* »), à savoir le concept d'*ens*, transcende leur différence : *Ordinatio*, I, dist. 8, pars 1, q. 3, n. 113 (OO, t. IV, p. 206 / p. 241).

1. *QLNC*, n° XIX (EW, V, p. 266 / p. 266).

2. *B*, I (EW, VI, p. 184 / p. 56-57). S'agissant de Pierre Lombard, notons que Robert Burton fait remarquer que « *Pitseus,* Catal. Scriptorum Anglic., *reckons up 180 English commentators alone, on the matter of the Sentences* » : *The Anatomy of Melancholy*, III, 4, 1, 3 (III, p. 369 / III, p. 1745) ; référence à John Pits, confesseur catholique anglais de la princesse de Clèves et auteur d'un *De illustribus Angliae scriptoribus : Relationum historicarum de rebus anglicis, tomus primus quatuor partes complectens* (Paris, 1619), réimpression, Farnborough, Gregg International, 1969. Francis Bacon prend aussi pour cible le Lombard lorsqu'il critique la « *scholasticall diuinitie* » : *Of the Proficience and Advancement of Learning Divine and Human* (1605), II, dans *The Oxford Francis Bacon*, Graham Rees et Lisa Jardine (éd.), Oxford, Oxford University Press, 2000, t. IV, p. 186 / *Du Progrès et de la promotion des savoirs*, trad. fr. Michèle Le Dœuff, Paris, Gallimard, 1991, p. 283.

3. *Lev.*, VIII (p. 146 / p. 76), titre marginal : « *Insignificant Speech* ».

> du titre du sixième chapitre du premier livre de Suárez, *Du Concours, de la Motion, et de l'Aide de Dieu*. Quand on écrit des volumes entiers de textes de cette farine, n'est-on pas fou, ou ne se propose-t-on pas de rendre les autres tels[1] ?

Dans l'*Answer to [...] Dr. Bramhall, late Bishop of Derry*, texte qui a été rédigé vers 1667-1668, Hobbes écrit encore que, « quant à la multitude, Suárez et les gens de l'École ne se la gagneront jamais, parce qu'on ne les comprend pas »[2]. En 1668, dans l'édition latine du *Leviathan*, Hobbes n'hésite pas à condamner une fois de plus très fermement ces « maîtres, Pierre Lombard, Duns Scot, Thomas » qui « donnèrent naissance à la théologie qu'on appelle scolastique, faite d'un mélange de philosophie aristotélicienne et d'Écriture sainte »[3]. On le voit : la condamnation par Hobbes de la pensée de Suárez et de la pensée de Scot est constante et sans appel.

Le mépris de Hobbes doit donc être pris au sérieux, et il ne peut être question ni de le minimiser, ni de l'esquiver, ni de l'évacuer sans le prendre en considération. Du mépris (*contempt*, *contemptus*), Hobbes dit dans le *Leviathan* :

> Ces choses que nous ne désirons pas et que nous ne haïssons pas, on dit de nous que nous les méprisons[4].

La définition est étrange, car elle donne à penser que le mépris équivaut à une sorte de neutralisation du désir ou de la haine, alors que l'on pourrait estimer qu'il n'y a de mépris possible qu'au regard d'une accentuation du désir ou de la haine. C'est qu'en réalité, poursuit Hobbes, « le mépris n'est

1. *Lev.*, VIII (p. 146-147 / p. 77 ; OL, III, p. 65 / p. 73). Hobbes vise ici le traité de Suárez intitulé *De concursu, motione et auxilio Dei* (OO, t. 11, p. 1-290) ; il cite le titre du chapitre VI du livre I : « *Causam primam nihil necessario influere in secundam, ex vi subordinationis essentialis causae secundae ad primam, quo illam ad agendum juvat* » (OO, t. 11, p. 25 a).

2. *AB* (EW, IV, p. 330 / p. 208). Sur l'impact considérable de la philosophie de Suárez sur la pensée anglaise, voir, par exemple, à titre d'indicateur, Thomas Browne, *Religio Medici*, I, 14 (W, t. 1, p. 20) ; ou Stephen Charnock, *A Discourse of unbelief, proving it is the greatest sin*, sur Jn 16, 9 (W, t. 4, p. 229, p. 234, p. 279), *A Discourse of the end of the Lord's supper*, sur 1 Co 11, 26 (W, t. 4, p. 404). On peut rappeler que l'importance de Suárez en Angleterre tient notamment à la publication, en 1613, de sa *Defensio fidei catholicæ... adversus Anglicanæ sectæ errores, cum responsione ad apologiam pro juramento fidelitatis, et præfationem monitoriam*, dirigée contre le serment d'allégeance exigé de ses sujets par le roi Jacques Ier.

3. *Lev.*, XLVI (OL, III, p. 496 / p. 486). Voir encore *HE*, v. 1868 et v. 1879 (OL, V, p. 398 et p. 399), sur Lombard et Scot.

4. *Lev.*, VI (p. 120 / p. 48 ; OL, III, p. 41 / p. 51) : « *Those things which we neither Desire, nor Hate, we are said to* Contemne », « *Quae neque cupimus neque odimus, ea dicimur* contemnere ».

rien d'autre que l'immobilité ou la résistance du cœur qui s'oppose à l'action de certaines choses, ce qui vient du fait que le cœur est déjà mis autrement en mouvement, par des objets plus puissants ou par le manque d'expérience qu'il a vis-à-vis de ceux-ci »[1]. Le mépris se forme à l'égard de telle ou telle situation ou de telle ou telle chose, lorsque le cœur, ayant perdu tout intérêt moteur envers cette situation ou cette chose, se trouve mobilisé ailleurs, mis en mouvement dans une autre direction.

Mépriser la pensée de Suárez et de Scot revient donc, selon Hobbes, à s'en détourner, car le cœur de la pensée se trouve orienté dans une direction nouvelle et plus puissante. Il y a très certainement de nombreuses raisons expliquant le mépris affiché par Hobbes à l'encontre de Suárez et de Scot. L'une de ces raisons tient à la façon dont Suárez et Scot ont pour ainsi dire « trahi » aux yeux de Hobbes la décision en faveur de l'*univocatio entis*, en en voulant comprendre la signification philosophique par l'« examen » et le « déchiffrement » de la « nature de Dieu »[2], ce qui, selon Hobbes, a des effets désastreux aussi bien sur le plan théorique que sur le plan politique. Or, dans les *Questions* de 1656, Hobbes le dit très clairement :

> Nous ne devrions pas disputer de la nature de Dieu, lequel n'est pas un sujet qui convienne à notre philosophie[3].

Affirmation qu'il faut mettre en rapport avec la définition de la philosophie proposée par Hobbes dans le *Decameron physiologicum*, ce texte qui possède l'autorité du dernier ouvrage publié par le philosophe de son vivant, en 1678 : la philosophie, écrit Hobbes, est « la connaissance des causes naturelles »[4].

1. *Lev.*, VI (p. 120 / p. 48; OL, III, p. 41 / p. 51) : « *Contempt being nothing else but an immobility, or contumacy of the Heart, in resisting the action of certain things; and proceeding from that the Heart is already moved otherwise, by other more potent objects; or from want of experience of them* », « Contemptus *enim nihil aliud est quam cordis, actionibus quarundem rerum resistentis, immobilitas quaedam sive contumacia, orta ab eo quod cor ab aliis objectis fortioribus occupatum est; vel ab eo quod qualia sint ea, quae contemnimus, experti non sumus* ».

2. *LRRM* (EW, IV, p. 426 / p. 102) : « *Is not Mr. Hobbes his way of attributing to God, that only which the Scriptures attribute to him, or what is never any where taken but for honour, much better than this bold undertaking of yours, to consider and decipher God's* nature *to us ?* ».

3. *QLNC*, n° XXXVIII (EW, V, p. 436 / p. 403; voir aussi p. 442-443 / p. 409). Voir encore *HE*, v. 19-24 (OL, V, p. 349) : « *Deque Dei dicunt natura dogmata vana / Pastores, populo non capienda rudi. / Excutitur natura Dei secreta : sciendum est / Quid, quando, quare, quomodo vult et agit. / Praeter opus, leges sanctas, nomenque timendum, / Scire valent homines de Deitate nihil* ».

4. *DP*, I (EW, VII, p. 71) : « *Philosophy is* the knowledge of natural causes ».

Pour comprendre ce point, il suffit de songer à la critique que fait Hobbes des thèses de Suárez relatives au concept de « concours » (*concursus*) de Dieu à l'action des causes secondes. Afin de comprendre la portée exacte de la critique de Hobbes, on peut restituer, même brièvement, les thèses de Suárez[1]. Le problème auquel se confronte le Jésuite, et qui ne lui est d'ailleurs pas propre[2], est de savoir quelle peut être exactement la relation entre l'action propre des causes secondes et le pouvoir infini de Dieu. Il s'agit pour Suárez, comme pour tous les Jésuites, de refuser aussi bien la position « occasionnaliste » (terme utilisé ici par commodité), selon laquelle Dieu est la seule cause directe et véritable de tous les événements survenant dans la nature créée[3], que la position « naturaliste », selon

1. Sur le concept suárézien de « *concursus* », voir Alfred J. Freddoso, « Medieval aristotelianism and the case against secondary causation in nature », dans Thomas V. Morris (éd.), *Divine and human action. Essays in the metaphysics of theism*, Ithaca, Cornell University Press, 1988, p. 74-118 ; « God's general concurrence with secondary causes : why conservation is not enough », *Philosophical Perspectives*, vol. 5, 1991, p. 553-585.

2. Il revient sans doute à saint Thomas d'Aquin d'avoir posé pour lui-même le problème de savoir si Dieu agit en tout être agissant (« *Utrum Deus operetur in omni operante* ») ; « pour lui-même », c'est-à-dire indépendamment du problème de la cause du péché : *ST*, Ia, q. 105, art. 5 (p. 87-93) ; voir aussi *ScG*, III, 70 (p. 248-250).

3. Suárez examine cette position « occasionnaliste » dans la *Disputatio XVIII*, en la référant à Pierre d'Ailly (*Sent.*, IV, dist. 1, art. 1) et à Gabriel Biel (*Sent.*, IV, dist. 1, q. 1, art. 3) : *Disputationes Metaphysicae*, *Disputatio XVIII*, s. 1, n° 1 (OO, t. 25, p. 593 a). C'est aussi, dans la théologie musulmane, la position du *kalam* ash'arite : l'ash'arisme pose, en effet, l'activité divine en niant purement et simplement celle des causes secondes, et, au-delà, l'existence même de natures et de formes substantielles; excluant toute action efficace (transitive) entre les corps, la nature ash'arite est donc, selon le mot de Moïse Maïmonide (*Le Guide des égarés*, I, 73, prop. VI, *op. cit.*, p. 201), une « coutume » (ar. *'ada*) divine, révocable à tout moment; dit autrement, le monde ash'arite est un monde sans « cours naturel des choses », où toute régularité n'est qu'un « usage » divin. Sur ce point, voir William J. Courtenay, « The critique of natural causality in the Mutakallimum and nominalism », *Harvard Theological Review*, n° 55, 1973, p. 77-94; Marie Bernand, « La critique de la notion de nature dans le *kalam* », *Studia islamica*, vol. 51, 1980, p. 59-105; Dominik Perler et Ulrich Rudolph, *Occasionalismus. Theorie der Kausalität im arabisch-islamischen und um europäischen Denken*, Göttingen, Vandenhoeck et Ruprecht, 2000. Ces idées, notons-le, ne sont pas entièrement étrangères à la théologie latine. La découverte de la « consistance » et de l'« autonomie » de la nature, la mise en évidence des séries causales (*causarum series*) qui la constituent, sont une découverte tardive de l'Occident chrétien, une rupture avec la vision « miraculeuse » de la nature et du monde qui prédominait durant le haut Moyen Âge, où l'« occasionnalisme » tenait la première place. Sur l'« invention » de la « nature », voir Tullio Gregory, « La nouvelle idée de nature et de savoir scientifique au XIIe siècle » (1975), dans *Mundana sapientia. Forme di conoscenza nella cultura medievale*, Rome, Edizioni di Storia e Letteratura, 1992, p. 115-143. La position du *kalam* est critiquée par saint Thomas d'Aquin

laquelle les causes secondes jouissent d'une consistance et d'une indépendance propres vis-à-vis de l'action du Créateur. Le représentant classique de la position « naturaliste » est, selon Suárez et l'ensemble des Jésuites, le Dominicain Durand de Saint-Pourçain, qui, au XIVe siècle, défendait l'idée que Dieu contribue uniquement à l'action des substances créées en les créant et en les conservant, avec leur pouvoir causal actif[1]. En d'autres termes, estimait le « Docteur Moderne » (*Doctor Modernus*), lorsque les substances créées produisent directement un effet, elles doivent être considérées comme étant les causes *per se* et immédiates de cet effet, Dieu en étant seulement une cause lointaine en vertu de son action de conservation : par conséquent, les actions des substances créées leur appartiennent en propre, et, au moment où un effet est produit par elles, il ne dépend pas immédiatement de Dieu[2]. En un mot, Durand de Saint-Pourçain acceptait donc la thèse de la conservation divine, mais rejetait celle du concours divin[3]. Contre cette doctrine, Suárez développe une théorie du *concursus* divin structurée par plusieurs principes :

dans la *Summa contra Gentiles : ScG*, I, 87, 5 (p. 345); III, 97, 15 (p. 348); c'est à Maïmonide que Thomas doit sa caractérisation de l'ash'arisme : *Le Guide des égarés*, I, 71-76, *op. cit.*, p. 173-231. En Angleterre, un Stephen Charnock n'est pas toujours très éloigné de la position « occasionnaliste » : « *God, as the first cause, hath an influence into the motions of all second causes. As all the wheels in a clock are moved in their different motions by the force and strength of the principal and primary wheel; if there be any defect in that, or if that stand still, all the rest languish and stand idle the same moment. All creatures are his instruments, his engines, and have no spirit, but what he gives, and what he assists* » (*EAG*, Discourse X, t. 2, p. 49).

1. *D. Durandi a Sancto Portiano super Sententias theologicas Petri Lombardi commentariorum libri quatuor*, Nicolaus a Martimbos (éd.), Paris, apud J. de Roigny, 1550, II, dist. 1, q. 5 et dist. 37, q. 1. Voir Francisco Suárez, *Disputationes Metaphysicae*, *Disputatio XXII*, s. 1, n° 2 (OO, t. 25, p. 802 a) : « *Non defuerunt ergo theologi qui negaverint Deum per se et immediate concurrere ad actiones secundarum causarum. Cuius erroris praecipuus defensor censetur Durandus, In II, dist. 1, q. 5, et dist. 37, q 1, quamquam illa sententia antiquior fuerit* ». Signalons que la troisième rédaction du commentaire des *Sentences* (qui date probablement des années 1317-1327, selon Joseph Koch, *Durandus de S. Porciano, O. P. Forschungen zum Streit um Thomas von Aquin zu Beginn des 14. Jahrhunderts*, Münster i. W., Aschendorff, 1927, p. 58 et p. 75-76) est celle que Durand reconnut comme la seule expression autorisée de sa pensée (comme le montre la conclusion de l'ouvrage); c'est elle que reproduisent les éditions imprimées.

2. Suárez restitue ainsi la position de Durand de Saint-Pourçain : « [...] *causae secundae non sunt instrumenta, sed principales causae; nam virtute propria, et non per extrinsecam aliquam motionem, operantur* » (*Disputatio XXII*, s. 1, n° 2, OO, t. 25, p. 802 b).

3. Sur la doctrine « naturaliste » de Durand de Saint-Pourçain, voir Alfred J. Freddoso, « God's general concurrence with secondary causes : pitfalls and prospects », *American Catholic Philosophical Quarterly*, vol. 67, 1994, p. 131-156.

1) Dieu est la cause *per se* et immédiate de tout effet produit par un agent créé[1], notamment pour la raison suivante : tout comme il est la cause de l'existence de la cause, Dieu est la cause de l'existence de l'effet[2].

2) En produisant un effet, Dieu et l'agent créé agissent simultanément par une seule et même action[3].

3) La contribution d'une cause seconde à un effet est subordonnée à la contribution de Dieu[4].

4) Dieu et l'agent créé agissent en vertu de pouvoirs différents, à l'intérieur de différents ordres de causalité : l'agent créé agit en vertu de son pouvoir naturel en tant que cause particulière de l'effet; Dieu agit en vertu de son pouvoir incréé en tant que cause universelle de l'effet[5].

5) Toutefois, même si une cause seconde, en tant que cause particulière, détermine la nature spécifique de tout effet qu'elle produit, elle n'est pas ordonnée vers la production d'une forme singulière, parmi les nombreuses formes, exactement similaires mais numériquement distinctes, qu'elle a le pouvoir de produire dans des circonstances déterminées; le *concursus* de Dieu est dès lors nécessaire pour qu'une cause seconde produise tel effet singulier dans sa singularité même[6].

1. *Disputatio XXII*, s. 1, n° 6 (OO, t. 25, p. 803 a) : « *Deum per se et immediate agere in omni actione creaturae, atque hunc influxum eius esse simpliciter necessarium ut creatura aliquid efficiat* ».

2. *Disputatio XXII*, s. 1, n° 7 (OO, t. 25, p. 804 a) : « [...] *quia si causa pendet a Deo in esse, ergo et effectus, quia utrumque est ens per participationem; ergo, sicut causa pendet in instanti quo agit, ita effectus in instanti in quo fit, quia etiam in eo instanti utrumque est ens per participationem; ergo omnis effectus causae secundae pendet a Deo in fieri, et consequenter causa secunda nihil potest facere sine concursu Dei* ».

3. *Disputatio XXII*, s. 3, n° 2 (OO, t. 25, p. 826 a) : « *Actionem causae primae et secundae unam esse* ».

4. *Disputatio XXII*, s. 3, n° 10 (OO, t. 25, p. 828 a) : « *Nihilominus tamen, distinguendo secundum rationem illam actionem, ut est a causa prima vel ut est a secunda, dici potest per prius ac principalius esse a prima quam a secunda; et simili modo dicatur causa prima prius natura influere in illam actionem quam secunda* ».

5. *Disputatio XXII*, s. 4, n° 4 (OO, t. 25, p. 829 b-830 a) : « [...] *nam Deus ex aeternitate sua, sicut decrevit has res producere et non alias, et hoc tempore, et cum hoc ordine, et cum his motibus, etc., et non alio modo, ita etiam decrevit cum eisdem rebus concurrere ad earum actiones iuxta capacitatem earum. Et quia, sicut scientia Dei est distinctissima et in particulari de omnibus, ita et voluntas distincte et in particulari omnia decernit, et ad singula descendit iuxta uniuscuiusque capacitatem et indigentiam, ideo in praebendo hoc concursu, ex aeternitate etiam decrevit in particulari concurrere cum hac causa tali tempore, tali loco, et circa tale subiectum, ad talem actionem et effectum in individuo, et in tali tempore ad aliam, et sic de omnibus* ».

6. *Disputatio XXII*, s. 4, n° 5 (OO, t. 25, p. 830 a-b) : « *At vero determinatio quoad hanc individuam actionem et effectum non videtur posse fundari ullo modo in causa secunda, nam eadem numero hic et nunc in hoc subiecto potens est ad plures effectus numero distinctos*

Une fois la position de Suárez restituée, on comprend la portée de la critique de Hobbes : il s'agit d'exclure purement et simplement toute forme de concours divin. Pour Hobbes, Dieu est bien le premier maillon dans les chaînes multiples des causes, mais, une fois mises en mouvement, les causes finies des chaînes n'ont pas besoin de l'*influxus* causal continu de la cause première pour produire leurs effets. C'est pourquoi Hobbes définit la nature non comme l'« œuvre immédiate » de Dieu, mais comme son « œuvre ordinaire »[1]. C'est pourquoi également il définit la physique comme « la connaissance des causes subordonnées et secondaires des événements naturels »[2]. Selon Hobbes, « Dieu effectue toutes les actions naturelles par les causes secondes, à savoir les corps »[3], « Dieu, premier moteur de toutes choses, produit les effets naturels par le moyen des causes secondes »[4]. De sorte que seule l'« opération surnaturelle » est caractéristique de Dieu[5]. Les miracles, dit Hobbes, forment les « œuvres admirables de Dieu » (*admirable works of God*, *opera Dei mirabilia*), parce que, d'une part, l'événement produit est « insolite, c'est-à-dire tel que le semblable n'ait jamais été produit, ou très rarement », et que, d'autre part, « une fois l'événement produit on ne [peut] imaginer que cela ait été accompli par des moyens naturels, mais seulement, de façon directe, par la main de Dieu »[6]. Mais, en dehors des miracles, il est impossible de différencier l'opération de la cause première de celle des causes secondes, en ce sens qu'il n'y a rien dans la cause première qui puisse excéder l'étendue et l'action des causes secondes. De sorte que la cause première, en dehors de son « opération surnaturelle », coïncide entièrement avec le cours total de la nature tel qu'il

producendos, nec magis postulat concursum, ad unum quam ad alium ; et ideo determinatio concursus et actionis quoad hanc partem, soli primae causae tribuitur ». Voir encore *Disputatio XXII*, s. 1, n° 12 (OO, t. 25, p. 804 b) : « [...] *causa secunda non potest sese determinare ad effectum in individuo et in particulari, quia eius facultas semper est indifferens ad plura individua, et a subiecto et circumstantiis non satis determinatur ; ergo necessaria est cooperatio primae causae, quae voluntate sua potest eam determinare ad singularem effectum* ». Et *Disputatio XX*, s. 2, n° 31-32 (OO, t. 25, p. 818 b-819 a).

1. *Lev.*, XXXVII (p. 471 / p. 464) : « [...] *Nature (which is not the immediate, but the ordinary work of God)* ».

2. *Lev.*, XLVI (p. 694 / p. 687) : « [...] *the knowledge of the subordinate, and secundary causes of naturall events* ».

3. *DM*, XXXVI, 7 (p. 399) : « *Deus efficiat omnes actiones naturales per causas secundas, nempe corpora* ».

4. *DCi*, XIII, 1 (p. 195) : « [...] *Deus, primus omnium motor, effectus naturales producit per ordinem causarum secundarum* ». Sur la distinction entre cause première et causes secondes, voir aussi *QLNC*, n° XVIII (EW, V, p. 241 et p. 245 / p. 246 et p. 249).

5. *Lev.*, XXXVI (p. 466 / p. 457).

6. *Lev.*, XXXVII (p. 469-470 / p. 462-463 ; OL, III, p. 313 / p. 323).

est structuré par les réseaux multiples des causes secondes. C'est dans cette perspective que l'on doit probablement lire la formulation de Hobbes selon laquelle « Dieu et la nature n'ont jamais rien fait en vain » [1].

Les causes secondes sont bien « subordonnées » au premier maillon, Dieu, qui unifie la totalité des séries causales structurant l'ordre du monde, mais elles ne produisent pas leurs effets en vertu d'une « œuvre immédiate » de Dieu. C'est du reste ce qu'un lecteur de la philosophie hobbesienne comme Henry More avait fort bien compris. Selon More, la thèse de Hobbes selon laquelle c'est « l'ignorance des causes secondes » qui produit « le germe de la religion », doit être comprise comme étant équivalente à l'idée selon laquelle leur connaissance doit pouvoir permettre de se passer tout simplement de Dieu pour expliquer la causalité naturelle ; à quoi More réplique qu'une recherche pratiquée « plus exactement et plus soigneusement » au sujet de la « nature » des causes secondes doit conduire à reconnaître l'« insuffisance » de ces dernières à produire les effets que nous observons dans le monde, car il n'y a dans les « étants corporels » aucune causalité qui puisse être « proportionnée » à ces effets [2].

En d'autres termes, et telle est l'orientation plus puissante qui détourne Hobbes de Suárez et de Scot, il doit s'agir pour le philosophe anglais de penser une intégrale et complète *univocatio entis*, reposant sur ce *conceptus entis* qu'est le *corpus*, sans pour autant en passer par une élucidation de la nature divine et de son action causale : Dieu, comme tout ce qui est, doit être pensé comme corps, même si, de ce corps divin, on ne peut rien savoir de façon compréhensible. On le voit : la pensée de Hobbes se détourne de celle de Suárez et de celle de Scot, mais c'est sur le fond d'une commune décision en faveur de l'univocité de l'étant.

Il reste alors, pour achever l'analyse, à se demander pourquoi, s'il est vrai que la philosophie de Hobbes s'inscrit dans le prolongement de la tradition scotiste et suárézienne de la *metaphysica*, le philosophe anglais affiche de façon déterminée un rejet aussi bien de la pensée du « Docteur Subtil » que de celle du *Doctor Eximius*. On peut penser que le rejet porte fondamentalement sur la théorie scotiste et suárézienne de l'idée et sur les conséquences que cette théorie entraîne. On se rappelle que, par opposition

1. *QLNC*, n° III (EW, V, p. 43 / p. 84) : « *God and nature never made any thing in vain* ».

2. Henry More, *The Immortality of the Soul*, I, XII, 6, *op. cit.*, p. 66-67 : « [...] the Ignorance of Second Causes *is not so rightly said to be the* Seed of Religion *(as Mr. Hobbs would have it* [= *Lev.*, XII (p. 172 / p. 108)]*) as of* Irreligion and Atheism. *For if we did more punctually and particularly search into their natures, we discover to be in the world* » ; « [*we*] *can finde no Causality in them* [= *Corporeal Beings*] *proportionable to these Effects* ».

à la noétique d'origine aristotélicienne[1] et thomiste[2], Scot puis Suárez en viennent, dans leur examen du statut des idées en Dieu, à accorder un statut intermédiaire propre, entre le quelque chose de réel et le rien, à l'*objectum* de l'intellection divine. À la question de savoir si la créature, « pour autant qu'elle est fondement d'une relation éternelle à Dieu en tant que connaissant, a un véritable être d'essence, pour autant du moins qu'elle est envisagée sous un tel rapport »[3], Scot répond que, « avant toute production de la chose au-dehors, la chose a un être possible, car [...] pour une chose être produite dans l'être intelligible, ce n'est pas la même chose qu'être produite dans l'être absolument »[4]. Cet « être intelligible » est interprété par Scot comme « *ens diminutum* »[5]. Dans la deuxième section de la *Disputatio XXXI*, prolongeant la thèse scotiste, Suárez fait lui aussi de l'essence de la créature avant qu'elle n'existe, pour autant qu'elle termine la connaissance divine, un *aliquid reale* défini comme *esse potentiale*. Et cette essence possible de la créature, telle qu'elle s'objecte à la science divine, ne se ramène pas, soutient Suárez, à un *ens rationis*, car elle est un être véritablement possible et capable d'une existence réelle[6]. Jean-François Courtine l'a montré : la doctrine cartésienne de la *realitas objectiva* de l'idée, à bien des égards, ne fait que transposer à l'entendement humain ce

1. Aristote, *De l'âme*, III, 8, 431 b 24-432 a 14.

2. Saint Thomas d'Aquin, *Sentencia libri De anima*, Liber III, Lectio 13, n. 2-8.

3. *Ordinatio*, I, dist. 36, q. unica, n. 1 (OO, t. VI, p. 271) : « [...] *utrum fundamentum relationis aeternae ad Deum ut cognoscentem habeat vere esse essentiae ex hoc quod est sub tali respectu* ».

4. *Ordinatio*, I, dist. 43, q. unica, n. 9 (OO, t. VI, p. 355) : « [...] *sed ante omnem productionem rei ad extra, res habet possibile esse, quia* [...] *rem produci in esse intelligibili non est rem produci in esse simpliciter* ».

5. Voir Olivier Boulnois, « Être, luire et concevoir. Notes sur la genèse et la structure de la conception scotiste de l'*esse objective* », *Collectanea Franciscana*, vol. 60, n° 1-2, 1990, p. 117-135 ; Allan B. Wolter, o.f.m., « Scotus on the divine origin of possibility », *The American Catholic Philosophical Quarterly*, vol. 67, n° 1, 1993, p. 95-108 ; Peter King, « Duns Scotus on possibilities, powers and the possible », dans Thomas Buchheim, Corneille Henri Kneepkens et Kuno Lorenz (éd.), *Potentialität und Possibilität. Modalaussagen in der Geschichte der Metaphysik*, Stuttgart-Bad Cannstadt, Frommann-Holzboog, 2001, p. 175-199.

6. Voir les textes de Suárez cités, traduits et commentés par Jean-François Courtine dans son étude intitulée « La doctrine cartésienne de l'idée et ses sources scolastiques » (1997), dans *Les catégories de l'être : études de philosophie ancienne et médiévale*, Paris, P.U.F., 2003, p. 258-259. Voir aussi Vincent Carraud, *Causa sive ratio. La raison de la cause, de Suarez à Leibniz*, Paris, P.U.F., 2002, p. 207-208, n. 3. Sur la distinction de l'essence objective possible et de l'être de raison, voir John P. Doyle, « Suarez on the reality of the possibles », *The Modern Schoolman*, vol. 45, 1967, p. 29-48, et, du même auteur, « Suarez on beings of reason and truth », *Vivarium*, vol. XXV, 1987, p. 47-80 et vol. XXVI, 1988, p. 51-72.

que Scot et Suárez ont pensé dans le cadre de la science divine[1]. Or, Hobbes, en vertu de sa partition stricte entre l'*ens* (*corpus*) et l'*esse* (*accidens*)[2], ne peut accorder aucun statut propre à la « réalité objective » des idées; le faire, selon Hobbes, reviendrait nécessairement à opérer une réification des accidents et donc à pervertir l'opération logique légitime du processus d'abstraction[3]; c'est précisément ce qu'il ne cesse de reprocher aux « métaphysiciens » en général[4] et donc à Scot et à Suárez en particulier. En ce sens, on peut dire que Hobbes durcit l'héritage scotiste et suarézien de l'*univocatio entis*, au point de refuser tout autre statut que celui de l'*ens* comme *corpus* et que celui de l'*esse* comme *accidens*.

Certes, le Dieu de Hobbes est bien pensé comme une cause première; certes, c'est bien en lui que les multiples réseaux des causes secondes trouvent leur premier maillon. Mais si la position de fondement sur le mode de la causalité est bien affirmée par Hobbes, elle n'est pas pour autant démontrée : Dieu, dans la pensée de Hobbes, a bien ceci de propre qu'il n'intervient plus que pour compléter (et non pas pour fonder) la théorie de la *philosophia prima* et de la *physica*; il ne fournit aucun principe architectonique précis et n'intervient pas pour établir tel principe déterminé indispensable à la constitution de la philosophie première et de la physique[5]. Leibniz reprochait d'ailleurs à Hobbes le fait de n'avoir pas

1. *Les catégories de l'être*, *op. cit.*, p. 241-265, en particulier p. 249-264. Mais la nouveauté du cartésianisme réside peut-être dans l'application de l'« axiome de la cause » aux réalités objectives des idées : voir Vincent Carraud, *Causa sive ratio*, *op. cit.*, II, p. 205-235.

2. Voir *DM*, XXVII, 1 (p. 312-314); *DM*, XXVIII, 4 (p. 334); *DM*, XXXIV, 2 (p. 381).

3. *DCo*, III, 3 et 4 (p. 33-35); *Lev.*, Appendice I (OL, III, p. 530-532 / p. 517-519); *AB* (EW, IV, p. 309 / p. 186).

4. *DM*, XXVIII, 4 (p. 334) : « *Ab hoc errore confundentium* ens *et* esse, *sive* [...] *corpus & accidens profectae sunt locutiones illae metaphysicorum;* actio agit, intellectus intelligit, voluntas vult, accidens est ens, *&c. quod idem est ac si dicerent* actio est agens, intellectus is qui intelligit, voluntas is qui vult, accidens est id cuius est accidens », « De l'erreur qui revient à confondre *ens* et *esse*, ou [...] corps et accident, sont nées ces locutions des métaphysiciens : l'action agit, l'intellect intellige, la volonté veut, l'accident est étant, etc., ce qui est la même chose que s'ils disaient : l'action est agissante, l'intellect est celui qui intellige, la volonté est ce qui veut, l'accident est ce qui advient ». L'« erreur » ici décrite constitue la deuxième cause de l'« absurdité » dans le *Leviathan : Lev.*, V (p. 114 / p. 41). Voir également *DM*, XXVII, 1 (p. 313-314); *HNH* (EW, IV, p. 394 / p. 37).

5. Sur ce point, parmi les travaux de langue française, voir surtout Yves Charles Zarka, « Philosophie première et fondation du savoir » (1996), dans *Philosophie et politique à l'âge classique*, Paris, P.U.F., 1998, p. 7-34. Voir aussi Arrigo Pacchi, « Hobbes and the Problem of God », dans Graham Alan John Rogers et Alan Ryan (éd.), *Perspectives on Thomas Hobbes*, Oxford, Clarendon Press, 1988, p. 171-187, en particulier p. 182-184; et Emilia Giancotti, « La funzione dell'idea di Dio nel sistema naturale e politico di Hobbes », dans Gianfranco

élaboré de façon cohérente et consistante une figure du principe de raison suffisante[1]. Et, dans cette perspective, on ne peut que souscrire sans la moindre réserve à la thèse défendue par Vincent Carraud selon laquelle on ne saurait lire « sans contresens » dans la doctrine de Hobbes « une figure du principe de raison suffisante »[2]. En toute hypothèse, la philosophie de Hobbes paraît donc ne ratifier que de façon partielle les critères de la « constitution ontothéologique de la métaphysique » entendue en son sens heideggérien. Est-ce là cependant une anomalie ou même une faiblesse? Ce n'est pas sûr du tout : en affaiblissant le rôle du fondement par l'étant suprême sur le mode de la causalité, Hobbes a en réalité précisément la volonté de privilégier un autre enjeu, celui de la décision en faveur de l'*univocatio entis*.

Précisons l'usage que nous avons fait dans ce travail du paradigme heideggérien de la « constitution ontothéologique de la métaphysique », lequel a suscité, comme on le sait, de très nombreuses contestations. Il

Borrelli (éd.), *Thomas Hobbes. Le ragioni del moderno tra teologia e politica*, Naples, Morano Editore, 1990, p. 15-33.

1. *Essais de théodicée* (1710), Appendice III, § 6, GP, VI, p. 405 : « Il ne suffit point de dire, avec M. Hobbes, que le mouvement présent vient d'un mouvement antérieur, et celui-ci encore d'un autre, et ainsi à l'infini. Car, remontez tant qu'il vous plaira, vous n'en serez pas plus avancé, pour trouver la raison qui fait qu'il y a du mouvement dans la matière. Il faut donc que cette raison soit au dehors de cette suite, et quand il y aurait un mouvement éternel, il demanderait un moteur éternel : comme les rayons du soleil, quand ils seraient éternels avec le soleil, ne laisseraient pas d'avoir leur cause éternelle dans le soleil. Je suis bien aise de rapporter ces raisonnements de notre subtil auteur [= William King], afin qu'on voit de quelle importance est, selon lui-même, le principe de la raison suffisante. Car s'il est permis d'admettre quelque chose dont on reconnaît qu'il n'y a aucune raison, il sera facile à un athée de ruiner cet argument, en disant, qu'il n'est point nécessaire qu'il y ait une raison suffisante de l'existence du mouvement ». Voir également *Confessio Naturae contra Atheistas* (1688), GP, IV, p. 105 : « [...] *tum vero ingeniosi quidam primum tentare coeperunt, possentne Phaenomena naturalia, seu ea quae in corporibus apparent, salvari et explicari, Deo non supposito, nec ad ratiocinandum assumto : mox ubi paulum res successit (antequam scilicet ad fundamenta et principia venissent) velut gratulantes securitati suae permature prodiderunt, se neque DEUM, neque immortalitatem Animae naturali ratione reperire, sed fidem ejus rei vel praeceptis civilibus vel historiarum relationi deberi ; ita censuit subtilissimus Hobbes, inventis suis meritus hoc loco sileri, nisi autoritati ejus in deterius valiturae nominatim obviam eundum esset* », « [...] d'habiles esprits se mirent à chercher s'il serait possible de sauver et d'expliquer les phénomènes naturels sans supposer Dieu, ni le requérir pour le raisonnement : ils obtinrent bientôt quelque succès (avant, il est vrai, d'en venir aux fondements et principes) et propagèrent avec la plus grande assurance, comme se félicitant de leur propre réussite, que la raison naturelle ne leur faisait découvrir ni Dieu ni l'immortalité de l'âme, mais que, sur ce point, l'on devait la foi aux préceptes civils ou à ce que relate l'histoire – ainsi en jugea le très subtil Hobbes, qui mériterait, pour ses découvertes, que l'on taise ici son nom – mais on est obligé de le citer afin de combattre une autorité capable d'amener le pire ».

2. Vincent Carraud, *Causa sive ratio*, *op. cit.*, « Vade mecum », p. 85.

convient peut-être de rappeler tout d'abord qu'il revient sans doute à Martin Heidegger, dans son herméneutique de l'histoire de la « métaphysique » comme « ontothéologie », d'avoir proposé de lire le rapport entre les deux fonctions de la « métaphysique » comme celui de deux fondations réciproques[1]. Dans la section de *Identität und Differenz* intitulée « Die onto-theo-logische Verfassung der Metaphysik », Heidegger soutient en effet que l'unité interne de la « métaphysique », au-delà de ce que Paul Natorp a pu appeler la « contradiction insupportable » (*unleidlicher Widerspruch*) de la « philosophie première » d'Aristote[2], tient à ce qu'entre la science de l'étant en général et la science de l'étant par excellence s'exerce l'unique instauration du fondement. L'être commun fonde les étants mêmes excellents ; en retour, l'étant par excellence fonde, sur le mode de la causalité, l'être commun[3]. La « constitution ontothéologique de la métaphysique » perçoit donc l'unité du concept de « métaphysique » dans la conciliation réciproque du fondement par l'étant commun et du fondement sur le mode de la causalité par l'étant suprême. Il ne s'agit

1. Sur la logique et les présupposés de l'interprétation heideggérienne de l'histoire de la « métaphysique », au sein d'une bibliographie très abondante, voir notamment Jean-Luc Marion, *Le visible et le révélé*, Paris, Cerf, 2005, III, 2, p. 78-80 ; Jean-François Courtine, « Métaphysique et ontothéologie », dans Jean-Marc Narbonne et Luc Langlois (éd.), *La Métaphysique : son histoire, sa critique, ses enjeux*, Paris et Laval, Vrin et Les Presses de l'Université Laval, 1999, p. 137-157. Rappelons brièvement que le terme « ontothéologie », avant d'être heideggérien, est kantien : il désigne la théologie transcendantale *a priori*, qui se distingue de la théologie naturelle par son recours à des concepts transcendantaux – *Kritik der reinen Vernunft*, A 632 / B 660 (Ak., III, p. 420 / Pl., I, p. 1239).

2. Paul Natorp, « Thema und Disposition der aristotelischen Metaphysik », *Philosophische Monatshefte*, Band XXIV, 1888, p. 37-65 et p. 540-574, ici p. 49. L'aporie est la suivante : la science « recherchée » d'Aristote (*Métaphysique*, A, 2, 982 a 4, 982 b 8, 983 a 2 ; K, 1, 1059 a 35 ; Z, 1, 1028 b 3), supposée une, est une science qui semble impossible, fonctionnant, d'un côté, comme science générale (universelle), traitant de l'étant en général et comme tel, fondatrice pour toutes les autres sciences, et, de l'autre côté, comme science de l'être immatériel et immuable en tant que « genre » le plus éminent de l'étant, donc comme théologie. D'un côté, par conséquent, la science de l'étant en tant qu'étant (*Métaphysique*, Γ, 1, 1003 a 21-32 : universalité de l'ὂν ᾗ ὄν) ; de l'autre, la φιλοσοφία πρώτη (*Métaphysique*, E, 1, 1026 a 18-32 : primauté de la « science théologique » sur la physique et les mathématiques), comme science de l'étant immobile et séparé (*Métaphysique*, Λ, 6-10). Très exactement, le problème est donc le suivant : comment la primauté liée à l'excellence de la nature divine peut-elle du même coup s'exercer comme l'universalité d'une science abstractive et libre de tout étant particulier ?

3. Martin Heidegger, « Die onto-theo-logische Verfassung der Metaphysik » (1956-1957), dans Martin Heidegger, *Identität und Differenz*, Pfullingen, Günther Neske, 1957[1], 1990[9], p. 60-62 / « La constitution onto-théo-logique de la métaphysique », dans Martin Heidegger, *Identité et différence*, trad. fr. André Préau, dans *Questions I et II*, Paris, Gallimard, 1968, p. 303-304.

cependant aucunement de méconnaître les difficultés qui travaillent l'idée même d'une telle « constitution ontothéologique de la métaphysique ». Comme l'indique Jean-François Courtine, un examen « historico-critique » est désormais nécessaire, notamment afin de problématiser la supposée « unité destinale-historiale de ladite constitution ontothéologique »[1]. On sait ainsi, grâce aux travaux d'Alain de Libera, que l'« âge boécien » (*aetas boethiana*), ou gréco-latin, de la métaphysique, qui se caractérise par un « corpus littéraire » dans lequel ne figure pas la *Métaphysique* d'Aristote, ignore les questions principales qui seront celles de la métaphysique scolastique – celle, aristotélicienne, de la pluralité des sens de l'être ou celle de l'articulation entre l'« ontologie » problématique et la théologie du Premier moteur exposées respectivement dans le livre Γ et le livre Λ de la *Métaphysique* –, de sorte que l'« âge boécien » de la métaphysique paraît bien se situer aux antipodes de toute tentative d'ontothéologie[2]. Il ne saurait donc être question de considérer le paradigme heideggérien comme une sorte de « dogme » intangible. On notera d'ailleurs que Heidegger lui-même n'a conquis ce paradigme qu'au terme d'une longue méditation d'Aristote (à partir du « dédoublement » de la science de l'ὂν ᾗ ὄν et de la φιλοσοφία πρώτη[3]) et ne l'a formulé que tardivement, à propos de Hegel[4]. En d'autres termes, les développements d'une herméneutique selon la « constitution ontothéologique » ne peuvent sans doute parvenir à des résultats intéressants qu'en renonçant à tenir ce paradigme pour une sorte

1. Jean-François Courtine, « Métaphysique et ontothéologie », art. cit., p. 157.

2. Alain de Libera, « Structure du corpus scolaire de la métaphysique dans la première moitié du XIIIe siècle », dans Claude Lafleur et Joanne Carrier (éd.), *L'Enseignement de la philosophie au XIIIe siècle : autour du « Guide de l'étudiant » du ms. Ripoll 109*, Turnhout, Brepols, 1997, p. 61-88. Dans l'ère boécienne de la métaphysique, le travail d'« ontologie catégoriale » est tout entier porté par l'exégèse et la discussion des *Catégories* d'Aristote et de quelques autres textes, comme l'*Isagoge* de Porphyre. Sur l'ère boécienne de la métaphysique, voir déjà Marie-Dominique Chenu, *La Théologie au* XII e *siècle*, Paris, Vrin, 1957[1], 1966[2], chap. VI (« Aetas boetiana »), p. 142-157. Sur les difficultés du paradigme heideggérien, voir encore récemment Frédéric Nef, *Qu'est-ce que la métaphysique ?*, Paris, Gallimard, 2004, p. 193 *sq*.

3. On rencontre cette idée d'un « dédoublement » (*Doppelung*) de la *Métaphysique* aristotélicienne dans *Platon : Sophistes* (1924-1925), § 32, GA, t. 19, p. 221-224 / *Platon : Le Sophiste*, trad. fr. Jean-François Courtine, Pascal David, Dominique Pradelle et Philippe Quesne, Paris, Gallimard, 2001, p. 211-213.

4. En effet, la première formulation de la « constitution ontothéologique de la métaphysique » apparaît, semble-t-il, dans le cours du semestre d'hiver 1930-1931 consacré à la *Phénoménologie de l'esprit* de Hegel : *Hegels Phänomenologie des Geistes*, § 10, GA, t. 32, p. 140-146 / *« La Phénoménologie de l'esprit » de Hegel*, trad. fr. Emmanuel Martineau, Paris, Gallimard, 1984, p. 156-162.

de « dogme » anhistorique. Ce qui suppose certainement de chercher à en modifier la définition en fonction de la philosophie dont on tente de cerner la logique propre. Pour la philosophie de Duns Scot ou de Suárez, la « constitution ontothéologique de la métaphysique » doit ainsi se compliquer par la considération de l'univocité du *conceptus entis*[1]. Pour la seconde scolastique et son prolongement dans la *Schulmetaphysik* protestante, la « constitution ontothéologique » doit composer avec la division en *metaphysica generalis* et *metaphysica specialis*[2]. Dans le cas de Descartes, la « constitution ontothéologique » doit se dédoubler entre une constitution de l'*ens ut cogitatum*, avec un étant suprême du type de la *cogitatio sui* (= *ego*), et une constitution de l'*ens ut causatum*, avec un étant suprême du type de la *causa sui* (= *Deus*)[3]. S'agissant de la pensée de Hobbes, le recours au paradigme heideggérien de la « constitution ontothéologique de la métaphysique » a peut-être le mérite de faire apparaître la signification véritable de l'affaiblissement opéré par Hobbes du fondement par l'étant suprême selon le mode de la causalité : si Hobbes refuse de spécifier la façon dont la nature et les attributs divins pourraient « fonder » de façon détaillée les principes directeurs de la philosophie première et de la physique, c'est que l'enjeu n'est pas pour lui la considération de Dieu comme cause première ; d'abord et avant tout, il s'agit pour lui de déployer, avec la thèse relative à la corporéité de Dieu, toutes les conséquences de la décision en faveur d'une *univocatio entis* intégrale et sans faille.

1. Pour Scot, voir les travaux d'Olivier Boulnois, notamment « La destruction de l'analogie et l'instauration de la métaphysique », Introduction au choix de textes de Scot proposé sous le titre *Sur la connaissance de Dieu et l'univocité de l'étant*, Paris, P.U.F., 1988, p. 11-81. Pour Suárez, voir les travaux de Jean-François Courtine, *Suarez et le système de la métaphysique*, Paris, P.U.F., 1990, II et III, p. 155-401.

2. Voir, à nouveau, les travaux de Jean-François Courtine, *Suarez et le système de la métaphysique*, *op. cit.*, IV, p. 403-519.

3. Voir les travaux de Jean-Luc Marion, en particulier *Sur le prisme métaphysique de Descartes. Constitution et limites de l'onto-théo-logie dans la pensée cartésienne*, Paris, P.U.F., 1986 ; pour la problématisation et la nécessaire complication du paradigme heideggérien de la « constitution ontothéologique de la métaphysique », voir « La question d'une ouverture », p. 371-378.

BIBLIOGRAPHIE

ŒUVRES DE THOMAS HOBBES

Sir William Molesworth (éd.), Londres, John Bohn, 1839-1845 ; réimpression, Aalen, Scientia Verlag, 1966 ; réimpression, Bristol, Routledge & Thoemmes Press, 1992 et 1999 :

– *Thomae Hobbes Malmesburiensis Opera Philosophica Quae Latine Scripsit Omnia In Unum Corpus Nunc Primum Collecta*, 5 vol.

– *The English Works of Thomas Hobbes of Malmesbury Now First Collected*, 10 vol. + 1 vol. d'index et de tables.

Il existe aussi une version en CD-ROM des *English Works* de l'édition de Sir William Molesworth : *The English Works*, Clayton, Georgia, InteLex Corporation, Past Masters Series, 1992.

Une nouvelle édition critique des œuvres complètes de Hobbes est en cours : « The Clarendon Edition of the Works of Thomas Hobbes », Noel Malcolm, Simon Schaffer, Quentin Skinner et Keith Thomas (éd.), Oxford, Clarendon Press, 26 vol. prévus.

Volumes parus à ce jour :

– *De Cive : The Latin Version Entitled in the First Edition Elementorum Philosophiae Sectio Tertia De Cive and in Later Editions Elementa Philosophica De Cive*, Howard Warrender (éd.), Oxford, Clarendon Press, 1983, t. II, XIV-336 p.

– *De Cive : The English Version Entitled in the First Edition Philosophical Rudiments Concerning Government and Society*, Howard Warrender (éd.), Oxford, Clarendon Press, 1983, t. III, XIV-299 p.

– *The Correspondence of Thomas Hobbes*, Noel Malcolm (éd.), Oxford, Clarendon Press, 1994, t. VII-VIII, LXXVI-1008 p.

– *Writings on Common Law and Hereditary Right*, Alan Cromartie et Quentin Skinner (éd.), Oxford, Clarendon Press, 2005, t. XI, LXXI-192 p.

Une traduction française des œuvres de Hobbes est en cours aux Éditions Vrin à Paris sous la direction de Yves Charles Zarka.
Volumes parus à ce jour :
– *Léviathan* (latin), trad. fr. François Tricaud et Martine Pécharman, Paris, Vrin et Dalloz, 2004, t. VI-2, XXXV-559 p.
– *Béhémoth ou le Long Parlement*, trad. fr. Luc Borot, Paris, Vrin, 1990, t. IX, 299 p.
– *Dialogue entre un philosophe et un légiste des Common-Laws d'Angleterre*, trad. fr. Lucien et Paulette Carrive, Paris, Vrin, 1990, t. X, 221 p.
– *De la liberté et de la nécessité*, trad. fr. Franck Lessay, Paris, Vrin, 1993, t. XI-1, 294 p.
– *Les Questions concernant la liberté, la nécessité et le hasard*, trad. fr. Luc Foisneau et Florence Perronin, Paris, Vrin, 1999, t. XI-2, 456 p.
– *Textes sur l'hérésie et sur l'histoire*, trad. fr. Franck Lessay, Paris, Vrin, 1993, t. XII-1, 236 p.

Une édition des œuvres latines de Hobbes (*Hobbes Latinus*) est également en cours aux Éditions Vrin à Paris sous la direction de Yves Charles Zarka.
Volume paru à ce jour :
– *De Corpore. Elementorum Philosophiae Sectio Prima*, Karl Schuhmann et Martine Pécharman (éd.), Paris, Vrin, 1999, CV-417 p.

AUTRES ŒUVRES

La Bible

Novum Testamentum Graece et Latine, Eberhard et Erwin Nestle, Barbara et Kurt Aland (éd.), Stuttgart, Deutsche Bibelgesellschaft, 1984 [1], XVII-46-812 p.

Septuaginta, Alfred Rahlfs (éd.), Stuttgart, Deutsche Bibelgesellschaft, 1935 [1], LXIX-1184-941 p.

Biblia Sacra iuxta Vulgatam versionem, Roger Gryson (éd.), Stuttgart, Deutsche Bibelgesellschaft, 1969 [1], 1994 [4], XLIII-1980 p.

Die Bibel : nach der Übersetzung Martin Luthers, mit Apokryphen und Wortkonkordanz, Stuttgart, Deutsche Bibelgesellschaft, 1999, pagination multiple.

La Bible, qui est toute la saincte Escripture, contenant le Vieil & le Nouveau Testament ou, la vieille & nouvelle alliance. Quant a la traduction du vieil Testament reveue en ceste impression, & aux annotations adjoinctes a icelle, lisez ce qui en est dict en l'epistre : quant au nouveau, il a esté reveu & corrigé sur le grec par l'advis des ministres de Geneve. On a aussi adjousté quelques figures de grande conséquence, et amendé aucunes de celles des precedentes impressions, [Genève], [Henri Estienne], 1560, [10]-300-72-98-[14] f.

The Bible. Authorized King James Version with Apocrypha, Robert Carroll et Stephen Prickett (éd.), Oxford, Oxford University Press, 1997, pagination multiple.

Biblia sacra polyglotta complectantia textus originales, hebraicum cum Pentateucho samaritano, chaldaicum, graecum, versionumque antiquarum, samaritanae, graecae LXXII interp., chaldaicae, syriacae, arabicae, aethiopicae, persicae, Vulg. lat. quicquid comparari poterat. Cum textuum et versionum orientalium translationibus latinis ex vetustissimis mss. undique conquisitis… cum apparatu, appendicibus, tabulis, variis lectionibus, annotationibus, indicibus, etc. Opus totum in sex tomos tributum, Londini, 1657-1669, 6 vol. in-fol.

La Bible de Jérusalem, École biblique de Jérusalem (éd.), Paris, Cerf, 1998, 2175 p.

La Bible. Ancien Testament, Édouard Dhorme (éd.), Paris, Gallimard, Bibliothèque de la Pléiade, 1956 et 1959, 2 vol.

La Bible. Nouveau Testament, Jean Grosjean (éd.), Paris, Gallimard, Bibliothèque de la Pléiade, 1971, 1055 p.

La Bible. Écrits intertestamentaires, André Dupont-Sommer et Marc Philonenko (éd.), Paris, Gallimard, Bibliothèque de la Pléiade, 1987, CXLIX-1905 p.

Écrits apocryphes chrétiens, François Bovon, Pierre Geoltrain et Jean-Daniel Kaestli (éd.), Paris, Gallimard, Bibliothèque de la Pléiade, 1997 et 2005, 2 vol.

La Bible française du XIIIe siècle, édition critique de la Genèse, Michel Quereuil (éd.), Genève, Droz, 1988, 420 p. (contient une adaptation de la *Glossa ordinaria* attribuée à Anselme de Laon et à Walafrid Strabon).

Auteurs anciens

ARISTOTE, *Organon*, trad. fr. Jules Tricot, Paris, Vrin, 1950-1971, 6 vol. en 5 t.

– *Physique*, trad. fr. Henri Carteron, Paris, Les Belles Lettres, 1926, 2 vol., 169-190 p.

– *De l'âme*, trad. fr. Antonio Jannone et Edmond Barbotin, Paris, Les Belles Lettres, 1966, XLVII-119 p.

– *Métaphysique*, Werner Jaeger (éd.), Oxford, Oxford University Press, 1957, XXII-312 p. ; trad. fr. Jules Tricot, Paris, Vrin, 1964, 2 vol., LVIII-878 p.

ATHANASE D'ALEXANDRIE, *Opera omnia*, Patrologie grecque, Jacques-Paul Migne (éd.), t. 25-28.

– Ἀθανασιου διαλογοι ε΄, περι της ἁγιας τριαδος. Βασιλειου λογοι δ΄, κατα δυσσεβους Εὐνομιου. Ἀναστασιου και Κυριλλου ἐκθεσις συντομος της ὀρθοδοξου πιστεως. *Athanasii dialogi V de sancta Trinitate. Basilii libri IIII., aduersus impium Eunomium. Anastasii et Cyrilli compendiaria orthodoxæ fidei explicatio. Ex interpretatione Theodori Bezæ. Fœbadi siue Fœbadii liber contra Arianos. Quæ Athanasij, Anastasij & Cyrilli sunt, & quæ Fœbadij, nunc primum eduntur*, trad. latine Théodore de Bèze, Henri Estienne (éd.), Genève, exc. H. Stephanus, 1570, in-8°.

– *Pseudo-Athanasii De Trinitate LL. X-XII. Expositio fidei catholicae. Professio arriana et confessio catholica. De Trinitate et de Spiritu sancto*, Manlio Simonetti (éd.), Bononiae, L. Cappelli, 1956, 147 p.

– *Contre les païens* [*Oratio sive liber contra gentes*], Pierre Thomas Camelot, o. p. (éd.), Paris, Cerf (« Sources chrétiennes », n° 18 bis), 1983 [3], 218 p.

– *Sur l'incarnation du Verbe*, Charles Kannengiesser (éd.), Paris, Cerf (« Sources chrétiennes », n° 199), 2000 [3], 486 p.

EUSÈBE DE CÉSARÉE, *Histoire ecclésiastique*, Gustave Bardy (éd.), Paris, Cerf (« Sources chrétiennes », n° 31, 41, 55, 73), 1952-1958, 4 vol.

– *Histoire ecclésiastique*, trad. fr. Gustave Bardy revue par Louis Neyrand, « Sagesses chrétiennes », Paris, Cerf, 2003, 628 p.

– *The auncient ecclesiasticall histories of the first six hundred yeares after Christ, wrytten in the Greeke tongue by three learned historiographers, Eusebius, Socrates, and Euagrius. Eusebius Pamphilus Bishop of Cæsarea in Palæstina vvrote 10 bookes. Socrates Scholasticus of Constantinople vvrote 7 bookes. Euagrius Scholasticus of Antioch vvrote 6 bookes. VVhereunto is annexed Dorotheus Bishop of Tyrus, of the liues of the prophetes, apostles and 70 disciples. All which authors are faithfully translated out of the Greeke tongue by Meredith Hanmer, Maister of Arte and student in diuinitie. Last of all herein is contayned a profitable chronographie collected by the sayd translator, the title whereof is to be seene in the ende of this volume, with a copious index of the principall matters throughout all the histories*, trad. angl. Meredith Hanmer, Londres, By Thomas Vautroullier dwelling in the Blackefriers by Ludgate, 1576-1577, 2 pt.

– *Apophtegmata... collecta ex Eusebii Historia Ecclesiastica, & Tripartita*, Maximilianus Moerlin (éd.), Noribergæ, 1552, in-12°.

ORIGÈNE, *Opera omnia*, Patrologie grecque, Jacques-Paul Migne (éd.), t. 11-17.

– *Traité des principes*, Henri Crouzel et Manlio Simonetti (éd.), Paris, Cerf (« Sources chrétiennes », n° 252, 253, 268, 269, 312), 1978-1984, 5 vol.

PLATON, *Platonis opera*, John Burnet (éd.), Oxford, Clarendon, 1900-1907, 5 vol.

– *Œuvres complètes*, trad. fr. Léon Robin, Paris, Gallimard, Bibliothèque de la Pléiade, 1950, 2 vol.

PORPHYRE, *Sentenze sugli intellegibili*, Giuseppe Girgenti (éd.), Milan, Rusconi Libri, 1996, 235 p.

LES STOÏCIENS, *Stoicorum Veterum Fragmenta*, Hans von Arnim (éd.), Leipzig, B. G. Teubner, 1903-1924, 3 vol. + 1 vol. d'index.

– *Les Stoïciens*, Pierre-Maxime Schuhl (éd.), Paris, Gallimard, Bibliothèque de la Pléiade, 1962, LXVI-1436 p.

– Anthony A. Long et David N. Sedley (éd.), *Les Philosophies hellénistiques*, trad. fr. Jacques Brunschwig et Pierre Pellegrin, Paris, GF-Flammarion, t. II, *Les Stoïciens*, 2001, 570 p.

TERTULLIEN, *Opera omnia*, Patrologie latine, Jacques-Paul Migne (éd.), t. 1 et t. 2.

– *Quinti Septimii Florentis Tertulliani... Opera. Argumentis, explicationibus, notis illustrata. Authore Ioanne Ludovico de la Cerda Toletano theologo, Societatis Iesu; cum indice locupletissimo rerum & verborum*, Lutetiae Parisiorum, sumptibus Michaelis Sonnii, via Iacobæa, sub scuto Basileensi, 1624 (vol. I) et 1630 (vol. II), 2 vol. in-fol.

– *Œuvres*, trad. fr. Antoine-Eugène Genoud (dit Eugène Genoude, puis de Genoude), Paris, Louis Vivès, 1852 [2], 3 vol., 541-539-537 p.
– *Apologétique*, Jean-Pierre Waltzing (éd.), Paris, Les Belles Lettres, 1998 [1], 2002 [2], XXXII-235 p.
– *La Chair du Christ*, Jean-Pierre Mahé (éd.), Paris, Cerf (« Sources chrétiennes », n° 216), 1975, 309 p.
– *Contre Hermogène*, Frédéric Chapot (éd.), Paris, Cerf (« Sources chrétiennes », n° 439), 1999, 473 p.
– *Contre Marcion*, René Braun (éd.), Paris, Cerf (« Sources chrétiennes », n° 365, 368, 399, 456), 1990-2001, 4 vol.
– *La Pénitence*, Charles Munier (éd.), Paris, Cerf (« Sources chrétiennes », n° 316), 1984, 256 p.
– *De la patience*, Jean-Claude Fredouille (éd.), Paris, Cerf (« Sources chrétiennes », n° 310), 1999, 322 p.
– *The Tertullian Project*, Roger Pearse (éd.), version électronique : http : //www.tertullian.org.

Auteurs médiévaux

ALEXANDRE DE HALÈS, *Summa theologica seu sic ab origine dicta « Summa fratris Alexandri »* (ca. 1240), Ad Claras Aquas (Quaracchi), Ex typographia Collegii S. Bonaventurae, 1924-1948, 4 t. en 5 vol.
ANSELME DE CANTORBÉRY, *Œuvres complètes de saint Anselme de Cantorbéry*, Michel Corbin s.j. (éd.), Paris, Cerf, 1986-.
AUGUSTIN, *Opera omnia*, Patrologie latine, Jacques-Paul Migne (éd.), t. 32-45 (version électronique : http : //www.sant-agostino.it).
– *Œuvres de Saint Augustin*, Bibliothèque augustinienne, Paris, Desclée de Brouwer, 1949-.
– *Œuvres*, Lucien Jerphagnon (éd.), Paris, Gallimard, Bibliothèque de la Pléiade, 1998-2002, 3 vol.
BOÈCE (Anicius Manlius Torquatus Severinus Boethius), *Opera omnia*, Patrologie latine, Jacques-Paul Migne (éd.), t. 63-64.
– *Courts traités de théologie*, Hélène Merle (éd.), Paris, Cerf, 1991, 149 p.
– *Traités théologiques*, Axel Tisserand (éd.), Paris, GF-Flammarion, 2000, 265 p.
– *La Consolation de philosophie*, trad. fr. Jean-Yves Guillaumin, Paris, Les Belles Lettres, 2002, 189 p.
– *Institution arithmétique*, trad. fr. Jean-Yves Guillaumin, Paris, Les Belles Lettres, 1995, XCV-230 p.
– *In Porphyrii Isagogen commentarium editio duplex*, G. Schepps et S. Brandt (éd.), Corpus Scriptorum Ecclesiasticorum Latinorum, vol. XLVIII, Vienne, 1906 : Editio prima, p. 1-132 ; Editio secunda, p. 133-348.
BONAVENTURE (Fidanza, Jean, dit), *Doctoris Seraphici S. Bonaventurae… Opera omnia*, Ad Claras Aquas (Quaracchi), Ex typographia Collegii S. Bonaventurae, 1882-1902, 10 vol. + 1 vol. d'indices.

– *Itinerarium mentis in Deum*, Henry Duméry (éd.), Paris, Vrin, 1990 [6], 112 p.
– *Les Sentences. Questions sur Dieu*, trad. fr. Marc Ozilou, Paris, P.U.F., 2002, IX-288 p.
– *Saint Bonaventure*, Valentin-Marie Breton, o.f.m. (éd.), Paris, Aubier, 1943, 480 p.

DUNS SCOT (Jean), *Opera Omnia*, Luke (ou Lucas) Wadding (éd.), Lyon, 1639, 12 vol. ; rééd. Paris, Louis Vivès, 1891-1895, 26 vol.
– *Joannis Duns Scoti Opera Omnia, studio et cura commissionis scotisticae ad fidem codicum editat*, P. Carol Balič (éd.), Civitas Vaticana, Typis Polyglottis Vaticanis, 1950-.
– *Prologue de l'Ordinatio*, trad. fr. Gérard Sondag, Paris, P.U.F., 1999, 431 p.
– *Sur la connaissance de Dieu et l'univocité de l'étant : Ordinatio I, distinction 3, 1re partie ; Ordinatio I, distinction 8, 1re partie ; Collatio 24*, trad. fr. Olivier Boulnois, Paris, P.U.F., 1988, 496 p.
– *La Théologie comme science pratique (Prologue de la Lectura)*, trad. fr. Gérard Sondag, Paris, Vrin, 1996, 232 p.
– *Traité du premier principe*, trad. fr. sous la direction de Ruedi Imbach, *Cahiers de la Revue de Théologie et de Philosophie*, n° 10, 1983, 110 p.
– « Commentaire du premier livre des *Sentences*, distinction 3, partie 3 », dans Ruedi Imbach et Maryse-Hélène Méléard (éd.), *Philosophes médiévaux : anthologie de textes philosophiques, XIIIe-XIVe siècles*, Paris, Union Générale d'Éditions, 1986, p. 167-206.

JEAN DAMASCÈNE, *Opera omnia*, Patrologie grecque, Jacques-Paul Migne (éd.), t. 94-96.
– *La Foi orthodoxe, suivie de Défense des icônes*, trad. fr. Emmanuel Ponsoye, Paris, Publication de l'Institut Orthodoxe Français de Théologie de Paris, Saint-Denys, 1966, X-242 p.

MAÏMONIDE (Moïse), *Le Guide des égarés, suivi du Traité des huit chapitres*, trad. fr. Salomon Munk (1856-1866), nouv. éd. revue par Charles Mopsik, Lagrasse, Verdier, 1979, XIV-691 p.
– *Traité d'éthique. « Huit chapitres »*, trad. fr. Rémi Brague, Paris, Desclée de Brouwer, 2001, 186 p.
– *Dux seu director dubitantium aut perplexorum*, trad. latine Agostino Giustiniani, Paris, 1520, in-fol.

PIERRE LOMBARD, *Sententiae in IV Libris Distinctae* (ca. 1155-1158), Grottaferrata, Ed. Collegii S. Bonaventurae Ad Claras Aquas, 1971 et 1981, 3 vol.

THOMAS D'AQUIN, *S. Thomae Aquinatis Opera omnia*, Rome, 1882- et Paris, 1992-, Éd. Léonine, 28 t. parus (version électronique : http://www.corpusthomisticum.org/iopera.html sous la direction d'Enrique Alarcón Moreno).
– *In duodecim libros Metaphysicorum Aristotelis expositio*, M.-R. Cathala et Raimondo Maria Spiazzi (éd.), Turin et Rome, Marietti, 1950, 1964, XXIV-648 p.

– *Sancti Thomae de Aquino Expositio super librum Boethii de Trinitate, ad fidem codicis autographi nec non ceterorum codicum manu scriptorum recensuit Bruno Decker*, Leyde, E. J. Brill, 1955, XVI-243 p.
– *De ente et essentia* (1252-1256), Alain de Libera et Cyrille Michon (éd.), Paris, Seuil, 1996, 262 p.
– *Somme contre les Gentils* (1259-1265), trad. fr. Vincent Aubin, Cyrille Michon et Denis Moreau, Paris, GF-Flammarion, 1999, 4 vol.
– *Somme Théologique* (1265-1273), édition collective, Paris, Tournai et Rome, Desclée & Cie, Éditions de la Revue des Jeunes, 1925-, 68 vol.
– *Thomas d'Aquin et la controverse sur* L'Éternité du monde, Cyrille Michon (éd.), Paris, GF-Flammarion, 2004, 415 p.

Auteurs modernes. XVIe, XVIIe, XVIIIe siècles

AMES (William), *The Marrow of Theology* (1638), trad. angl. de *Medulla Theologica* (1623), John D. Eusden (éd.), Grand Rapids, Baker Books, 1997, XIII-353 p.
– *A fresh suit against human ceremonies in Gods worship. Or a triplication unto D. Burgesse his rejoinder for D. Morton*, s.l. [Amsterdam], 1633, 3 parties en 1 vol. in-4°.
– *De conscientia et ejus jure vel casibus libri quinque* (1630), Amstelodami, apud Joan. Janssonium, 1654, in-12°
– *Conscience with the power and cases thereof*, trad. angl., Londres, 1639, 3 pt., in-4°; réimpression, Amsterdam et Norwood, Theatrum Orbis Terrarum et W. J. Johnson, 1975, 293 p.
AUBREY (John), *Remaines of Gentilisme and Judaisme* (1666), dans John Aubrey, *Three Prose Works*, John Buchanan-Brown (éd.), Fontwell, Centaur Press, 1972, XLVI-575 p., p. 130-304.
BARLOW (Thomas), *Exercitationes aliquot metaphysicae de Deo* (1637), Oxford, Excudebat A. Lichfield impensis J. Godwin and T. Robinson, 1658, in-4°, 329 p.
BAXTER (Richard), *The Saints' Everlasting Rest : or, A Treatise of the blessed state of the saints in their enjoyment of God in Glory. Wherein is shewed its excellency and certainty; the misery of those that lose it, the way to attain it, and assurance of it; and how to live in the continual delightful foretasts of it, by the help of meditation*, Londres, Printed by Robert White for Thomas Underhill and Francis Tyton, 1650, 844 p.; version électronique (abrégée) : http://www.ccel.org/ccel/baxter/saints_rest.htm.
– *The unreasonableness of infidelity; manifested in four discourses... Written for the strengthening of the weak, the establishing of the tempted, the staying of the present course of apostasie, and the recovery of those that have not sinned unto death*, Londres, Printed by R. W. [= Robert White] for Thomas Underhill, at the Bible and Anchor in Pauls Churchyard, and for Francis Tyton, at the 3 daggers in Fleet-street, 1655.

– *The Practical Works of Richard Baxter*, Londres, George Virtue, 1838, 4 vol.; rééd., Morgan, Soli Deo Gloria Publications, 1989-2000.

BAYLE (Pierre), art. « Hobbes », dans *Dictionnaire historique et critique* (Amsterdam et Leyde, 1696[1], 1730[4]), Genève, Slatkine Reprints, 1969, t. VIII, p. 159 b-169 a; rééd. par Simone Goyard-Fabre à la suite de son éd. du *De Cive*, trad. fr. Samuel Sorbière, Paris, GF-Flammarion, 1982, p. 365-378.

BAYLY (Lewis), *The practice of piety : directing a Christian how to walk, that he may please God* (1611), Londres, Hamilton, Adams & Co., 1842, XXXVIII-343 p.

BIDDLE (John), *Twofold Catechism : the one simply called A Scripture Catechism; the other, A brief Scripture-Catechism for Children*, Londres, J. Cottrel for R. Moone, 1654.

BLOUNT (Charles), *Anima mundi : or, An historical narration of the opinions of the ancients concerning mans soul after this life : according to unenlightned nature*, Amsterdam [= Londres ?], Anno Mundi 00000 [= 1678/1679].

– *The Oracles of Reason*, Londres, 1693; réimpression, John Valdimir Price (éd.), Londres, Routledge & Thoemmes Press, 1995, XX-226 p.

BOYLE (Robert), *The Works of the Honourable Robert Boyle*, Thomas Birch (éd.), Londres, J. & F. Rivington, 1772[2], 6 vol.; réimpression, Hildesheim, Georg Olms, 1965-1966.

– *The Works of Robert Boyle*, Michael Hunter et Edward B. Davis (éd.), Londres, Pickering & Chatto, 1999, 14 vol. + 6 vol. de correspondance.

– *A free enquiry into the vulgarly received notion of nature* (1686), Edward B. Davis et Michael Hunter (éd.), Cambridge, Cambridge University Press, 1996, XXXVI-171 p.

– *Selected philosophical papers of Robert Boyle*, Michael Alexander Stewart (éd.), Indianapolis, Hackett Publishing Company, 1991, XXXI-256 p.

BRAMHALL (John), *The Works of the most Reverend Father in God, John Bramhall*, Oxford, John Henry Parker, 1842-1845, 5 vol.

– *Discourse of Liberty and Necessity* (1645), dans Vere Chappell (éd.), *Hobbes and Bramhall on Liberty and Necessity*, Cambridge, Cambridge University Press, 1999, p. 1-14.

– *A Defence of True Liberty from Antecedent and Extrinsecall Necessity, being an answer to a late book of Mr. Thomas Hobbs of Malmsbury, intituled, « A Treatise of Liberty and Necessity »*, Londres, Printed for John Crooke, 1655, 253 p.; réimpression, Londres, Routledge & Thoemmes Press, 1996, XII-253 p.

– *Castigations of Mr. Hobbes his last animadversions in the case concerning liberty, and universal necessity. With an appendix concerning the catching of Leviathan, or the great whale*, Londres, E. T. for John Crooke, 1658, 573 p.; réimpression, New York, Garland, 1977, 573 p.

– *The Catching of Leviathan, or The Great Whale* (1658), dans Graham Alan John Rogers (éd.), *Leviathan. Contemporary Responses to the Political Theory of Thomas Hobbes*, Bristol, Thoemmes Press, 1995, p. 115-179.

BROWNE (Thomas), *The Works of Sir Thomas Browne*, Geoffrey Keynes (éd.), Londres, Faber & Gwyer Ltd., 1928, 6 vol.

– *The Major Works*, Constantinos Apostolos Patrides (éd.), Harmondsworth, Penguin Books, 1977, 558 p.

BUNYAN (John), *The Works of John Bunyan*, Lafayette, Sovereign Grace Publishers, 2000, 4 t. en 3 vol.

– *Le Voyage du Pèlerin vers l'autre monde sous la forme d'un songe*, trad. fr. Renée Metivet-Guillaume, Lausanne, L'Âge d'Homme, 1992, 287 p.

– *L'Abondance de la grâce, suivi de Relation de l'emprisonnement de M*[r] *John Bunyan, et de La vie et la mort de Monsieur le Mauvais*, trad. fr. Renée Metivet-Guillaume, Lausanne, L'Âge d'Homme, 2001, 351 p.

BURTON (Robert), *The Anatomy of Melancholy, what it is. With all the Kinds, Causes, Symptoms, Prognostics, and Several Cures of It. In Three Partitions, with their several sections, members, and subsections, philosophically, medicinally, historically opened and cup up by Democritus Junior, with a satirical preface, conducing to the following Discourse*, Londres, John Lichfield & James Short for Henry Cripps, 1621, in-4°; Thomas C. Faulkner, Nicolas K. Kiessling et Rhonda L. Blair (éd.), commentaires par J. B. Bamborough et Martin Dodsworth, Oxford, Clarendon Press, 1989-2000, 6 vol.

– *The Anatomy of Melancholy*, Holbrook Jackson et William H. Gass (éd.), New York, New York Review Book, 2001, XXX-523-312-547 p.

– *Anatomie de la mélancolie*, trad. fr. Bernard Hoepffner et Catherine Goffaux, Paris, José Corti, 2000, 3 vol.

CALVIN (Jean), *Joannis Calvini opera quae supersunt omnia*, Jean Guillaume Baum, Eduard Cunitz, Eduard Reuss *et alii* (éd.), Brunswick et Berlin, C. A. Schwetschke, 1863-1900, 59 tomes en 58 vol. [= « Corpus reformatorum », t. 29-87].

– *Institution de la religion chrétienne* (Bâle, Platter et Lasius, 1536, version latine; éd. de 1560, version française), Marne-la-Vallée et Aix-en-Provence, Farel et Kerygma, 1995, 3 vol. (= OO, t. 1-2, version latine; OO, t. 3-4, version française).

– *Le Catéchisme de l'Église de Genève, c'est-à-dire le Formulaire d'instruire les enfants en la chrétienté* (1542); *Catechismus ecclesiae Genevensis, hoc est formula erudiendi pueros in doctrina Christi* (1545); Pretoria, Gesamentlike Kommissie vir Evangeliebediening in Frankryk, 1990, 140 p. (= OO, t. 6, p. 1-160).

– *Des scandales qui empeschent aujourd'huy beaucoup de gens de venir à la pure doctrine de l'Évangile, & en desbauchent d'autres* (Genève, Jehan Crespin, 1550), Olivier Fatio (éd.), Genève, Droz, 1984, 251 p. (= OO, t. 8, p. 1-84).

– *Œuvres choisies*, Olivier Millet (éd.), Paris, Gallimard, 1995, 333 p.

CHARLETON (Walter), *The Darkness of Atheism Dispelled by the Light of Nature : a physico-theologicall Treatise*, Londres, Lee, 1652, in-4°, 355 p.

– *Physiologia Epicuro-Gassendo-Charletoniana : or, A Fabrick of Science Natural, upon the Hypothesis of Atoms. Founded by Epicurus, Repaired by*

Petrus Gassendus, Augmented by Walter Charleton, Londres, Tho. Newcombe for Thomas Heath, 1654; réimpression, Robert Hugh Kargon (éd.), Londres et New York, Johnson Reprint Corporation, 1966, XXVI-491 p.

CHARNOCK (Stephen), *The complete works of Stephen Charnock, B.D.*, Rev. James M'Cosh (éd.), Édimbourg, James Nichol, 1864-1866, 5 vol.; rééd., Édimbourg, The Banner of Truth Trust, 1985; Lafayette, Sovereign Grace Publishers, 2001.

– *The existence and attributes of God*, Grand Rapids, Baker Books, 1996, 2 t. en 1 vol., IV-606-543 p.

CHILLINGWORTH (William), *The religion of Protestants, a safe way to salvation, or, An answer to a booke [by Matthew Wilson] entitled Mercy and truth*, Oxford, L. Lichfield, 1638.

CONWAY (Anne), *Principia philosophiae antiquissimæ & recentissimæ de Deo, Christo & creatura, id est de spiritu & materia in genere. Quorum beneficio resolvi possunt omnia problemata, quae nec per Philosophiam Scholasticam, nec per communem modernam, nec per Cartesianam, Hobbesianam, vel Spinosianam resolvi potuerunt. Opusculum posthumum. E lingua anglicana latinitate donatum* [par Henry More? ou Baron Franciscus Mercurius van Helmont?], *cum annotationibus ex antiqua Hebræorum philosophia desumtis*, Amsterdam, M. Brown, 1690, in-12°, 144 p.

– *The Principles of the most ancient and modern philosophy, concerning God, Christ, and the Creatures, viz. Of spirit and matter in general; whereby may be resolved all those problems or difficulties, which neither by the School nor common modern philosophy, nor by the Cartesian, Hobbesian, or Spinosian could be discussed. Being a little treatise published since the author's death, translated out of the English into Latin with annotations taken from the ancient philosophy of the Hebrews; and now again made English by J. C., medicinae professor*, Londres, 1692, 168 p.

– *The principles of the most ancient and modern philosophy*, Peter Loptson (éd.), La Haye, Martinus Nijhoff, 1982, 252 p.

– *The principles of the most ancient and modern philosophy*, Allison P. Coudert et Taylor Corse (éd.), Cambridge, Cambridge University Press, 1996, XXXIX-73 p.

CRAKANTHORP (Richard), *Introductio in metaphysicam*, Oxford, Excudebant Iohannes Lichfield & Iacobus Short, 1619, 96 p.

CUDWORTH (Ralph), *Collected Works*, Bernhard Fabian (éd.), Hildesheim, Georg Olms, 1977-1979, 2 vol.

– *The True Intellectual System of the Universe: the first part; wherein, all the reason and philosophy of atheism is confuted; and its impossibility demonstrated*, Londres, Printed for Richard Royston, 1678 = *Collected Works*, t. I, 899 p. (l'*Épître dédicatoire*, la *Préface au Lecteur* et *The Contents* ne sont pas paginés).

– *A Treatise concerning eternal and immutable morality*, Londres, Printed for James and John Knapton, 1731 = *Collected Works*, t. II, p. 1-303.

– *Traité concernant la morale éternelle et immuable*, trad. fr. Jean-Louis Breteau, Paris, P.U.F., 1995, 377 p.

DESCARTES (René), *Œuvres de Descartes*, Charles Adam et Paul Tannery (éd.), révisée par Bernard Rochot et Pierre Costabel, Paris, Vrin-CNRS, rééd. 1996, 13 t. en 11 vol.

– *Œuvres philosophiques*, Ferdinand Alquié (éd.), Paris, Garnier Frères, 1963-1973, 3 vol.

– *Règles utiles et claires pour la direction de l'esprit et la recherche de la vérité*, traduction selon le lexique cartésien et annotation conceptuelle par Jean-Luc Marion, avec des notes mathématiques de Pierre Costabel, La Haye, Martinus Nijhoff, 1977, XVII-346 p.

– *L'Entretien avec Burman*, Jean-Maris Beyssade (éd.), Paris, P.U.F., 1981, 215 p.

– *Correspondance avec Arnaud* [*sic* pour Arnauld] *et Morus*, Geneviève Rodis-Lewis (éd.), Paris, Vrin, 1953, 191 p.

DIDEROT (Denis), art. « Hobbisme, ou Philosophie d'Hobbes », dans Denis Diderot et Jean Le Rond d'Alembert, *Encyclopédie, ou Dictionnaire raisonné des sciences, des arts et des métiers* (1751-1780), Stuttgart et Bad Cannstatt, Frommann et Holzboog, 1966-1988, t. 8, p. 232 a-241 b.

DIGBY (Kenelm), *Two Treatises in the one of which The Nature of Bodies; in the other, The Nature of Mans Soule; is looked into, in the way of discovery, of the immortality of reasonable soules*, Paris, Gilles Blaizot, 1644.

DUPLEIX (Scipion), *La Logique, ou art de discourir et raisonner* (1603), Paris, Fayard, 1984, 371 p.

– *La Physique, ou science des choses naturelles* (1603), Roger Ariew (éd.), Paris, Fayard, 1990, 653 p.

– *La Métaphysique, ou science surnaturelle* (1610), Roger Ariew (éd.), Paris, Fayard, 1992, 906 p.

GASSENDI (Pierre), *Opera omnia in sex tomos divisa*, Lyon, Laurent Anisson et Jean-Baptiste Devenet, 1658, 6 vol.

HERBERT (Edward), *De religione gentilium, errorumque apud eos causis*, Isaac Voss (éd.), Amsterdam, typis Blaeviorum, 1663, 231 p. et index.

– *The antient religion of the gentiles, and causes of their errors consider'd*, Londres, Printed for John Nutt, 1705.

– *Pagan religion : a translation of "De religione gentilium"*, John Anthony Butler (éd.), Ottawa, Dovehouse Editions, 1996, 379 p.

HYDE (Edward, Comte de Clarendon), *A Brief View and Survey of the Dangerous and Pernicious Errors to the Church and State in Mr. Hobbes's Book entitled* Leviathan (1676), rééd. dans Graham Alan John Rogers (éd.), *Leviathan. Contemporary Responses to the Political Theory of Thomas Hobbes*, Bristol, Thoemmes Press, 1995, p. 180-300.

LEIBNIZ (Gottfried Wilhelm), *Sämtliche Schriften und Briefe*, herausgegeben von der preussischen (maintenant deutschen) Akademie der Wissenschaften, Darmstadt, 1923-, Leipzig, 1938, Berlin, 1950-, 31 vol. parus.

– *Leibnizens mathematische Schriften*, Carl Immanuel Gerhardt (éd.), Halle, 1855-1863, 7 vol. ; réimpression, Hildesheim, Georg Olms, 1962.

– *Die philosophischen Schriften von Gottfried Wilhelm Leibniz*, Carl Immanuel Gerhardt (éd.), Berlin, Weidmannsche Buchhandlung, 1875-1890, 7 vol. ; réimpression, Hildesheim, Georg Olms, 1960-1961.

– *Opuscules et fragments inédits, extraits des manuscrits de la Bibliothèque Royale de Hanovre*, Louis Couturat (éd.), Paris, Alcan, 1903, XVI-683 p. ; réimpression, Hildesheim, Georg Olms, 1988.

– *Textes inédits d'après les manuscrits de la Bibliothèque provinciale de Hanovre*, Gaston Grua (éd.), Paris, P.U.F., 1948, 2 vol., VIII-936 p.

– *Recherches générales sur l'analyse des notions et des vérités, 24 thèses métaphysiques et autres textes logiques et métaphysiques*, Jean-Baptiste Rauzy (éd.), Paris, P.U.F., 1998, X-509 p.

– *Discours de métaphysique suivi de Monadologie et autres textes*, Michel Fichant (éd.), Paris, Gallimard, 2004, 563 p.

LUCY (William), *Observations, Censures and Confutations of notorious Errours in Mr. Hobbes his Leviathan, and other his bookes. To which are annexed, Occasionall Animadversions on some Writings of the Socinians, and such Haereticks; of the same opinions with him*, Londres, Printed by J. G. for Nath. Brooke, 1663, in-4°, 440 p. + tables; réimpression, Londres, Routledge et Thoemmes Press, 1996.

LUTHER (Martin), *D. Martin Luthers Werke. Kritische Gesammtausgabe*, Weimar, H. Böhlau, 1883-1928, 114 vol. ; réimpression, Graz, H. Böhlau, 1963-1968.

– *Die Werke Martin Luthers in neuer Auswahl für die Gegenwart*, Kurt Aland (éd.), Göttingen, Vandenhoeck & Ruprecht, rééd. 1991, 11 vol.

– *Œuvres*, publiées sous les auspices de l'Alliance nationale des Églises luthériennes de France et de la revue « Positions luthériennes », Genève, Labor et fides, 1957-, 17 vol.

– *Œuvres*, Marc Lienhard et Matthieu Arnold (éd.), Paris, Gallimard, Bibliothèque de la Pléiade, 1999-, 1 vol. paru.

– *De la liberté du chrétien. Préfaces à la Bible*, Philippe Büttgen (éd.), Paris, Seuil, 1996, 163 p.

MELANCHTHON (Philipp), *Philippi Melanthonis opera quae supersunt omnia*, Carl Gottlieb Bretschneider et Heinrich Ernst Bindseil (éd.), Halle, C. A. Schwetschke, 1834-1852, Brunswick, 1853-1860, 28 vol. [= « Corpus reformatorum », t. 1-28].

– *Melanchthons Werke in Auswahl*, Robert Stupperich (éd.), Gütersloh, C. Bertelsmann puis G. Mohn, 1951-.

– *La Confession d'Augsbourg et l'Apologie de la Confession d'Augsbourg*, trad. fr. Pierre Jundt, Paris, Cerf, 1989, 566 p.

– *Orations on Philosophy and Education*, Sachiko Kusukawa (éd.), Cambridge, Cambridge University Press, 1999, XXXIX-272 p.

MERSENNE (Marin), *Correspondance du P. Marin Mersenne, Religieux Minime*, Cornelis de Waard, René Pintard, Bernard Rochot et Armand Beaulieu (éd.), Paris, CNRS, 1933-1988, 17 vol.

– *Quaestiones celeberrimae in Genesim*, Paris, S. Cramoisy, 1623.

– *L'Usage de la raison* (1623); réimpression, Claudio Buccolini (éd.), « Corpus des œuvres de philosophie en langue française », Paris, Fayard, 2002, 122 p.

– *L'Impiété des déistes, athées et libertins de ce temps, combattue et renversée de point en point par raisons tirées de la Philosophie et de la Théologie*, Paris, P. Bilaine, 1624, 2 vol.

– *La Vérité des sciences contre les sceptiques ou pyrrhoniens*, Paris, Toussaint du Bray, 1625; réimpression, Dominique Descotes (éd.), Paris, Honoré Champion, 2003, 1027 p.

– *Questions Inouyes. Questions harmoniques. Questions théologiques. Les Méchaniques de Galilée. Les Préludes de l'Harmonie universelle* (1634); réimpression, André Pessel (éd.), « Corpus des œuvres de philosophie en langue française », Paris, Fayard, 1985, 675 p.

MILTON (John), *Complete prose works of John Milton*, Don Marion Wolfe (éd.), New Haven, Yale University Press, 1953-1982, 8 t. en 9 vol.

MORE (Henry), *Opera Omnia* (Londres, 1675-1679), Serge Hutin (éd.), Hildesheim, Georg Olms, 1966, 2 t. en 3 vol.

– *Major Philosophical Works*, Graham Alan John Rogers (éd.), Bristol, Thoemmes Press, 1997, 9 vol.

– *Philosophicall Poems*, Cambridge, Printed by Roger Daniel printer to the Universitie, 1647, in-8°; Geoffrey Bullough (éd.), Manchester, Manchester University Press, 1931, XC-249 p.

– *An antidote against atheisme : or, An appeal to the natural faculties of the minde of man, whether there be not a God*, Printed by James Flesher for William Morden, bookseller in Cambridge, 1653 [1], 1655 [2], 446 p. (= MPW, t. 1).

– *Enthusiasmus triumphatus : or, A discourse of the nature, causes, kinds, and cure, of enthusiasme, written by Philophilus Parresiastes [pseud.] and prefixed to Alazonomastix [pseud.] his Observations and Reply. Whereunto is added a letter of his to a private friend*, Londres, Printed by James Flesher, and are to be sold by William Morden, bookseller in Cambridge, 1656, 340 p. (= MPW, t. 3) ; réimpression, The Augustan Reprint Society, n° 118, 1966.

– *The immortality of the soul : so farre forth as it is demonstrated from the knowledge of nature and the light of reason*, Londres, Printed by James Flesher for William Morden, bookseller in Cambridge, 1659, in-8°, 626 p. (= MPW, t. 4) ; Alexander Jacob (éd.), La Haye, Martinus Nijhoff, 1987, CIII-468 p.

– *An explanation of the grand mystery of godliness; or, A true and faithfull representation of the everlasting Gospel of our Lord and Saviour Jesus Christ, the onely begotten Son of God and sovereign over men and angels*, Londres, Printed by James Flesher for William Morden, bookseller in Cambridge, 1660, [2]-v-xxx-546-[30] p. (= MPW, t. 5).

– *A Collection of several philosophical writings*, Londres, Printed by James Flesher for William Morden, bookseller in Cambridge, 1662, 4 t. en 2 vol.

– *A modest enquiry into the mystery of iniquity, the first part, containing a careful and impartial delineation of the true idea of antichristianism in the real and genuine members thereof, such as are indeed opoposite to the indispensable purposes of the Gospel of Christ, and to the interest of his Kingdome*, Londres, Printed by James Flesher for William Morden, bookseller in Cambridge, 1664, in-2°.

– *Epistola H. Mori ad V.C. quæ apologiam complectitur pro Cartesio, quæque introductionis loco esse poterit ad universam philosophiam Cartesianam*, Londres, Typis J. Flesher, & venalis prostat apud G. Morden, bibliopolam Cantabrigiensem, 1664, [2]-45-[1] p.

– *Divine dialogues containing sundry disquisitions & instructions, concerning the attributes and providence of God, collected and compiled by the care and industry of Franciscus Palaeopolitanus*, Londres, 1668, in-8°.

– *Enchiridion metaphysicum : sive, De rebus incorporeis succincta & luculenta dissertatio. Pars prima : De exsistentia & natura rerum incorporearum in genere : In qua quamplurima mundi phænomena ad leges Cartesii mechanicas obiter expenduntur, illiúsque philosophiæ, & aliorum omnino omnium qui mundana phænomena in causas purè mechanicas solvi posse supponunt, vanitas falsitásque detegitur*, Londres, Typis E. Flesher, prostat apud Guilielmum Morden, bibliopolam Cantabrigiensem, 1671, in-4°, 456 p. (= MPW, t. 7) ; *Henry More's Manual of Metaphysics*, Alexander Jacob (éd.), Hildesheim, Georg Olms, 1995, 2 vol.

– *Remarks upon two late ingenious discourses : the one, an essay touching the gravitation and non-gravitation of fluid bodies : the other, observations touching the Torricellian experiment; so far forth as they may concern any passages in his Enchiridium Metaphysicum*, Londres, Printed for Walter Kettilby at the Bishops Head in St Paul's Church-Yard, 1676, in-8°.

– *Henry More's refutation of Spinoza* (texte rédigé en 1678 et publié en 1679 dans les *Opera Omnia*), Alexander Jacob (éd.), Hildesheim, Georg Olms, 1991, XXXIV-137 p.

NAIGEON (Jacques-André), art. « Unitaires (Théologie et Métaphysique) », dans Denis Diderot et Jean Le Rond d'Alembert, *Encyclopédie, ou Dictionnaire raisonné des sciences, des arts et des métiers* (1751-1780), Stuttgart et Bad Cannstatt, Frommann et Holzboog, 1966-1988, t. 17, p. 387 b-401 a.

PERKINS (William), *The Workes of that famous and worthy Minister of Christ, in the Universitie of Cambridge M. William Perkins*, Londres, Printed by John Legatt, 1613, 3 vol.

– *Opera theologica*, Genève, apud P. et J. Chouët, 1611-1618, 2 vol.

– *The work of William Perkins*, Ian Breward (éd.), Abingdon, The Sutton Courtenay Press, 1970, XV-646 p.

– *The whole treatise of the cases of conscience, distinguished into three Bookes... Taught and deliuered by M. W. Perkins in his Holyday Lectures... now published together... by T. Pickering*, Cambridge, John Legat, 1606, 635 p.; réimpression, Amsterdam et New York, Theatrum Orbis Terrarum et Da Capo Press, 1972.

– *The Art of Prophesying* (1606), Sinclair B. Ferguson (éd.), Édimbourg, The Banner of Truth Trust, 1996, XV-191 p.

– *William Perkins, 1558-1602, English puritanist. His pioneer works on casuistry : "A Discourse of conscience" and "The Whole treatise of cases of conscience"*, Thomas F. Merrill (éd.), Nieuwkoop, B. De Graaf, 1966, XX-242 p.

REGIUS (Henricus), *Fundamenta physices*, Amsterdam, apud Ludovicum Elzevirium, 1646, in-4°, 307 p.

ROSS (Alexander), *Leviathan drawn out with a hook : or, Animadversions upon Mr Hobbs his Leviathan. Together with some observations upon Sir Walter Raleigh's History of the world*, Londres, Printed by Tho. Newcomb for Richard Royston at the Angel in Ivy-lane, 1653, in-12°.

SOZZINI (Fausto), *Fausti Socini Senensis Opera Omnia, Vita Authoris conscripta ab Equite Polono*, dans Andrzej Wiszowaty (éd.), *Bibliotheca Fratrum Polonorum quos Unitarios vocant...*, Irenopoli [= Amsterdam], post annum Domini, 1656, vol. I et vol. II.

– *Listy*, Ludwik Chmaj (éd.), Varsovie, Panštwowe Wydawnictwo Naukowe, 1959, 2 vol.

– *Aggiunte all'epistolario di Fausto Sozzini, 1561-1568*, Valerio Marchetti et Giampaolo Zucchini (éd.), Varsovie, Panštwowe Wydawnictwo Naukowe, 1982, 160 p.

SOZZINI (Lelio), *Opere*, Antonio Rotondò (éd.), Florence, Olschki, 1986, 429 p.

SPINOZA (Baruch), *Benedicti de Spinoza opera quotquot reperta sunt*, Johannes Van Vloten et Jan Pieter Nicolaas Land (éd.), La Haye, Martinus Nijhoff, 1883, 2 vol. ; 1895, 3 vol. ; 1914, 4 vol.

– *Spinoza Opera*, Im Auftrag der Heidelberger Akademie der Wissenschaften, Carl Gebhardt (éd.), Heidelberg, Carl Winter, 1925, 4 vol. ; 1987, 5 vol.

– *Œuvres*, sous la direction de Pierre-François Moreau, Paris, P.U.F., 1999-, 5 vol. prévus. Vol. parus à ce jour : *Traité théologico-politique*, texte établi par Fokke Akkerman, traduction française et notes par Pierre-François Moreau et Jacqueline Lagrée, Paris, P.U.F., 1999, 862 p. ; *Traité Politique*, texte établi par Omero Proietti, traduction française, introduction, notes, glossaires, index et bibliographie par Charles Ramond, avec une notice de Pierre-François Moreau, et des notes d'Alexandre Matheron, Paris, P.U.F., 2005, 391 p.

SUÁREZ (Francisco), *Opera Omnia*, Charles Berton (éd.), Paris, Louis Vivès, 1856-1877, 29 vol.

– *Disputationes Metaphysicae* (Salamanque, 1597), dans *Opera Omnia*, Charles Berton (éd.), Paris, Louis Vivès, 1856-1877, t. 25-26.

– *De concursu, motione et auxilio Dei*, dans *Opera Omnia*, Charles Berton (éd.), Paris, Louis Vivès, 1856-1877, t. 11, p. 1-290.

– *Disputes métaphysiques I-III*, tr. fr. Jean-Paul Coujou, Paris, Vrin, 1998, 344 p.

– *On efficient causality. Metaphysical Disputations 17, 18, and 19*, trad. angl. Alfred J. Freddoso, New Haven, Yale University Press, 1994, XX-428 p.

– *On creation, conservation and concurrence. Metaphysical Disputations 20-22*, trad. angl. Alfred J. Freddoso, South Bend (Ind.), St. Augustine's Press, 2002, CXXIII-267 p.

– *The metaphysical demonstration of the existence of God. Metaphysical Disputations 28-29*, trad. angl. John P. Doyle, South Bend (Ind.), St. Augustine's Press, 2004, XXIV-170 p.

TAYLOR (Jeremy), *The whole works of the Right Rev. Jeremy Taylor, D.D., Lord Bishop of Down, Connor, and Dromore : with a life of the author, and a critical examination of his writings*, Reginald Heber et Charles Page Eden (éd.), Londres, Longman, Orme, Brown, Green, & Longmans, 1847-1852, 15 vol.

TENISON (Thomas), *The creed of Mr. Hobbes examined; in a feigned conference between him, and a student in divinity*, Londres, Printed for Francis Tyton, at the three Daggers in Fleet-street, 1670, in-8°, 249 p.; réédition, Londres, Routledge/Thoemmes Press, 1996.

VOSSIUS (Gerardus Joannes), *De theologia gentili, et physiologia Christiana; sive De origine ac progressu idololatriæ, : ad veterum gesta, ac rerum naturam, reductæ; deque naturæ mirandis, quibus homo adducitur ad Deum* [texte précédé par *R. Mosis Maimonidæ de idololatria liber, cum interpretatione Lat. &. notis D. Vossii*], Amsterdam, apud Ioh. & Cornelium Blaeu, 1641; réimpression, New York, 1976, 3 vol.

WALLIS (John), *Elenchus Geometriae Hobbianae; sive, Geometricorum, quae in Elementis Philosophiae, à Thoma Hobbes Malmesburiensi proferuntur*, Oxford, Printed by H. Hall for John Crooke, 1655.

– *Due Correction for Mr. Hobbes; or, Schoole Discipline, for not saying his Lessons right. In Answer To His Six Lessons, directed to the Professors of Mathematics*, Oxford, Printed by L. Litchfield for Thomas Robinson, 1656.

– *Hobbiani Puncti Dispunctio : or, The Undoing of Mr. Hobs's Points : In Answer to M. Hobs's ΣΤΙΓΜΑΙ, Id est Stigmata Hobbii*, Oxford, Printed by L. Litchfield for Thomas Robinson, 1657.

– *Hobbius Heauton-timorumenos : or, A Consideration of Mr. Hobbes his Dialogues in An Epistolary Discourse Addressed to the Honourable Robert Boyle, Esq.*, Oxford, Printed by A. & L. Litchfield for Samuel Thomson, 1662.

– Revue de l'ouvrage de Hobbes intitulé *De Principiis et Ratiocinatione Geometrarum* : *Philosophical Transactions of the Royal Society*, vol. 16, 1666, p. 289-294.

– *Thomae Hobbes Quadratura Circuli, Cubatio Sphaerae, Duplicatio Cubi; Confutata*, Oxford, Printed by A. Litchfield for Thomas Gilbert, 1669.

– *Thomae Hobbes Quadratura Circuli, Cubatio Sphaerae, Duplicatio Cubi; (Secundo Edita) Denuo Refutata*, Oxford, Printed by A. Litchfield for Thomas Gilbert, 1669.

– « An Answer to Four Papers of Mr. Hobs, lately Published in the Months of August, and this present September, 1671 », *Philosophical Transactions of the Royal Society*, n° 75, 18[/28] septembre 1671, p. 2241-2250.

WARD (Seth), *A Philosophicall Essay Towards an Eviction of the Being and Attributes of God, the Immortality of the Souls of Men, the Truth and Authority of Scripture. Together With an Index...*, Oxford, Leonard Lichfield, 1652, in-8°, [16]-152 p.

– *Vindiciae Academiarum; Containing, Some briefe Animadversions upon Mr Webster's Book, Stiled the Examination of Academies. Together with an Appendix concerning what M. Hobbs and M. Dell have published on this Argument*, Oxford, Printed by L. Litchfield for Thomas Robinson, 1654. L'ouvrage comporte une Introduction de John Wilkins.

– *In Thomae Hobbii Philosophiam Exercitatio Epistolica*, Oxford, Printed by H. Hall for Richard Davis, 1656.

WHITE (Thomas), *De mundo dialogi tres : quibus materia, hoc est, quantitas, numerus, figura, partes, partium qualitas & genera : forma, hoc est, magnorum corporum motus, & motuum intentata hactenus philosophis origo : caussæ, hoc est, mouens, efficiens, gubernans, caussa finalis, durationis quoque principium & terminus : et tandem definitio, rationibus purè è naturâ depromptis aperiuntur, concluduntur*, Paris, Apud Dionysium Moreaum, viâ Iacobaeâ, sub Salamandra, 1642, in-4°.

– *Controversy-Logicke ; or, The method to come to truth in debates of religion*, Paris, 1659, in-12°.

– *An exclusion of scepticks from all title to dispute : being an answer to The vanity of dogmatizing* [= Joseph Glanvill], Londres, 1665, in-4°.

WHITEHALL (John), *The Leviathan found out : or, The answer to Mr. Hobbes's Leviathan, in that which my Lord of Clarendon hath past over*, Londres, 1679, in-8°.

– *Behemoth arraign'd : or, A vindication of property against a fanatical pamphlet stiled Behemoth : or, The history of civil wars of England, from 1640 to 1660. Subscribed by Tho. Hobbes of Malmsbury*, Londres, Printed for Thomas Fox, 1680, in-8°, 92 p.

WISZOWATY (Andrzej), (éd.), *Bibliotheca Fratrum Polonorum quos Unitarios vocant...*, Irenopoli [= Amsterdam], post annum Domini, 1656-1668, 8 vol. in-fol.

WOLLEB (Johannes), *The abridgment of Christian divinitie : so exactly and methodically compiled, that it leads us, as it were, by the hand to the reading of the Holy Scriptures. Ordering of common-places. Vnderstanding of controversies. Cleering of some cases of conscience. By John Wollebius. Doctor of Divinity, and ordinary professor in the University of Basil. Now at last faithfully translated into English, and in some obscure places cleared and enlarged, by Alexander Ross. To which is adjoined, after the alphabetical table, the anatomy of the whole body of divinity, delineated in IX. short tables, for the help of weak memories*, tr. angl. Alexander Ross, Londres, Printed by

T. Mab and A. Coles, for John Saywell, and are to be sold at his shop at the signe of the Grey-hound in Little-Britain without Aldersgate, 1650, in-8°, [12]-340-[16] p.

ZWINGLI (Huldrych), *Sämtliche Werke*, Emil Egli, Georg Finsler, Walther Köhler *et al.* (éd.), Berlin, C. A. Schwetschke, puis Zurich, Verlag Berichthaus, 1905-1959, 18 vol. [= « Corpus reformatorum », t. 88-101].

– *Opera completa*, Melchior Schuler et Johannes Schulthess (éd.), Turici, 1829-1842, 8 t. en 10 vol.

– *Fidei ratio* (1530) et *Expositio fidei* (1531), André Gounelle (éd.), Paris, Les Bergers et les Mages, 2000, 93 p.

Auteurs contemporains. XIXe, XXe, XXIe *siècles*

DILTHEY (Wilhelm), *Weltanschauung und Analyse des Menschen seit Renaissance und Reformation* (1891-1904), dans *Gesammelte Schriften*, Karlfried Gründer et Frithjof Rodi (éd.), Stuttgart et Göttingen, Teubner et Vandenhoeck & Ruprecht, 1957, rééd. 1991, Band II, XII-528 p. ; *Conception du monde et analyse de l'homme depuis la Renaissance et la Réforme*, trad. fr. Fabienne Blaise et Sylvie Mesure, *Œuvres*, t. IV, Paris, Cerf, 1999, 471 p.

HEGEL (Georg Wilhelm Friedrich), *Vorlesungen über die Geschichte der Philosophie* (1825-1826), dans *Sämtliche Werke, Jubiläumsausgabe*, Hermann Glockner (éd.), Stuttgart et Bad Cannstatt, Frommann et Holzboog, 1965, Band XIX-3, VIII-692 p. (en particulier, pour Hobbes, p. 440-445) ; *Leçons sur l'histoire de la philosophie*, trad. fr. Pierre Garniron, Paris, Vrin, 1985, t. VI (en particulier, pour Hobbes, p. 1556-1568).

HEIDEGGER (Martin), *Gesamtausgabe*, Francfort-sur-le-Main, Vittorio Klostermann, 1975-.

– *Sein und Zeit* (1927), Tübingen, Max Niemeyer Verlag, 1967, XI-437 p. ; *Être et temps* (1927), trad. fr. François Vezin, Paris, Gallimard, 1986, 591 p.

– *Les Problèmes fondamentaux de la phénoménologie* (1927), trad. fr. Jean-François Courtine, Paris, Gallimard, 1985, 416 p.

– *Les Concepts fondamentaux de la métaphysique. Monde-finitude-solitude* (1929-1930), trad. fr. Daniel Panis, Paris, Gallimard, 1992, 548 p.

– *Identität und Differenz*, Pfullingen, Günther Neske, 1957 [1], 1990 [9], 70 p. ; *Identité et différence*, trad. fr. André Préau, dans Martin Heidegger, *Questions I et II*, Paris, Gallimard, 1968, p. 253-310.

KANT (Immanuel), *Kants gesammelte Schriften*, herausgegeben von der Königlich Preussischen Akademie der Wissenschaften zu Berlin, Berlin, Walter de Gruyter, 1902, 26 vol.

– *Œuvres philosophiques*, Ferdinand Alquié (éd.), Paris, Gallimard, Bibliothèque de la Pléiade, 1980-1986, 3 vol.

ÉTUDES CRITIQUES ET COMMENTAIRES DE LA PHILOSOPHIE DE HOBBES

BERNHARDT (Jean), *Hobbes*, « Que sais-je ? », Paris, P.U.F., 1989, 126 p.

BOWLE (John), *Hobbes and his Critics. A Study in Seventeenth Century Constitutionalism*, Londres, Jonathan Cape, 1951, 251 p. ; Londres, Frank Cass & Co., 1969, 215 p.

BRANDT (Frithjof), *Den mekaniske naturopfattelse hos Thomas Hobbes*, Copenhague, 1921, VII-408 p. ; *Thomas Hobbes'Mechanical Conception of Nature*, trad. angl. Vaughan Maxwell et Annie I. Fausbøll, Copenhague, Levin & Munksgaard – Londres, Librairie Hachette, 1928, 399 p.

BROWN (Keith C.), « Hobbes's Grounds for Belief in a Deity », *Philosophy*, vol. 37, n° 142, octobre 1962, p. 336-344.

CAMPODONICO (Angelo), « La concezione delle natura nel seicento inglese : da Thomas Hobbes alla Royal Society of Sciences », *Per la filosofia. Filosofia e insegnamento*, vol. 11, n° 32 (3), 1994, p. 50-57.

CURLEY (Edwin), « "I Durst Not Write So Boldly", or How to read Hobbes's Theological-Political Treatise », dans Daniela Bostrenghi (éd.), *Hobbes e Spinoza. Scienza e Politica*, Naples, Bibliopolis, 1992, p. 497-593.

– « Hobbes contre Descartes », dans Jean-Marie Beyssade et Jean-Luc Marion (éd.), *Descartes. Objecter et répondre*, Paris, P.U.F., 1994, p. 149-162.

– « Hobbes versus Descartes », dans Robert A. Ariew et Marjorie Grene (éd.), *Descartes and his Contemporaries : Meditations, Objections, and Replies*, Chicago, The University of Chicago Press, 1995, p. 97-109.

– « Calvin and Hobbes, or, Hobbes as an Orthodox Christian », *Journal of the History of Philosophy*, vol. 34, n° 2, avril 1996, p. 257-271.

– « Reply to Professor Martinich », *Journal of the History of Philosophy*, vol. 34, n° 2, avril 1996, p. 285-287.

DI ANTONIO (Teresa), « Hobbes e il discorso su Dio », dans Giuseppe Sorgi (éd.), *Thomas Hobbes e la fondazione della politica moderna*, Milan, Giuffrè, 1999, p. 479-486.

DUNCAN (Stewart), « Hobbes's Materialism in the Early 1640s », *British Journal for the History of Philosophy*, vol. 13, n° 3, 2005, p. 437-448.

– « Knowledge of God in *Leviathan* », *History of Philosophy Quarterly*, vol. 22, n° 1, 2005, p. 31-48.

FOISNEAU (Luc), *Hobbes et la toute-puissance de Dieu*, Paris, P.U.F., 2000, 421 p.

– « De la nécessité des choses et des actions. Hobbes critique de l'indétermination des futurs contingents », dans Luc Foisneau (éd.), *La Découverte du principe de raison. Descartes, Hobbes, Spinoza, Leibniz*, Paris, P.U.F., 2001, p. 91-118.

– « Beyond the Air-pump : Hobbes, Boyle and the Omnipotence of God », dans Luc Foisneau et George Herbert Wright (éd.), *New critical perspectives on Hobbes's* Leviathan *upon the 350th anniversary of its publication*, Milan, Franco Angeli, 2004, p. 33-49.

GARGANI (Aldo G.), *Hobbes e la scienza*, Turin, Enaudi, 1971, 297 p.

GIANCOTTI (Emilia), « La funzione dell'idea di Dio nel sistema naturale e politico di Hobbes », dans Gianfranco Borrelli (éd.), *Thomas Hobbes. Le ragioni del moderno tra teologia e politica*, Naples, Morano Editore, 1990, p. 15-33.

GLOVER (Willis B.), « God and Thomas Hobbes », dans Keith C. Brown (éd.), *Hobbes Studies*, Oxford, Blackwell, 1965, p. 141-168.

HALLIDAY (Richard John), KENYON (Timothy), REEVE (Andrew), « Hobbes's Belief in God », *Political Studies*, vol. 31, 1983, p. 418-433.

HEPBURN (Ronald W.), « Hobbes on the Knowledge of God », dans Maurice Cranston et Richard S. Peters (éd.), *Hobbes and Rousseau. A collection of critical essays*, New York, Doubleday & Co., 1972, p. 85-108.

JESSEPH (Douglas M.), *Squaring the Circle. The War between Hobbes and Wallis*, Chicago, The University of Chicago Press, 1999, XIV-419 p.

– « Hobbes's Atheism », *Midwest Studies in Philosophy*, vol. 26, n° 1, 2002, p. 140-166.

– « Hobbes and Descartes on metaphysics, physics, and the possibility of theology », dans Antonella Del Prete (éd.), *Descartes ei suoi avversari. Incontri cartesiani. Vol. 2*, Milan, Le Monnier, 2004, p. 121-137.

LAIRD (John), *Hobbes*, Londres, Ernest Benn, 1934, XII-324 p.

LEIJENHORST (Cees), *The Mechanisation of Aristotelianism. The Late Aristotelian Setting of Thomas Hobbes' Natural Philosophy*, Leyde, E. J. Brill, 2002, XV-242 p.

– « Hobbes's corporeal Deity », dans Luc Foisneau et George Herbert Wright (éd.), *New critical perspectives on Hobbes's* Leviathan *upon the 350th anniversary of its publication*, Milan, Franco Angeli, 2004, p. 73-95.

LESSAY (Franck), « Christologie de Hobbes : le soupçon de socinianisme », dans Guido Canziani et Yves Charles Zarka (éd.), *L'Interpretazione nei secoli XVI e XVII*, Milan, Franco Angeli, 1993, p. 549-564.

– « Hobbes's Protestantism », dans Tom Sorell et Luc Foisneau (éd.), *Leviathan after 350 years*, Oxford, Clarendon Press, 2004, p. 265-294.

– « Hobbes : une christologie politique ? », dans Luc Foisneau et George Herbert Wright (éd.), *New critical perspectives on Hobbes's* Leviathan *upon the 350th anniversary of its publication*, Milan, Franco Angeli, 2004, p. 51-72.

– « Prophète, médiateur et souverain : sur le Moïse de Hobbes », dans Shmuel Trigano (éd.), *La Cité biblique. Une lecture politique de la Bible*, *Pardès. Études et culture juives*, Paris, In Press Éditions, 2006, n° 40-41, p. 181-193.

LETWIN (Shirley Robin), « Hobbes and Christianity », *Daedalus*, vol. 105, hiver 1976, p. 1-21.

LUPOLI (Agostino), « "Fluidismo" e "Corporal Deity" nella filosofia naturale di Thomas Hobbes : a proposito dell'hobbesiano "Dio delle cause" », *Rivista di storia della filosofia*, vol. 54, n° 4, 1999, p. 573-609.

MALHERBE (Michel), *Thomas Hobbes ou l'œuvre de la raison*, Paris, Vrin, 1984 [1], 270 p. ; 2000 [2], 218 p.

MARTINICH (Aloysius Patrick), *The two gods of Leviathan : Thomas Hobbes on religion and politics*, Cambridge, Cambridge University Press, 1992, XIV-430 p.

– *A Hobbes Dictionary*, Oxford, Blackwell, 1995, XI-336 p.

– *Hobbes. A Biography*, Cambridge, Cambridge University Press, 1999, XVI-390 p.

– « On the proper interpretation of Hobbes's philosophy », *Journal of the History of Philosophy*, vol. 34, n° 2, avril 1996, p. 273-283.

– « The Bible and Protestantism in *Leviathan* », dans Patricia Springborg (éd.), *The Cambridge Companion to Hobbes's Leviathan*, Cambridge, Cambridge University Press, 2007, p. 375-391.

MATHERON (Alexandre), « Hobbes, la Trinité et les caprices de la représentation », dans Jean Bernhardt et Yves Charles Zarka (éd.), *Thomas Hobbes. Philosophie première, théorie de la science et politique*, Paris, P.U.F., 1990, p. 381-390.

MINTZ (Samuel I.), *The Hunting of Leviathan : Seventeenth-Century Reactions to the Materialism and Moral Philosophy of Thomas Hobbes*, Cambridge, Cambridge University Press, 1962, X-189 p.

MITCHELL (Joshua), « Luther and Hobbes on the Question – Who was Moses, Who was Christ ? », *Journal of Politics*, vol. 53, n° 3, août 1991, p. 676-700.

MOREAU (Pierre-François), *Hobbes. Philosophie, science et religion*, Paris, P.U.F., 1989, 118 p.

OVERHOFF (Jürgen), *Hobbes's Theory of the Will. Ideological Reasons and Historical Circumstances*, Boston, Rowman & Littlefield Publishers, 2000, X-266 p.

– « The Lutheranism of Thomas Hobbes », *History of Political Thought*, vol. XVIII, n° 4, hiver 1997, p. 604-623.

– « The Theology of Thomas Hobbes's *Leviathan* », *The Journal of Ecclesiastical History*, vol. 51, n° 3, juillet, 2000, p. 527-555.

PACCHI (Arrigo), *Convenzione e ipotesi nella formazione della filosofia naturale di Thomas Hobbes*, Florence, La Nuova Italia, 1965, XIII-250 p.

– *Introduzione a Hobbes*, Rome et Bari, Laterza, 1971, 197 p. ; 2e éd., 1979, 201 p.

– *Filosofia e Teologia in Hobbes*, Milan, Edizioni Unicopli, 1985, 139 p.

– *Scritti hobbesiani (1978-1990)*, Agostino Lupoli (éd.), Milan, Franco Angeli, 1998, 205 p.

– « Una *Biblioteca Ideale* di Thomas Hobbes : Il MS E 2 dell'Archivio di Chatsworth », *Acme. Annali della Facoltà di Lettere e Filosofia dell'Università degli Studi di Milano*, vol. XXI, n° 1, janvier-avril 1968, p. 5-42.

– « Hobbes e la Biblia », dans Romeo Crippa (éd.), *Coscienza civile ed esperienza religiosa nell'Europa moderna*, Brescia, Morcelliana, 1983, p. 327-331.

– « Hobbes e il Dio delle cause », dans Maria Assunta Del Torre, Maria Teresa Beonio Brocchieri Fumagalli et Arrigo Pacchi (éd.), *La storia della filosofia come sapere critico. Studi offerti a Mario Dal Pra*, Milan, Franco Angeli, 1984, p. 295-307.

– « Hobbes e la potenza di Dio », dans Angela Vettese (éd.), *Sopra la volta del mondo : onnipotenza e potenza assoluta di Dio tra Medioevo e età moderna*, Bergame, Pierluigi Lubrina Editore, 1986, p. 79-91 ; trad. fr. « Hobbes et la puissance de Dieu », *Philosophie*, n° 23, 1989, p. 80-92.

– « Hobbes and the Problem of God », dans Graham Alan John Rogers et Alan Ryan (éd.), *Perspectives on Thomas Hobbes*, Oxford, Clarendon Press, 1988, p. 171-187.

– « Hobbes e la teologia », *Ragioni critiche*, IV (série III[a]), n° 5-6, 1988, p. 36-41 ; version augmentée dans Andrea Napoli et Guido Canziani (éd.), *Hobbes Oggi*, Milan, Franco Angeli, 1990, p. 101-122.

– « Hobbes and Biblical Philology in the Service of the State », *Topoi*, VII, n° 3, 1988, p. 231-239 ; trad. ital. « Hobbes e la filologia biblica al servizio dello Stato », dans *Anthropologia biblica e pensiero moderno*, *Annali di storia dell'esegesi*, vol. VII, n° 1, 1990, p. 277-292.

– « Some guidelines into Hobbes's theology », *Hobbes Studies*, vol. II, Assen, Van Gorcum, 1989, p. 87-103.

– « *Leviathan* and Spinoza's *Tractatus* on Revelation : Some elements for a comparison », *History of European Ideas*, vol. 10, 1989, p. 577-593.

PAGANINI (Gianni), « Hobbes, Valla e i problemi filosofici della teologia umanistica : la riforma "dialettica" della Trinità », dans Luisa Simonutti (éd.), *Dal necessario al possibile. Critica al determinismo e luogo delle libertà nel pensiero anglo-olandese del XVII secolo*, Milan, Franco Angeli, 2001, p. 1145 ; « Hobbes, Valla and the Trinity », *British Journal for the History of Philosophy*, vol. 11, n° 2, mai 2003, p. 183-218.

PARKIN (Jon), *Taming the Leviathan. The Reception of the Political and Religious Ideas of Thomas Hobbes in England, 1640-1700*, Cambridge, Cambridge University Press, 2007, XI-449 p.

– « Hobbism in the Later 1660s : Daniel Scargill and Samuel Parker », *Historical Journal*, vol. 42, n° 1, 1999, p. 85-108.

PÉCHARMAN (Martine), « Le vocabulaire de l'être dans la philosophie première : *ens*, *esse*, *essentia* », dans Yves Charles Zarka (éd.), *Hobbes et son vocabulaire. Études de lexicographie philosophique*, Paris, Vrin, 1992, p. 31-59.

– « Philosophie première et théologie selon Hobbes », dans Luc Foisneau (éd.), *Politique, Droit et Théologie chez Bodin, Grotius et Hobbes*, Paris, Kimé, 1997, p. 215-241.

POCOCK (John Greville Agard), « Time, History and Eschatology in the Thought of Thomas Hobbes », dans *Politics, Language, and Time. Essays on Political Thought and History*, New York, Atheneum, 1971 ; rééd., Chicago, The University of Chicago Press, 1989, p. 148-201.

POLIN (Raymond), *Politique et philosophie chez Thomas Hobbes*, Paris, P.U.F., 1952, 267 p.

– *Hobbes, Dieu et les hommes*, Paris, P.U.F., 1981, 240 p.

POPKIN (Richard Henry), « Hobbes and Scepticism I » et « Hobbes and Scepticism II », dans *The Third Force in Seventeenth-Century Thought*, Leyde, E. J. Brill, 1992, p. 9-26 et p. 27-49.

PRINS (Jan), « Kepler, Hobbes and Medieval Optics », *Philosophia naturalis*, vol. 24, n° 3, 1987, p. 287-310.

– « The Influence of Agricola and Melanchthon on Hobbes'Early Philosophy of Science », dans Fokke Akkerman et Arie Johan Vanderjagt (éd.), *Rodolphus Agricola Phrisius, 1444-1485*, Leyde, E. J. Brill, 1988, p. 293-310.

– « Hobbes and the School of Padua : Two Incompatible Approaches of Science », *Archiv für Geschichte der Philosophie*, t. 72, n° 1, 1990, p. 26-46.

PROBST (Siegmund), « Infinity and Creation : the Origin of the Controversy between Thomas Hobbes and the Savilian Professors Seth Ward and John Wallis », *The British Journal for the History of Science*, vol. 26, 1993, p. 271-279.

RIVERSO (Emmanuele), « Denotation and Corporeity in *Leviathan* », dans Gianfranco Borrelli (éd.), *Thomas Hobbes. Le ragioni del moderno tra teologia e politica*, Naples, Morano Editore, 1990, p. 467-482.

ROBERTSON (George Croom), *Hobbes*, Londres et Édimbourg, William Blackwood & Sons, 1886, 240 p.

ROGOW (Arnold A.), *Thomas Hobbes : Radical in the service of Reaction*, New York et Londres, W. W. Norton & Company, 1986, 287 p. ; *Thomas Hobbes : Un Radical au service de la Réaction*, trad. fr. Eddy Trèves et Jacques Brun, Paris, P.U.F., 1990, XV-363 p.

ROSHWALD (Mordecai), « The Judeo-Christian Elements in Hobbes's *Leviathan* », *Hobbes Studies*, vol. VII, Assen, Van Gorcum, 1994, p. 95-124.

ROUX (Louis), *Thomas Hobbes, penseur entre deux mondes*, Saint-Étienne, Publications de l'Université de Saint-Étienne, 1981, 299 p.

– « Modèles théologiques et modèles scientifiques dans la pensée de Thomas Hobbes », dans Gianfranco Borrelli (éd.), *Thomas Hobbes. Le ragioni del moderno tra teologia e politica*, Naples, Morano Editore, 1990, p. 83-94.

SCHNEIDER (Herbert Wallace), « The Piety of Hobbes », dans Ralph Ross, Herbert Wallace Schneider et Theodore Waldman (éd.), *Thomas Hobbes in his time*, Minneapolis, University of Minnesota Press, 1974, p. 84-101.

SCHUHMANN (Karl), *Hobbes, une chronique. Cheminement de sa pensée et de sa vie*, Paris, Vrin, 1998, 238 p.

– *Selected Papers on Renaissance Philosophy and on Thomas Hobbes*, Piet Steenbakkers et Cees Leijenhorst (éd.), Dordrecht, Kluwer Academic Publishers, 2004, 292 p.

– « Hobbes' Concept of Philosophy », dans Giuseppe Sorgi (éd.), *Thomas Hobbes e la fondazione della politica moderna*, Milan, Giuffrè, 1999, p. 417-440.

– « Phantasms and idols : true philosophy and wrong religion in Hobbes », dans Luc Foisneau et George Herbert Wright (éd.), *New critical perspectives on Hobbes's* Leviathan *upon the 350th anniversary of its publication*, Milan, Franco Angeli, 2004, p. 15-31.

– « La question de Dieu chez Hobbes », dans Dominique Weber (éd.), *Hobbes, Descartes et la métaphysique*, Paris, Vrin, 2005, p. 121-154.

SEAMAN (John W.), « Hobbes and the Liberalization of Christianity », *Canadian Journal of Political Science / Revue canadienne de science politique*, vol. 32, n° 2, juin 1999, p. 227-246.

SEPPER (Dennis L.), « Imagination, Phantasms, and the Making of Hobbesian and Cartesian Science », *An International Journal of General Philosophical Inquiry*, vol. 71, n° 4, 1988, p. 526-542.

SHAPIN (Steven) et SCHAFFER (Simon), *Leviathan and the Air-Pump : Hobbes, Boyle, and the Experimental Life*, Princeton, Princeton University Press, 1985, XIV-440 p. ; *Leviathan et la pompe à air. Hobbes et Boyle entre science et politique*, trad. fr. Thierry Piélat et Sylvie Barjansky, Paris, La Découverte, 1993, 461 p.

SORELL (Tom), *Hobbes*, Londres, Routledge and Kegan Paul, 1986, 163 p.

– (éd.), avec Luc Foisneau, *Leviathan after 350 years*, Oxford, Oxford University Press, 2004, 320 p.

– « Descartes, Hobbes and the Body of Natural Science », *An International Journal of General Philosophical Inquiry*, vol. 71, n° 4, 1988, p. 515-525.

– « Hobbes's Objections and Hobbes's System », dans Robert A. Ariew et Marjorie Grene (éd.), *Descartes and his Contemporaries : Meditations, Objections, and Replies*, Chicago, The University of Chicago Press, 1995, p. 83-96.

– « Hobbes's Scheme of the Sciences », dans Tom Sorell (éd.), *The Cambridge Companion to Hobbes*, Cambridge, Cambridge University Press, 1996, p. 45-61.

– « Le Dieu de la philosophie et le Dieu de la religion selon Hobbes », dans Luc Foisneau (éd.), *Politique, Droit et Théologie chez Bodin, Grotius et Hobbes*, Paris, Kimé, 1997, p. 243-264.

SPRINGBORG (Patricia), (éd.), *The Cambridge Companion to Hobbes's Leviathan*, Cambridge, Cambridge University Press, 2007, 560 p.

– « Hobbes, Heresy, and the *Historia Ecclesiastica* », *Journal of the History of Ideas*, vol. 55, n° 4, octobre 1994, p. 553-571.

– « Hobbes on Religion », dans Tom Sorell (éd.), *The Cambridge Companion to Hobbes*, Cambridge, Cambridge University Press, 1996, p. 346-380.

– « Hobbes and Epicurean Religion », dans Gianni Paganini et Edoardo Tortarolo (éd.), *Der Garten und die Moderne : Epikureische Moral und Politik vom Humanismus bis zur Aufklärung*, Stuttgart et Bad Cannstatt, Frommann et Holzboog, 2004, p. 161-214.

STRAUSS (Leo), *The Political Philosophy of Hobbes. Its Basis and its Genesis*, trad. angl. Elsa M. Sinclair, Oxford, The Clarendon Press, 1936, XX-172 p. ; *La Philosophie politique de Hobbes*, trad. fr. André Enegrén et Marc B. de Launay, Paris, Belin, 1991, 299 p.

– *La Critique de la religion chez Hobbes* (2001, posthume), trad. fr. Corine Pelluchon, Paris, P.U.F., 2005, 132 p.

SUTHERLAND (Stewart R.), « God and religion in *Leviathan* », *Journal of Theological Studies*, vol. 25, octobre 1974, p. 373-380.

TERREL (Jean), *Hobbes : matérialisme et politique*, Paris, Vrin, 1994, 397 p.

– *Hobbes*, Paris, Ellipses, 1997, 64 p.

– *Le Vocabulaire de Hobbes*, Paris, Ellipses, 2003, 80 p.

TÖNNIES (Ferdinand), *Hobbes. Leben und Lehre*, Stuttgart, Frommann, 1896, XIV-232 p. ; 2e éd. *Thomas Hobbes, der Mann und der Denker*, Leipzig, A. W. Zickfeldt, 1912, XVI-250 p.

TUCK (Richard), *Hobbes*, Oxford, Oxford University Press, 1989, IX-127 p.

– « The “Christian Atheism” of Thomas Hobbes », dans Michael Hunter et David Wootton (éd.), *Atheism from the reformation to the Enlightenment*, Oxford, Clarendon Press, 1992, p. 111-130.

WARNER (D. H. J.), « Hobbes's Interpretation of the Doctrine of the Trinity », *Journal of Religious History*, vol. 5-6, 1968-1969, p. 299-313.

WRIGHT (George Herbert), *Religion, politics and Thomas Hobbes*, Dordrecht, Springer, 2006, XIV-348 p.

– « Thomas Hobbes' 1668 Appendix to Leviathan, translated with an Introduction and Notes », *Interpretation*, vol. 18, n° 3, printemps 1991, p. 323-413.

– « Hobbes and the Economic Trinity », *British Journal for the History of Philosophy*, vol. 7, n° 3, 1999, p. 397-428.

– « Curley and Martinich in dubious battle », *Journal of the History of Philosophy*, vol. 40, n° 4, octobre 2002, p. 461-476.

– « The 1668 Appendix and Hobbes's Theological Project », dans Patricia Springborg (éd.), *The Cambridge Companion to Hobbes's Leviathan*, Cambridge, Cambridge University Press, 2007, p. 392-409.

ZARKA (Yves Charles), *La Décision métaphysique de Hobbes. Conditions de la politique*, Paris, Vrin, 1987 [1], 1999 [2], 407 p.

– (éd.), *Hobbes et son vocabulaire. Études de lexicographie philosophique*, Paris, Vrin, 1992, 294 p.

– « Espace et représentation dans le *De Corpore* de Hobbes », *Recherches sur le XVIIe siècle*, Paris, Éditions du CNRS, n° 7, 1984, p. 159-180.

– « Empirisme, nominalisme et matérialisme chez Hobbes », *Archives de Philosophie*, t. 48, n° 2, avril-juin 1985, p. 177-233.

– « L'enjeu de la philosophie première de Hobbes », dans Jean Bernhardt et Yves Charles Zarka (éd.), *Thomas Hobbes. Philosophie première, théorie de la science et politique*, Paris, P.U.F., 1990, p. 15-28.

– « Le vocabulaire de l'apparaître : le champ sémantique de la notion de *phantasma* », dans Yves Charles Zarka (éd.), *Hobbes et son vocabulaire. Études de lexicographie philosophique*, Paris, Vrin, 1992, p. 13-29.

Autres textes

Philosophie et histoire de la philosophie

ARMOGATHE (Jean-Robert), *Theologia cartesiana: l'explication physique de l'eucharistie chez Descartes et dom Desgabets*, La Haye, Martinus Nijhoff, 1977, XI-146 p.

– « Proofs of the Existence of God », dans Daniel Garber et Michael Ayers (éd.), *The Cambridge History of Seventeenth Century Philosophy,* Cambridge, Cambridge University Press, 1998, t. I, p. 305-330.

ASHWORTH (Earline Jennifer), « Signification and modes of signifying in thirteenth-century logic: a preface to Aquinas on analogy », *Medieval Philosophy and Theology*, vol. 1, 1991, p. 39-67.

– « Analogy and equivocation in thirteenth-century logic: Aquinas in context », *Mediaeval Studies*, vol. 54, 1992, p. 94-135.

– « Suarez on the analogy of being. Some historical background », *Vivarium*, vol. 33, n° 1, 1995, p. 50-75.

AUBENQUE (Pierre), *Le Problème de l'être chez Aristote. Essai sur la problématique aristotélicienne*, Paris, P.U.F., 1962, VIII-551 p.

– « Sur la naissance de la doctrine pseudo-aristotélicienne de l'analogie de l'être », *Les Études Philosophiques*, n° 3-4, 1989, p. 291-304.

– « La transformation cartésienne du concept aristotélicien de substance », dans Monique Canto-Sperber et Pierre Pellegrin (éd.), *Le Style de la pensée. Recueil de textes en hommage à Jacques Brunschwig*, Paris, Les Belles Lettres, 2002, p. 490-501.

BARTH (Timotheus A.), « Being, univocity and analogy according to Duns Scotus », dans John K. Ryan et Bernardino M. Bonansea (éd.), *John Duns Scotus, 1265-1965*, Washington, Catholic University of America Press, 1965, p. 210-262.

BIANCHI (Luca), RANDI (Eugenio), *Vérités dissonantes. Aristote à la fin du Moyen Âge* (1990), trad. fr. Claude Pottier, Fribourg et Paris, Éditions Universitaires et Cerf, 1993, XIV-266 p.

BIARD (Joël), « God as first principle and metaphysics as a science », dans Russell L. Friedman et Lauge O. Nielsen (éd.), *The Medieval Heritage in Early Modern Metaphysics and Modal Theory, 1400-1700*, Dordrecht, Kluwer Academic Publishers (« The New Synthese Historical Library », vol. 53), 2003, p. 75-97.

BOULNOIS (Olivier), *Duns Scot : la rigueur de la charité*, Paris, Cerf, 1998, 160 p.

– *Être et représentation. Une généalogie de la métaphysique moderne à l'époque de Duns Scot (XIIIe-XIVe siècle)*, Paris, P.U.F., 1999, 538 p.

– (éd.), *Duns Scot au XVIIe siècle (I). L'objet et sa métaphysique*, n° spécial de la revue *Les Études philosophiques*, n° 1, 2002.

– « La double destruction. Analogie et univocité selon Duns Scot », *Les Études Philosophiques*, n° 3-4, 1989, p. 347-369.

– « Analogie », dans André Jacob (éd.), *Encyclopédie philosophique universelle, Les Notions philosophiques*, Paris, P.U.F., 1990, t. I, p. 80-83.

– « Être, luire et concevoir. Notes sur la genèse et la structure de la conception scotiste de l'*esse objective* », *Collectanea Franciscana*, vol. 60, n° 1-2, 1990, p. 117-135.

– « Métaphysique : le tournant ? », *Les Études Philosophiques*, n° 4, 1992, p. 555-564.

– « Duns Scot et la métaphysique », *Transversalités. Revue de l'Institut catholique de Paris, Jean Duns Scot (1265-1308)*, n° 49, janvier-mars 1994, p. 27-38.

– « Quand commence l'onto-théologie ? Aristote, Thomas d'Aquin et Duns Scot », *Revue thomiste*, t. XCV, n° 1, janvier-mars 1995, p. 85-108.

– « Représentation et noms divins selon Duns Scot », *Documenti e studi sulla tradizione filosofica medievale*, vol. 6, 1995, p. 255-280.

– « Duns Scot, théoricien de l'analogie de l'être », dans Ludger Honnefelder, Rega Wood et Mechthild Dreyer (éd.), *John Duns Scotus : metaphysics and ethics*, Leyde, E. J. Brill, 1996, p. 293-315.

– « Heidegger lecteur de Duns Scot. Entre catégories et signification », dans Jean-François Courtine (éd.), *Phénoménologie et logique*, Paris, PENS, 1996, p. 261-281.

– « Analogie », « Duns Scot », dans Jean-Yves Lacoste (éd.), *Dictionnaire critique de théologie*, Paris, P.U.F., 1998, p. 40-43, p. 354-357.

– « Chez saint Thomas, l'ontologie est-elle fondamentale ? L'interprétation de Dominique Dubarle », *Transversalités. Revue de l'Institut catholique de Paris, Hommage à M.-D. Dubarle*, n° 67, 1998, p. 41-56.

– « Preuve de Dieu et structure de la métaphysique selon Duns Scot », *Revue des sciences philosophiques et théologiques*, t. 83, n° 1, janvier 1999, p. 35-52.

– « Théologie, métaphysique et représentation de l'être selon Duns Scot », dans Curzio Chiesa et Léo Freuler (éd.), *Métaphysiques médiévales. Études en l'honneur d'André de Muralt, Cahiers de la revue de théologie et de philosophie*, n° 20, 1999, p. 83-102.

– « Analogie », « Jean Duns Scot », « Noms divins », « Univocité », dans Claude Gauvard, Alain de Libera, Michel Zink (éd.), *Dictionnaire du Moyen Âge*, Paris, P.U.F., 2002, p. 52-54, p. 755-759, p. 996-1000, p. 1421-1422.

– « Le besoin de métaphysique », dans Jean-Luc Solère et Zénon Kaluza (éd.), *La servante et la consolatrice. La philosophie dans ses rapports avec la théologie au Moyen Âge*, Paris, Vrin, 2002, p. 45-94.

– « Heidegger, l'ontothéologie et les structures médiévales de la métaphysique », *Quaestio. Annuario di storia della metafisica*, vol. I, 2002 (*Heidegger e i medievali*), Turnhout, Brepols, p. 379-406.

– « Objet », dans Barbara Cassin (éd.), *Vocabulaire européen des philosophies. Dictionnaire des intraduisibles*, Paris, Éditions du Seuil/Dictionnaires Le Robert, 2004, p. 867-870.

– « Au-delà de la physique ? », dans Olivier Boulnois, Elizabeth Karger, Jean-Luc Solère et Gérard Sondag (éd.), *Duns Scot à Paris, 1302-2002*, Turnhout, Brepols, 2004, p. 219-254.

BRAGUE (Rémi), « L'expérience biblique du monde et l'idée de création », dans *Création et salut*, Bruxelles, Publications des Facultés Universitaires Saint-Louis (n° 47), 1989, p. 105-120.

– « Dieu », dans Barbara Cassin (éd.), *Vocabulaire européen des philosophies. Dictionnaire des intraduisibles*, Paris, Éditions du Seuil-Dictionnaires Le Robert, 2004, p. 320-322.

BROWN (Stephen F.), (éd.), *Meeting of the minds : the relations between medieval and classical modern European philosophy*, Turnhout, Brepols, 1999, IX-517 p.

– « Avicenna and the unity of the concept of being. The interpretation of Henry of Ghent, Duns Scotus, Gerard of Bologna and Peter Aureoli », *Franciscan Studies*, vol. 25, 1965, p. 117-150.

– « L'unité du concept d'être au début du quatorzième siècle », dans Ludger Honnefelder, Rega Wood et Mechthild Dreyer (éd.), *John Duns Scotus : metaphysics and ethics*, Leyde, E. J. Brill, 1996, p. 327-344.

CARRAUD (Vincent), *Causa sive ratio. La raison de la cause, de Suarez à Leibniz*, Paris, P.U.F., 2002, 573 p.

– « Descartes appartient-il à l'histoire de la métaphysique ? », dans Olivier Depré et Danielle Lories (éd.), *Lire Descartes aujourd'hui*, Louvain-la-Neuve et Paris, E. Peeters, 1997, p. 153-171.

– « L'ontologie peut-elle être cartésienne ? L'exemple de l'*Ontosophia* de Clauberg, de 1647 à 1664 : de l'*ens* à la *mens* », dans Theo Verbeek (éd.), *Johannes Clauberg (1622-1665) and Cartesian Philosophy in the Seventeenth Century*, Dordrecht, Kluwer Academic Publishers, 1999, p. 13-38.

– « Histoire de la philosophie et théologie au XVIIe siècle », dans Denise Leduc-Fayette (éd.), *Le Regard d'Henri Gouhier*, Paris, Vrin, 1999, p. 41-62.

CASPER (Bernhard), « Der Gottesbegrief *ens causa sui* », *Philosophisches Jahrbuch*, Band 76, 1968-1969, p. 315-331.

CÔTÉ (Antoine), *L'Infinité divine dans la théologie médiévale : 1220-1255*, Paris, Vrin, 2002, 269 p.

COURTINE (Jean-François), *Suarez et le système de la métaphysique*, Paris, P.U.F., 1990, 560 p.

– *Les catégories de l'être : études de philosophie ancienne et médiévale*, Paris, P.U.F., 2003, 303 p.

– Inventio analogiae. *Métaphysique et ontothéologie*, Paris, Vrin, 2005, 377 p.

– « Le projet suarézien de la métaphysique », *Archives de Philosophie*, t. 42, n° 2, avril-juin 1979, p. 235-273.

– « Gilson et Heidegger », dans Monique Couratier (éd.), *Étienne Gilson et nous : la philosophie et son histoire*, Paris, Vrin, 1980, p. 103-116.

– « Ontologie ou métaphysique ? Pour l'histoire du mot "*Ontologia*" », *Giornale di metafisica*, vol. VII, 1985, p. 3-24.

– « La métaphysique désaccordée. Les premières discussions dans la Compagnie de Jésus », *Les Études philosophiques*, n° 3, 1986, p. 309-327.

– « Philosophie et théologie. Remarque sur la situation aristotélicienne de la détermination thomiste de la *theologia* », *Revue philosophique de Louvain*, août 1986, p. 315-344.

– « Différence ontologique et analogie de l'être, le tournant suarézien », *Bulletin de la Société Française de Philosophie*, vol. 83, n° 2, 1989, p. 41-67.

– « Différence ontologique et analogie de l'être », dans Burkhard Mojsisch et Olaf Pluta (éd.), *Historia Philosophiae Medii Aevi. Studien zur Geschichte der Philosophie des Mittealters*, Amsterdam, B. Grüner, 1991, p. 163-179.

– « Realitas », « Realität-Idealität », « Res », dans Joachim Ritter et Karlfried Gründer (éd.), *Historisches Wörterbuch der Philosophie*, Bâle, Schwabe, 1972-, Band VIII, 1992, respectivement col. 177-188, col. 188-193 et col. 892-901.

– « Métaphysique et ontothéologie », dans Jean-Marc Narbonne et Luc Langlois (éd.), *La Métaphysique : son histoire, sa critique, ses enjeux*, Paris et Laval, Vrin et Les Presses de l'Université Laval, 1999, p. 137-157.

– « Aux origines néoplatoniciennes de la doctrine de l'analogie de l'être », dans Curzio Chiesa et Léo Freuler (éd.), *Métaphysiques médiévales. Études en l'honneur d'André de Muralt, Cahiers de la revue de théologie et de philosophie*, n° 20, 1999, p. 29-46.

– « Heidegger et Thomas d'Aquin », *Quaestio. Annuario di storia della metafisica*, vol. I, 2002 (*Heidegger e i medievali*), Turnhout, Brepols, p. 213-233.

– « Essence, substance, subsistance, existence », « *Res, ens* », dans Barbara Cassin (éd.), *Vocabulaire européen des philosophies. Dictionnaire des intraduisibles*, Paris, Éditions du Seuil/Dictionnaires Le Robert, 2004, p. 400-414, p. 1076-1087.

DARGE (Rolf), *Suárez' transzendentale Seinsauslegung und die Metaphysiktradition*, Leyde, E. J. Brill, 2004, XII-440 p.

– « Grundthese und ontologische Bedeutung der Lehre von der Analogie des Seienden nach F. Suárez », *Philosophisches Jahrbuch*, Band 106, Heft 2, 1999, p. 312-333.

– « *Ens inquantum ens*. Die Erklärung des Subjekts der Metaphysik bei F. Suarez », *Recherches de théologie et de philosophie médiévales*, vol. 66, n° 2, 1999, p. 335-361.

– « Die Grundlegung einer allgemeinen Theorie der transzendentalen Eigenschaften des Seienden bei F. Suarez », *Zeitschrift für philosophische Forschung*, Band 54, 2000, p. 339-358.

– « Suarez' Analyse der Transzendentalien "Ding" und "Etwas" im Kontext der scholastischen Metaphysiktradition », *Theologie und Philosophie*, Band 75, 2000, p. 339-358.

– « *Ens intime transcendit omnia :* Suarez Modell der transzendentalen Analyse und die mittelalterlichen Transzendentalienlehren », *Freiburger Zeitschrift für Philosophie und Theologie*, Band 47, 2000, p. 150-172.

– « Suarez' Begriff der transzendentalen Einheit », *Archiv für Begriffsgeschichte*, Band 43, 2001, p. 37-57.

– « Eines oder Vieles. Zu einem Grundproblem der scholastischen Theorien über das Eine », *Zeitschrift für philosophische Forschung*, Band 57, 2003, p. 27-52.

– « Seinswahrheit und Erkenntniswahrheit. Francisco Suárez und die thomistische Lehre von der *analogia veri* », dans Martin Pickavé (éd.), *Die Logik des Transzendentalen. Festschrift für Jan A. Aertsen zum 65. Geburtstag* (*Miscellanea Mediaevalia*, n° 30), Berlin et New York, Walter de Gruyter, 2003, p. 246-265.

– « Erste Philosophie als Transzendentalwissenschaft gemäß Duns Scotus : Seinswissenschaft oder Onto-Logik ? », *Philosophisches Jahrbuch*, Band 111, 2004, p. 43-61.

– « Suárez Theorie der ontischen Wahrheit und die Metaphysiktradition », *Theologie und Philosophie*, Band 79, 2004, p. 31-54.

DOYLE (John P.), « Suarez on the reality of the possibles », *The Modern Schoolman*, vol. 45, 1967, p. 29-48.

– « Suarez on the analogy of being », *The Modern Schoolman*, vol. 46, 1968/1969, p. 219-249 et p. 323-341.

– « Heidegger and Scholastic Metaphysics », *The Modern Schoolman*, vol. 49, 1972, p. 201-220.

– « *Prolegomena* to a study of extrinsic denomination in the work of Francis Suarez, s.j. », *Vivarium*, vol. XXII, n° 2, 1984, p. 121-160.

– « Suarez on beings of reason and truth », *Vivarium*, vol. XXV, 1987, p. 47-80 et vol. XXVI, 1988, p. 51-72.

DUMONT (Stephen D.), « Transcendental Being : Scotus and Scotists », *Topoi*, vol. 11, 1992, p. 135-148.

– « Henry of Ghent and Duns Scotus », dans John Marenbon (éd.), *Medieval philosophy*, t. 3 de *Routledge history of philosophy*, Londres et New York, Routledge, 1998, p. 291-328.

– « Scotus'Doctrine of Univocity and the Medieval Tradition of Metaphysics », dans Jan A. Aertsen et Andreas Speer (éd.), *Was ist Philosophie im Mittelalter ?* (*Miscellanea Mediaevalia*, n° 26), Berlin et New York, Walter de Gruyter, 1998, p. 193-211 ; « La doctrine scotiste de l'univocité et la tradition médiévale de la métaphysique », *Philosophie*, n° 61, mars 1999, p. 27-49.

FICHANT (Michel), *Science et métaphysique dans Descartes et Leibniz*, Paris, P.U.F., 1998, XI-412 p.

FUNKENSTEIN (AMOS), *Théologie et imagination scientifique du Moyen Âge au XVIIe siècle* (1986), trad. fr. Jean-Pierre Rothschild, Paris, P.U.F., 1995, XII-478 p.

– « The Body of God in Seventeenth Century Theology and Science », dans Richard Henry Popkin (éd.), *Millenarianism and Messianism in English Literature and Thought, 1650-1800*, Leyde, E. J. Brill, 1988, p. 149-175.

GABBEY (Alan), « *Philosophia Cartesiana Triumphata :* Henry More (1646-1671) », dans Thomas Michael Lennon, John M. Nicholas et John Whitney

Davis (éd.), *Problems of Cartesianism*, Kingston (Ont.), McGill-Queen's University Press, 1982, p. 171-250.

GILSON (Étienne), *Index scolastico-cartésien* (1913), Paris, Vrin, 1979, IX-391 p.

– *Le Thomisme. Introduction à la philosophie de Saint Thomas d'Aquin* (1922), Paris, Vrin, 1997, 478 p.

– *L'Esprit de la philosophie médiévale* (1932), Paris, Vrin, 1989, VIII-447 p.

– *L'Être et l'essence* (1948), Paris, Vrin, 1981, 389 p.

– *Jean Duns Scot. Introduction à ses positions fondamentales*, Paris, Vrin, 1952, 701 p.

– *Constantes philosophiques de l'être*, Paris, Vrin, 1983, 253 p.

– « Avicenne et le point de départ de Duns Scot », *Archives d'histoire doctrinale et littéraire du Moyen Âge*, vol. 2, 1927, p. 89-149 ; texte repris sous le même titre, avec « Pourquoi saint Thomas a critiqué saint Augustin », Paris, Vrin, 1981, p. 129-189.

– « Hommage to Maimonides », dans Salo Wittmayer Baron (éd.), *Essays on Maimonides. An Octocentennial volume*, New York, Columbia University Press, 1941, p. 19-35.

– « L'existence de Dieu selon Duns Scot », *Mediaeval Studies*, vol. 11, 1949, p. 23-61.

– « Maimonides et la philosophie de l'Exode », *Mediaeval Studies*, vol. 13, 1951, p. 223-225.

– « Les maîtresses positions de Duns Scot d'après le Prologue de l'*Ordinatio* », *Antonianum*, vol. 28, 1953, p. 7-18.

– « L'Être et Dieu », *Revue thomiste*, vol. 62, n° 2, 1962, p. 181-202 et vol. 62, n° 3, 1962, p. 398-416.

– « Éléments d'une métaphysique thomiste de l'être », *Archives d'histoire doctrinale et littéraire du Moyen Âge*, vol. 40, 1973, p. 7-36.

GOUDRIAAN (Aza), *Philosophische Gotteserkenntnis bei Suárez und Descartes im Zusammenhang mit der niederländischen reformierten Theologie und Philosophie des 17. Jahrhunderts*, Leyde, E. J. Brill, 1999, X-327 p.

GOUHIER (Henri), « La crise de la théologie au temps de Descartes », *Revue de philosophie et de théologie*, 3 e série, n° 4, 1954, p. 19-54.

GREGORY (Tullio), *Genèse de la raison classique de Charron à Descartes*, trad. fr. Marilène Raiola, Paris, P.U.F., 2000, V-366 p.

GUY (Alain), « L'analogie de l'être selon Suarez », *Archives de Philosophie*, t. 42, n° 2, avril-juin 1979, p. 275-294.

HEIMSOETH (Heinz), *Les Six grands thèmes de la métaphysique occidentale du Moyen Âge aux Temps modernes* (1922), trad. fr. Alain Pernet, Paris, Vrin, 2003, 269 p.

HOERES (Walter), « Francis Suarez and the teaching of John Duns Scotus on the *univocatio entis* », dans John K. Ryan et Bernardino M. Bonansea (éd.), *John Duns Scotus, 1265-1965*, Washington, Catholic University of America Press, 1965, p. 263-290.

HONNEFELDER (Ludger), *Ens inquantum ens: der Begriff des Seienden als solchen als Gegenstand der Metaphysik nach der Lehre des Johannes Duns Scotus*, Münster, Aschendorff, 1979, XII-468 p.

– *Scientia transcendens: die formale Bestimmung der Seiendheit und Realität in der Metaphysik des Mittelalters und der Neuzeit (Duns Scotus, Suárez, Wolff, Kant, Peirce)*, Hambourg, Felix Meiner, 1990, XXIII-568 p.

– *La métaphysique comme science transcendantale entre le Moyen Âge et les Temps modernes*, trad. fr. Isabelle Mandrella, revue par Olivier Boulnois, Jean Greish et Philippe Capelle, Paris, P.U.F., 2002, VI-122 p.

– « Die Lehre von der doppelten ratitudo entis und ihre Bedeutung für die Metaphysik des Johannes Duns Scotus », dans Societas internationalis scotistica (éd.), *Deus et Homo ad mentem I. Duns Scoti. Acta Tertii Congressus Scotistici Internationalis, Vindobonae, 28 sept.-2 oct. 1970*, Rome, Societas internationalis scotistica, 1972, p. 661-671.

– « Duns Scotus: der Schritt der Philosophie zu *scientia transcendens* », dans Wolfgang Kluxen (éd.), *Thomas von Aquin im philosophischen Gespräch*, Fribourg/Munich, Karl Alber, 1975, p. 229-244.

– « Transzendent oder transzendental: Über die Möglichkeit von Metaphysik », *Philosophisches Jahrbuch*, Band 92, 1985, p. 273-290.

– « Der zweite Anfang der Metaphysik. Voraussetzungen, Ansätze und Folgen der Wiederbegründung der Metaphysik im dreizehnten und vierzehnten Jahrhundert », dans Jan P. Beckmann, Ludger Honnefelder, Gangolf Schrimpf et Georg Wieland (éd.), *Philosophie im Mittelalter: Entwicklungslinien und Paradigmen*, Hambourg, Felix Meiner, 1987, p. 165-186.

– « Der philosophische Höhepunkt des Mittelalters in der Hochscholastik: Das Beispiel Metaphysik », dans Jan P. Beckmann, Ludger Honnefelder, Gangolf Schrimpf et Georg Wieland (éd.), *Einführung in die Philosophie des Mittelalters*, Hagen, Studienbrief der FernUniversität, 1990, p. 50-95.

– « Metaphysik und Transzendenz. Überlegungen zu Johannes Duns Scotus im Blick auf Thomas von Aquin und Anselm von Canterbury », dans Ludger Honnefelder et Werner Schüßler (éd.), *Transzendenz. Zu einem Grundwort der klassischen Metaphysik. Festschrift für Klaus Kremer*, Paderborn, Schöningh, 1992, p. 137-161.

– « Vernunft und Metaphysik. Die dreistufige Konstitution ihres Gegenstandes bei Duns Scotus und Kant », dans Petra Kolmer et Harald Korten (éd.), *Grenzbestimmungen der Vernunft. Philosophische Beiträge zur Rationalitätsdebatte. Festschrift für Hans-Michel Baumgartner*, Fribourg/Munich, Karl Alber, 1994, p. 319-350 / « Raison et métaphysique : les trois étapes de la constitution de son objet chez Duns Scot et Kant », trad. fr. Jacob Schmutz, *Philosophie*, n° 70, juin 2001, p. 30-50.

– « Wie ist Metaphysik möglich? Ansatz und Methode der Metaphysik bei Johannes Duns Scotus », dans Leonardo Sileo (éd.), *Via scoti. Methodologica ad mentem Joannis Duns Scoti. Atti del Congresso Scotistico Internazionale, Roma, 9-11 marzo 1993*, Rome, Antonianum, 1995, p. 77-93.

– « Scotus und der Scotismus. Ein Beitrag zur Bedeutung der Schulbildung in der mittelalterlichen Philosophie », dans Maarten J. F. M. Hoenen, Jakob Hans Josef Schneider, Georg Wieland (éd.), *Philosophy and learning : universities in the Middle ages*, Leyde, E. J. Brill, 1995, p. 249-262.

– « Metaphysics as a Discipline : from the "transcendental philosophy of the ancients" to Kant's notion of transcendental philosophy », dans Russell L. Friedman et Lauge O. Nielsen (éd.), *The Medieval Heritage in Early Modern Metaphysics and Modal Theory, 1400-1700*, Dordrecht, Kluwer Academic Publishers (« The New Synthese Historical Library », vol. 53), 2003, p. 53-74.

– « Étienne Gilson et Jean Duns Scot : l'*Être et l'essence* et l'histoire de la métaphysique », dans Olivier Boulnois, Elizabeth Karger, Jean-Luc Solère et Gérard Sondag (éd.), *Duns Scot à Paris, 1302-2002*, Turnhout, Brepols, 2004, p. 179-194.

HÜBENER (Wolfgang), *Zum Geist der Prämoderne*, Würzburg, Königshausen-Neumann, 1995, 158 p.

– « *Scientia de aliquo et nihilo*. Die historischen Voraussetzungen von Leibniz' Ontologiebegriff », dans Alexander Schwan (éd.), *Denken im Schatten des Nihilismus. Festschrift für Wilhelm Weischedel zum 70. Geburtstag*, Darmstadt, Wissenschaftliche Buchgesellschaft, 1975, p. 34-54.

– « Konzept (lat. conceptus), konzeptibel (lat. conceptibile) », « Konzeptualismus », dans Joachim Ritter et Karlfried Gründer (éd.), *Historisches Wörterbuch der Philosophie*, Bâle, Schwabe, 1972-, Band IV, 1976, col. 1082-1086, col. 1086-1091.

– « Die Nominalismus Legende. Über das Mißverhältnis zwischen Dichtung und Wahreit in der Deutung der Wirkungsgeschichte des Ockhamismus », dans Norbert W. Bolz et Wolfgang Hübener (éd.), *Spiegel und Gleichnis : Festschrift für Jacob Taubes*, Würzburg, Königshausen-Neumann, 1983, p. 87-111.

JANOWSKI (Zbigniew), *Index augustino-cartésien : textes et commentaire*, Paris, Vrin, 2000, 177 p.

KAHN (Charles H.), *The Verb « Be » in Ancient Greek*, Dordrecht, Reidel, 1973, XXXIII-486 p. [= vol. 6 de John W. M. Verhaar (éd.), *The Verb « Be » and its Synonyms : Philosophical and Grammatical Studies*].

– « Retrospective on the Verb "To Be" and the Concept of Being », dans Simo Knuuttila et Jaakko Hintikka (éd.), *The Logic of Being. Historical Studies*, Dordrecht, Reidel, 1986, p. 1-28.

KAMBOUCHNER (Denis), *Les Méditations métaphysiques de Descartes*, Paris, P.U.F., 2005, vol. I (« Introduction générale. Première Méditation »), 415 p.

KARGON (Robert Hugh), *Atomism in England from Hariot to Newton*, Oxford, Clarendon Press, 1966, X-168p.

KING (Peter), « Duns Scotus on possibilities, powers and the possible », dans Thomas Buchheim, Corneille Henri Kneepkens et Kuno Lorenz (éd.), *Potentialität und Possibilität : Modalaussagen in der Geschichte der*

Metaphysik, Stuttgart et Bad Cannstatt, F. Frommann-G. Holzboog, 2001, p. 175-199.

– « Duns Scotus on Metaphysics », dans Thomas Williams (éd.), *The Cambridge Companion to John Duns Scotus*, Cambridge, Cambridge University Press, 2003, p. 15-68.

– « Rethinking Representation in the Middle Ages. A Vade-Mecum to Mediaeval Theories of Mental Representation », dans Henrik Lagerlund (éd.), *Representation and Objects of Thought in Medieval Philosophy*, Aldershot, Ashgate, 2005, p. 83-102.

KLUXEN (Wolfgang), « Analogie », dans Joachim Ritter et Karlfried Gründer (éd.), *Historisches Wörterbuch der Philosophie*, Bâle, Schwabe, 1972, Band I, col. 214-227.

KOBUSCH (Theo), « Objekt », dans Joachim Ritter et Karlfried Gründer (éd.), *Historisches Wörterbuch der Philosophie*, Bâle, Schwabe, 1972-, Band VI, 1986, col. 1026-1052.

– « Das Seiende als transzendentaler oder supertranszendentaler Begriff? Deutungen der Univozität des Begriffs bei Scotus und den Scotisten », dans Ludger Honnefelder, Rega Wood et Mechthild Dreyer (éd.), *John Duns Scotus : metaphysics and ethics*, Leyde, E. J. Brill, 1996, p. 345-366.

KOYRÉ (Alexandre), *Du Monde clos à l'univers infini*, trad. fr. Raissa Tarr, Paris, P.U.F., 1962 – Paris, Gallimard, 1973, 349 p.

KUSUKAWA (Sachiko), *The transformation of natural philosophy : the case of Philip Melanchthon*, Cambridge, Cambridge University Press, 1995, XV-246 p.

– « *Vinculum Concordiae* : Lutheran method by Philip Melanchthon », dans Daniel A. Di Liscia, Eckhard Kessler et Charlotte Methuen (éd.), *Method and order in Renaissance philosophy of nature : the Aristotle commentary tradition*, Aldershot, Ashgate, 1997, p. 337-354.

– « The natural philosophy of Melanchthon and his followers », dans *Sciences et Religions de Copernic à Galilée (1540-1610)*, Rome, École Française de Rome, 1999, p. 443-453.

– « The Reception of Melanchthon's textbooks in sixteenth-century Cambridge and Oxford », dans Günter Frank et Martin Treu (éd.), *Melanchthon und Europa*, 2. Teilband. WestEuropa, Sigmaringen, Thorbecke, 2002, p. 233-254.

– « Uses of Philosophy in Reformation Thought : Melanchthon, Schegk, and Crellius », dans Russell L. Friedman et Lauge O. Nielsen (éd.), *The Medieval Heritage in Early Modern Metaphysics and Modal Theory, 1400-1700*, Dordrecht, Kluwer Academic Publishers (« The New Synthese Historical Library », vol. 53), 2003, p. 143-163.

LAGRÉE (Jacqueline), *La Raison ardente. Religion naturelle et raison au* XVII*e* *siècle*, Paris, Vrin, 1991, 351p.

– *La Religion naturelle*, Paris, P.U.F., 1991, 125 p.

– *Juste Lipse et la restauration du stoïcisme : étude et traduction des traités stoïciens "De la constance", "Manuel de philosophie stoïcienne", "Physique des stoïciens" (extraits)*, Paris, Vrin, 1994, 268 p.

– *Spinoza et le débat religieux. Lectures du* Traité théologico-politique, Rennes, Presses Universitaires de Rennes, 2004, 250 p.

– « Panthéisme », « Stoïcisme chrétien », dans Jean-Yves Lacoste (éd.), *Dictionnaire critique de théologie*, Paris, P.U.F., 1998, p. 847-849, p. 1119-1120.

– « Le statut de la croyance dans le socinianisme », *Revue de théologie et de philosophie*, vol. 134, n° II-III, 2002, p. 199-215.

LEINSLE (Ulrich Gottfried), *Das Ding und die Methode. Methodische Konstitution und Gegenstand der frühen protestantischen Metaphysik*, Augsburg, Maro Verlag, 1985, 2 vol.

LEWALTER (Ernst), *Spanisch-jesuitische und deutsch-lutherische Metaphysik des 17. Jahrhunderts. Ein Beitrag zur Geschichte der iberisch-deutschen Kulturbeziehungen und zur Vorgeschichte des deutschen Idealismus*, Hambourg, 1935, 85 p. ; réimpression, Darmstadt, 1967.

LIBERA (Alain de), *La Philosophie médiévale*, Paris, P.U.F., 1989, 128 p.

– *Penser au Moyen Âge*, Paris, Seuil, 1991, 413 p.

– « Les sources gréco-arabes de la théorie médiévale de l'analogie de l'être », *Les Études philosophiques*, n° 3-4, 1989, p. 319-346.

– « Structure du corpus scolaire de la métaphysique dans la première moitié du XIIIe siècle », dans Claude Lafleur et Joanne Carrier (éd.), *L'Enseignement de la philosophie au XIIIe siècle : autour du « Guide de l'étudiant » du ms. Ripoll 109*, Turnhout, Brepols, 1997, p. 61-88.

– « Scolastique », dans Jean-Yves Lacoste (éd.), *Dictionnaire critique de théologie*, Paris, P.U.F., 1998, p. 1091-1095.

– « Genèse et structure des métaphysiques médiévales », dans Jean-Marc Narbonne et Luc Langlois (éd.), *La Métaphysique : son histoire, sa critique, ses enjeux*, Paris et Laval, Vrin et Les Presses de l'Université Laval, 1999, p. 159-181.

– « Archéologie et reconstruction. Sur la méthode en histoire de la philosophie médiévale », dans *Un Siècle de philosophie, 1900-2000*, Paris, Gallimard, 2000, p. 552-587.

– « Logique », « Métaphysique », « Nominalisme », « Physique », dans Claude Gauvard, Alain de Libera, Michel Zink (éd.), *Dictionnaire du Moyen Âge*, Paris, P.U.F., 2002, p. 840-842, p. 912-918, p. 992-996, p. 1094-1096.

– « Analogie », « Paronyme », dans Barbara Cassin (éd.), *Vocabulaire européen des philosophies. Dictionnaire des intraduisibles*, Paris, Éditions du Seuil-Dictionnaires Le Robert, 2004, p. 84-86, p. 896-901.

– « L'onto-théo-logique de Boèce : doctrine des catégories et théorie de la prédication dans le *De Trinitate* », dans Otto Bruun et Lorenzo Corti (éd.), *Les* Catégories *et leur histoire*, Paris, Vrin, 2005, p. 175-222.

LOHR (Charles H.), « Metaphysics », dans Charles Bernard Schmitt, Quentin Skinner et Eckhard Kessler (éd.), *The Cambridge History of Renaissance Philosophy*, Cambridge, Cambridge University Press, 1988, p. 537-638.

LONFAT (Joël), « Archéologie de la notion d'analogie d'Aristote à saint Thomas d'Aquin », *Archives d'histoire doctrinale et littéraire du Moyen Âge*, vol. 71, 2004, p. 35-107.

LOVEJOY (Arthur Oncken), *The great chain of being. A study of the history of an idea* (1936), Cambridge (Mass.), Harvard University Press, 2001 [22], XI-382 p.

– « "Nature" as norm in Tertullian », dans *Essays in the history of ideas*, Baltimore, The Johns Hopkins Press, 1948, p. 308-338.

MAIER (Anneliese), *Metaphysische Hintergründe der spätscholastischen Naturphilosophie*, Rome, Edizioni di Storia e letteratura, 1955, VIII-405 p.

MARION (Jean-Luc), *Sur l'ontologie grise de Descartes. Science cartésienne et savoir aristotélicien dans les* Regulae, Paris, Vrin, 1975 [1], 1981 [2], 220 p.

– *Sur la théologie blanche de Descartes. Analogie, création des vérités éternelles et fondement*, Paris, P.U.F., 1981, 492 p.

– *Dieu sans l'être*, Paris, Fayard, 1982; nouvelle édition, revue et augmentée, Paris, P.U.F., 2002, 337 p.

– *Sur le prisme métaphysique de Descartes. Constitution et limites de l'onto-théologie dans la pensée cartésienne*, Paris, P.U.F., 1986, VI-385 p.

– *Questions cartésiennes. Méthode et métaphysique*, Paris, P.U.F., 1991, 264 p.

– *Questions cartésiennes II. Sur l'ego et sur Dieu*, Paris, P.U.F., 1996, XI-404 p.

– (éd.), *L'analogie*, n° spécial de la revue *Les Études philosophiques*, n° 3-4, 1989, p. 291-569.

– « L'instauration de la rupture : Gilson à la lecture de Descartes », dans Monique Couratier (éd.), *Étienne Gilson et nous : la philosophie et son histoire*, Paris, Vrin, 1980, p. 13-34.

– « Une époque de la métaphysique », dans Christine Goémé (éd.), *Jean Duns Scot ou la révolution subtile*, Paris, Fac Éditions Radio-France, 1982, p. 87-95.

– « Descartes et l'onto-théologie », *Bulletin de la Société Française de Philosophie*, séance du 24 avril 1982, t. 76, n° 4, octobre-décembre 1982, p. 117-171.

– « De la "mort de Dieu" aux noms divins : l'itinéraire théologique de la métaphysique », *Laval Théologique et Philosophique*, vol. 41, n° 1, février 1985, p. 25-41.

– « La fin de la fin de la métaphysique », *Laval Théologique et Philosophique*, vol. 42, n° 1, février 1986, p. 23-33.

– « The Essential Incoherence of Descartes' Definition of Divinity », dans Amélie Oksenberg Rorty (éd.), *Essays on Descartes' Meditations*, Berkeley, University of California Press, 1986, p. 297-338.

– « On Descartes' Constitution of Metaphysics », *The Graduate Faculty of Philosophy Journal*, vol. 11, 1986, p. 21-33.

– « Théo-logique », dans André Jacob (éd.), *L'Univers philosophique*, t. I de l'*Encyclopédie philosophique universelle*, Paris, P.U.F., 1989, p. 17-25.

– « À Dieu, rien d'impossible », *Revue catholique internationale Communio*, vol. XIV, n° 5, septembre-octobre 1989, p. 43-58.

– Préface à *God without being*, trad. angl. Thomas A. Carlson, Chicago, The University of Chicago Press, 1991, p. XVII-XXV.

– « Le possible et la révélation », dans Paul Van Tongeren *et al.* (éd.), *Eros and Eris : contributions to a hermeneutical phenomenology : liber amicorum for Adriaan Peperzak*, Dordrecht, Kluwer Academic Publishers, 1992, p. 217-232 (repris dans *Le visible et le révélé*, Paris, Cerf, 2005, p. 13-34).

– « Constitution et crise de la métaphysique », dans Jacques Truchet (éd.), *Le XVIIe siècle. Diversité et cohérence*, Paris, Berger-Levrault, 1992, p. 255-261.

– « Saint Thomas d'Aquin et l'onto-théo-logie », *Revue thomiste*, t. XCV, n° 1, janvier-mars 1995, p. 31-66 (repris dans *Dieu sans l'être*, Paris, P.U.F., 2002, p. 279-332).

– « Le paradigme cartésien de la métaphysique », *Laval Théologique et Philosophique*, vol. 53, n° 3, octobre 1997, p. 785-791.

– « La science toujours recherchée et toujours manquante », dans Jean-Marc Narbonne et Luc Langlois (éd.), *La Métaphysique : son histoire, sa critique, ses enjeux*, Paris et Laval, Vrin et Les Presses de l'Université Laval, 1999, p. 13-36.

– « D'une quadruple méthode pour lire les textes de la philosophie : la pertinence d'Henri Gouhier », dans Denise Leduc-Fayette (éd.), *Le Regard d'Henri Gouhier*, Paris, Vrin, 1999, p. 103-120.

– « Quelques règles en l'histoire de la philosophie », *Les Études philosophiques*, n° 4, octobre-décembre 1999, p. 495-510.

– « Descartes et l'horizon de la finitude », dans Bernard Bourgeois et Jacques Havet (éd.), *L'Esprit cartésien. Quatrième centenaire de la naissance de Descartes*, Paris, Vrin, 2000, p. 43-61.

– « La raison formelle de l'infini », dans Cyrille Michon (éd.), *Christianisme : héritages et destins*, Paris, Librairie Générale Française, 2002, p. 109-131.

– « L'impossible pour l'homme – Dieu », *Conférence*, n° 18, printemps 2004, p. 329-369.

– « Foi et raison », dans Cardinal Jean-Marie Lustiger (éd.), *Dialogue entre la foi chrétienne et la pensée contemporaine*, Paris, Parole et Silence, 2005, p. 9-30.

– « "*Mihi magna quaestio factus sum*" – le privilège d'inconnaissance », *Conférence*, n° 20, printemps 2005, p. 455-485.

– « La "fin de la métaphysique" comme possibilité », dans Yves Charles Zarka et Bruno Pinchard (éd.), *Y a-t-il une histoire de la métaphysique ?*, Paris, P.U.F., 2005, p. 343-367.

– « L'irréductible », *Critique*, t. LXII, n° 704-705, janvier-février 2006, p. 79-91.

MARTINEAU (Emmanuel), « Étienne Gilson et le problème de la théologie », dans Monique Couratier (éd.), *Étienne Gilson et nous : la philosophie et son histoire*, Paris, Vrin, 1980, p. 61-71.

MAURER (Armand Augustine), *Being and Knowing : Studies in Thomas Aquinas and Later Medieval Philosophers*, Toronto, Pontifical Institute of Mediaeval Studies, 1990, X-496 p.

– « *Ens diminutum :* a note on its origin and meaning », *Mediaeval Studies*, vol. 12, 1950, p. 216-222.

– « St. Thomas on the Sacred Name "Tetragrammaton" », dans *Being and Knowing : Studies in Thomas Aquinas and Later Medieval Philosophers*, Toronto, Pontifical Institute of Mediaeval Studies, 1990, p. 59-69.

MAYER (Cornelius Petrus), « *Creatio, creator, creatura* », dans Cornelius Petrus Mayer (éd.), *Augustinus-Lexikon*, Bâle, Schwabe, 1986-, vol. II, col. 56-116.

MENGES (Matthew C.), *The Concept of univocity regarding the predication of God and creature according to William Ockham*, St. Bonaventure, N.Y., Franciscan Institute, 1952, XII-196 p.

MICHON (Cyrille), *Nominalisme : la théorie de la signification d'Occam*, Paris, Vrin, 1994, 524 p.

MONTAGNES (Bernard), *La Doctrine de l'analogie de l'être d'après saint Thomas d'Aquin*, Louvain et Paris, Publications Universitaires et Béatrice-Nauwelaerts, 1963, 212 p.

MOREAU (Pierre-François), *Spinoza*, Paris, Seuil, 1975, 190 p.

– *Spinoza. L'expérience et l'éternité*, Paris, P.U.F., 1994, VIII-612 p.

– *Spinoza et le spinozisme*, Paris, P.U.F., 2003, 127 p.

– *Problèmes du spinozisme*, Paris, Vrin, 2006, 204 p.

– (éd.), *Le Stoïcisme au XVIe et au XVIIe siècle*, t. I de *Le Retour des philosophies antiques à l'âge classique*, Paris, Albin Michel, 1999, 364 p.

– (éd.), *Le Scepticisme au XVIe et au XVIIe siècle*, t. II de *Le Retour des philosophies antiques à l'âge classique*, Paris, Albin Michel, 2001, 415 p.

– « Étienne Gilson lecteur de Spinoza », *Bulletin de Bibliographie Spinoziste I*, *Archives de Philosophie*, t. 42, n° 4, 1979, p. 4-7.

– « Spinozisme et panthéisme », *Cahiers de Fontenay*, Fontenay-aux-Roses, n° 36 à 38, mars 1985, p. 207-213.

– « Dieu », avec André Charrak, dans Michel Blay et Robert Halleux (éd.), *La Science classique, XVIe-XVIIIe siècles. Dictionnaire critique*, Paris, Flammarion, 1998, p. 465-471.

– « Calvin : fascination et critique du stoïcisme », dans Pierre-François Moreau (éd.), *Le Stoïcisme au XVIe et au XVIIe siècle*, t. I de *Le Retour des philosophies antiques à l'âge classique*, Paris, Albin Michel, 1999, p. 51-64.

NEF (Frédéric), *Qu'est-ce que la métaphysique ?*, Paris, Gallimard, 2004, 1062 p.

OWENS (Joseph), *The Doctrine of being in the Aristotelian Metaphysics : a study in the Greek background of mediaeval thought*, Toronto, Pontifical Institute of Mediaeval Studies, 1951, XII-461 p.

– « Up to what point is God included in the metaphysics of Duns Scotus ? », *Medieval Studies*, vol. 10, 1948, p. 165-171.

– « The number of terms in the suarezian discussion on essence and being », *The Modern Schoolman*, vol. 34, 1956-1957, p. 147-191.

– « Analogy as a thomistic approach to being », *Medieval Studies*, vol. 24, 1962, p. 303-322.

– « Is there an ontology in Aristotle ? », *Dialogue*, vol. 25, 1986, p. 697-707.

PENIDO (T.-L.), « Les attributs de Dieu d'après Maïmonide », *Revue néo-scolastique de philosophie*, t. 26, n° 2, mai 1924, p. 137-163.

PETERSEN (Peter), *Geschichte der aristotelischen Philosophie im protestantischen Deutschland*, Leipzig, Felix Meiner, 1921, XII-542 p. ; réimpression, Stuttgart et Bad Canstatt, Frommann et Holzboog, 1964.

REINER (Hans), « Die Entstehung und ursprüngliche Bedeutung des Namens Metaphysik », *Zeitschrift für philosophische Forschung*, vol. 8, 1954, p. 210-237.

– « Die Entstehung der Lehre vom bibliothekarischen Ursprung des Namens Metaphysik », *Zeitschrift für philosophische Forschung*, vol. 9, 1955, p. 77-99.

SCRIBANO (Maria Emanuela), *Da Descartes a Spinoza. Percorsi della teologia razionale nel Seicento*, Milan, Franco Angeli, 1988, 300 p.

SCHRÖDER (Winfried), *Ursprünge des Atheismus : untersuchungen zur Metaphysik– und Religionskritik des 17. und 18. Jahrhunderts*, Stuttgart et Bad Cannstatt, Frommann et Holzboog, 1998, 618 p.

SCHMUTZ (Jacob), « Jean Duns Scot : une transgression de la métaphysique », *Critique*, n° 641, 2000, p. 857-873.

– « Science divine et métaphysique chez Francisco Suárez », dans *Francisco Suárez, éste es el hombre. Libro Homenaje al Profesor Salvador Castellote Cubells*, Valencia, Facultad de Teología San Vicente Ferrer (« Analecta Valentina », n° 50), 2004, p. 347-359.

SOUTHGATE (Beverley C.), *"Covetous of truth". The Life and Work of Thomas White, 1593-1676*, Dordrecht, Kluwer Academic Publishers, 1993, XI-189 p.

SPARN (Walter), *Wiederkehr der Metaphysik : die ontologische Frage in der lutherischen Theologie des frühen 17. Jahrhunderts*, Stuttgart, Calwer Verlag, 1976, 280 p.

STRAUSS (Leo), *La Critique de la religion chez Spinoza, ou les fondements de la science spinoziste de la Bible. Recherches pour une étude du "Traité théologico-politique"* (1930), trad. fr. Gérard Almaleh, Albert Baraquin et Mireille Depadt-Ejchenbaum, Paris, Cerf, 1996, XVI-394 p.

– *Persecution and the art of writing*, Glencoe (Ill.), The Free Press, 1952, 204 p. ; *La Persécution et l'art d'écrire*, trad. fr. Olivier Berrichon-Sedeyn, Paris, Presses Pocket, 1989, 330 p.

– « Exoteric teaching », Kenneth Hart Green (éd.), *Interpretation*, vol. 14, n° 1, janvier 1986, p. 51-59 ; repris dans *The rebirth of classical political rationalism. An introduction to the thought of Leo Strauss : essays and lectures*, Thomas L. Pangle (éd.), Chicago, The University of Chicago Press, 1989, p. 63-71.

– *Leo Strauss : art d'écrire, politique, philosophie. Texte de 1941*, Laurent Jaffro, Benoît Frydman, Emmanuel Cattin et Alain Petit (éd.), Paris, Vrin, 2001, 322 p.

TIERNEY (Brian), « *Natura id est deus :* a case of juristic pantheism ? », *Journal of the History of Ideas*, n° 24, 1963, p. 307-322.

TISSERAND (Axel), « Métaphore et *Translatio in divinis :* la théorie de la prédication et de la conversion des catégories chez Boèce », dans Alain Galonnier (éd.), *Boèce ou la chaîne des savoirs*, Louvain-la-Neuve et Paris, Éd. de l'Institut Supérieur de Philosophie et Éditions Peeters, 2003, p. 435-463.

VAN RULER (Johannes A.), *The Crisis of causality. Voetius and Descartes on God, nature and change*, Leyde, E. J. Brill, 1995, XII-353 p.

VERBEEK (Theo), « Regius's *Fundamenta Physices* », *Journal of the History of Ideas*, vol. 55, n° 4, 1994, p. 533-551.

– « The invention of nature. Descartes and Regius », dans Stephen Gaukroger, John A. Schuster et John Sutton (éd.), *Descartes' Natural Philosophy*, Londres, Routledge, 2000, p. 149-167.

VIGNAUX (Paul), *Nominalisme au XIVe siècle*, Montréal et Paris, Institut d'Études Médiévales et Vrin, 1948, 97 p. ; Paris, Vrin-Reprise, 1982.

– *Philosophie au Moyen Âge* (1958 [1], 1987 [2]), Ruedi Imbach (éd.), Paris, Vrin, 2004, 335 p.

– (éd.), *Dieu et l'être. Exégèses d'Exode 3, 14 et de Coran 20, 11-24*, Paris, Études augustiniennes, 1978, 276 p.

– « Nominalisme », *Dictionnaire de théologie catholique, contenant l'exposé des doctrines de la théologie catholique, leurs preuves et leur histoire*, Paris, Letouzey et Ané, 1903-1972, ici 1931, t. XI-1, col. 717-784.

– « Occam (Guillaume d'). III : Originalité philosophique et théologique d'Occam », *Dictionnaire de théologie catholique, contenant l'exposé des doctrines de la théologie catholique, leurs preuves et leur histoire*, Paris, Letouzey et Ané, 1903-1972, ici 1931, t. XI-1, col. 876-889.

WUNDT (Max), *Die deutsche Schulmetaphysik des 17. Jahrhunderts*, Tübingen, J. C. B. Mohr (P. Siebeck), 1939, XXVI-288 p.

– *Die deutsche Schulphilosophie im Zeitalter der Aufklärung*, Tübingen, J. C. B. Mohr, 1945, VII-346 p. ; réimpression, Hildesheim, Georg Olms, 1992.

– *Untersuchungen zur Metaphysik des Aristoteles*, Stuttgart, Kohlhammer, 1953, 102 p.

ZARKA (Yves Charles), « L'exténuation de la question de l'être et la métaphysique au début des temps modernes », dans Yves Charles Zarka et Bruno Pinchard (éd.), *Y a-t-il une histoire de la métaphysique ?*, Paris, P.U.F., 2005, p. 129-139.

ZIMMERMANN (Albert), *Ontologie oder Metaphysik ? Die Diskussion über den Gegenstand der Metaphysik im 13. und 14. Jahrhundert. Texte und Untersuchungen* (1965), Louvain-la-Neuve, E. Peeters, 1998, XIV-445 p.

– (éd.), *Der Begriff der "Repraesentatio" im Mittelalter : Stellvertretung, Symbol, Zeichen, Bild (Beiträge der 17. Mediävistentagung, durch das Thomas-Institut der Universität zu Köln vom 9. bis 12. September 1970 veranstaltet)*, Berlin et New York, Walter de Gruyter, 1971, VII-390-[6] p.

– « Die "Grundfrage" in der Metaphysik der Mittelalter », *Archiv für Geschichte der Philosophie*, Band 47, 1967, p. 141-156.

Théologie et histoire de la théologie

ALBERIGO (Giuseppe), (éd.), *Les Conciles œcuméniques*, Paris, Cerf, 1994, 3 vol. (t. I, *L'Histoire*, 430 p. ; t. II-1, *Les Décrets : Nicée I à Latran V*, XXV-655 p. ; t. II-2, *Les Décrets : Trente à Vatican II*, XI-2457 p.).

ALEXANDRE (Jérôme), *Une chair pour la gloire : l'anthropologie réaliste et mystique de Tertullien*, Paris, Beauchesne, 2001, VII-554 p.

– « Présupposés philosophiques et enjeux théologiques de la corporéité dans la polémique anti-docète de Tertullien », dans Adolphe Gesché et Paul Scolas (éd.), *Le corps chemin de Dieu*, Paris, Cerf et Université catholique de Louvain, Faculté de Théologie, 2005, p. 77-102.

ALTHAUS (Paul), *Die Theologie Martin Luthers*, Gütersloh, Gütersloher Verlagshaus Gerd Mohn, 1962, 392 p.

BACKUS (Irena), (éd.), *The Reception of the Church Fathers in the west. From the Carolingians to the Maurists*, Leyde, E.J. Brill, 1997, 2 vol., XXIX-1078 p.

BALTHASAR (Hans Urs von), *Herrlichkeit : eine theologische Ästhetik*, Einsiedeln, Johannes Verlag, 1965, t. III-1 (*Im Raum der Metaphysik*), vol. 1 (*Altertum*) et vol. 2 (*Neuzeit*), 997 p.

BASLEZ (Marie-Françoise), *Bible et histoire. Judaïsme, hellénisme, christianisme* (1998), Paris, Gallimard, 2003, 485 p.

BAYLOR (Michael G.), *The Radical Reformation*, Cambridge, Cambridge University Press, 1991, XXXVII-295 p.

BIZER (Ernst), « Ubiquität », dans Heinz Brunotte et Otto Weber (éd.), *Evangelisches Kirchenlexikon, kirchlichtheologisches Handwörterbuch*, Göttingen, Vandenhoeck & Ruprecht, 1956-1961, t. III, col. 1530-1532.

BRAUN (René), *Deus christianorum. Recherches sur le vocabulaire doctrinal de Tertullien*, Paris, Études augustiniennes, 1977 [2], 738 p.

BULTMANN (Rudolf), *Connaître*, trad. fr. Hartmut Lucke, Genève, Labor et fides, 1967, 116 p.

BURY (Emmanuel), MEUNIER (Bernard), (éd.), *Les Pères de l'Église au XVIIe siècle*, Paris, Cerf, 1993, 571 p.

CARPENTER (Edward Frederick), *Thomas Tenison, Archbishop of Canterbury. His life and times [With portraits]*, Londres, S.P.C.K., 1948, X-466 p.

CAYRÉ (Fulbert), *Patrologie et histoire de la théologie*, Paris, Tournai et Rome, Desclée (Société de S. Jean l'Évangéliste), 1944-1945, 3 vol. (XXVII-740, IX-922, XXXII-582 p.).

CHADWICK (Henry), « The status of ecumenical councils in anglican thought », dans David Neiman et Margaret Schatkin (éd.), *The heritage of the early Church. Essays in honor of the very reverend Georges Vasilievich Florovsky*, Rome, Pont. Institutum Studiorum Orientalium, 1973, p. 393-408.

COTTRET (Bernard), *Calvin*, Paris, Jean-Claude Lattès, 1995, 455 p.

– « Pour une sémiotique de la Réforme. Le *Consensus Tigurinus* de Calvin », *Annales ESC*, vol. 39, 1984, p. 265-285.

DENZINGER (Heinrich), (éd.), *Enchiridion symbolorum, definitionum et declarationum de rebus fidei et morum* (1854[1], 1997[38]), Paris, Cerf, 2001, LI-1283 p.

Dictionnaire de spiritualité ascétique et mystique. Doctrine et histoire, fondé par Marcel Viller, s. j., Paris, Beauschene, 1932-1995, 17 t. en 23 vol.

Dictionnaire de théologie catholique, contenant l'exposé des doctrines de la théologie catholique, leurs preuves et leur histoire, Paris, Letouzey et Ané, 1903-1950, t. I à XV ; 1951-1972, tables générales.

DOWEY (Edward A.), *The knowledge of God in Calvin's theology* (1952), Grand Rapids (Mich.), W. B. Eerdmans Pub. Co., 1994[3], XVIII-283 p.

ERICHSON (D. Alfred), *Bibliographia Calviniana. Catalogus chronologicus operum Calvini. Catalogus systematicus operum quae sunt de Calvino. Cum indice auctorum alphabetico* (1900), Nieuwkoop, B. de Graaf, 1979, 161 p.

FUERST (Adrian), *An Historical study of the doctrine of the omnipresence of God in selected writings between 1220-1270*, Washington, The Catholic University of America Press (Studies in sacred theology. Second series. N° 62), 1951, IX-259 p.

GISEL (Pierre), *Le Christ de Calvin*, Paris, Desclée, 1990, 205 p.

GREENSLADE (Stanley Lawrence), *The English reformers and the Fathers of the Church*, Oxford, Clarendon Press, 1960, 21 p.

HAGEN (Kenneth), POSSET (Franz), THOMAS (Terry), *Annotated bibliography of Luther studies, 1984-1989*, Saint Louis, The Center for Reformation Research, 1991, IV-136 p.

HAUGAARD (William P.), « Renaissance Patristic Scholarship and Theology in Sixteenth-Century England », *Sixteenth Century Journal*, vol. 10, n°3, 1979, p. 37-60.

HAUSAMMAN (Susanne), « Realpräsenz in Luthers Abendmahllehre », dans Luise Abramowski et Johann Friedrich Gerhard Goeters (éd.), *Studien zur Geschichte und Theologie der Reformation : Festschrift für Ernst Bizer*, Neukirchen Vluyn, Neukirchener Verlag, 1969, p. 157-173.

HÉFÉLÉ (Charles-Joseph), *Histoire des conciles d'après les documents originaux*, trad. fr. Henri Leclerq, Hildesheim, Georg Olms, 1973 (fac-sim. de l'édition de Paris : Letouzey et Ané, 1907-).

HERMANN (Rudolf), *Luthers Theologie*, Horst Beintker (éd.), dans *Gesammelte und nachgelassene Werke*, Horst Beintker, Johann Haar, Gerhard Krause et Erdmann Schott (éd.), Göttingen, Vandenhoeck & Ruprecht, 1967, vol. I, 252 p.

– *Studien zur Theologie Luthers und des Luthertums*, Horst Beintker (éd.), dans *Gesammelte und nachgelassene Werke*, Horst Beintker, Johann Haar, Gerhard Krause et Erdmann Schott (éd.), Göttingen, Vandenhoeck & Ruprecht, 1981, vol. II, 368 p.

HIRSCH (Emanuel), *Die Theologie des Andreas Osiander und ihre geschichtlichen Voraussetzungen*, Göttingen, Vandenhoeck & Ruprecht, 1919, VIII-296 p.

– *Luthers deutsche Bibel : ein Beitrag zur Frage ihrer Durchsicht*, Munich, Chr. Kaiser, 1928, [8]-104 p.

– *Lutherstudien*, Gütersloh, C. Bertelsmann, 1954, 2 vol.

– *Das Wesen des reformatorischen Christentums*, Berlin, Walter de Gruyter, 1963, 270 p.

HOLL (Karl), *Gesammelte Aufsätze zur Kirchengeschichte*, Tübingen, J. C. B. Mohr, 1928-1932, 3 vol.

JOLLEY (Nicholas), « The relation between Theology and Philosophy », dans Daniel Garber et Michael Ayers (éd.), avec Roger Ariew et Alan Gabbey (coll.), *The Cambridge history of seventeenth-century philosophy*, Cambridge, Cambridge University Press, 1998, t. I, p. 363-392.

LACOSTE (Jean-Yves), (éd.), *Dictionnaire critique de théologie*, Paris, P.U.F., 1998, XXXIV-1314 p.

LÉON-DUFOUR (Xavier), (éd.), *Vocabulaire de théologie biblique*, Paris, Cerf, 1961, XXVIII-1158 p.

Lexikon für Theologie und Kirche, fondé par Michael Buchberger, Fribourg-en-Brisgau, Herder, 1957-1967, 10 vol. + 1 vol. d'index ; 1993-2001, 11 vol.

LOEWENICH (Walther von), *Luthers theologia crucis*, Munich, C. Kaiser, 1954, 248 p.

– *Probleme der Lutherforschung und der Lutherinterpretation*, Munich, Verlag der Bayerischen Akademie der Wissenschaften, in Kommission bei der C. H. Beck'schen Verlagsbuchhandlung, 1984, 32 p.

LOHSE (Bernhard), *« Ratio » und « fides », eine Untersuchung über die « ratio » in der Theologie Luthers*, Göttingen, Vandenhoeck & Ruprecht, 1958, 141 p.

– *Evangelium in der Geschichte. Studien zu Luther und der Reformation : zum 60. Geburtstag des Autors*, Leif Grane, Bernd Moeller et Otto Hermann Pesch (éd.), Göttingen, Vandenhoeck & Ruprecht, 1988, 446 p.

– *Luthers Theologie in ihrer historischen Entwicklung und in ihrem systematischen Zusammenhang*, Göttingen, Vandenhoeck & Ruprecht, 1995, 378 p.

LUBAC (Henri de), s.j., *Exégèse médiévale : les quatre sens de l'Écriture*, Paris, Aubier, 1959-1963, 4 vol., 366-373/712-562-552 p.

MCADOO (Henry Robert), *The Spirit of Anglicanism : A Survey of Anglican Theological Method in the Seventeenth Century*, Londres, Adam & Charles Black, 1965, IX-422 p.

– « The mystery of presence », dans Henry Robert McAdoo et Kenneth Stevenson, *The mystery of the Eucharist in the anglican tradition*, Norwich, The Canterbury Press Norwich, 1995, p. 1-104.

MOINGT (Joseph), *Théologie trinitaire de Tertullien*, Paris, Aubier, 1966 et 1969, 3 vol. + 1 vol. de tables, 1095 p. + 319 p.

NILSSON (Kjell Ove), *Simul das Miteinander von Göttlichem und Menschlichem in Luthers Theologie*, Göttingen, Vandenhoeck & Ruprecht, 1966, 457 p.

NUTTALL (Geoffrey F.), *The Holy Spirit in Puritan Faith and Experience*, Oxford, Blackwell, 1946, XII-192 p. ; rééd. Chicago, The University of Chicago Press, 1992, XXXII-192 p.

OBERMAN (Heiko Augustinus), *The harvest of medieval theology: Gabriel Biel and late medieval nominalism* (1963), Grand Rapids (Mich.), Baker Academic, 2000 [3], XV-495 p.

– *Spätscholastik und Reformation*, Tübingen, J. C. B. Mohr, 1977, 500 p.

– *The dawn of the Reformation: essays in late medieval and early Reformation thought*, Édimbourg, T. & T. Clark, 1986, 309 p.

– *Initia Calvini: the matrix of Calvin's reformation*, Amsterdam, Noord-Hollandsche, 1991, 43 p.

– *The impact of the Reformation*, Édimbourg, T. & T. Clark, 1994, XI-263 p.

– *The reformation: roots and ramifications*, Édimbourg, T. & T. Clark, 1994, XV-232 p.

PANNENBERG (Wolfhart), *Métaphysique et idée de Dieu* (1988), trad. fr. Olivier Riaudel, Paris, Cerf, 2003, 124 p.

PARKER (Thomas M.), « The Rediscovery of the Fathers in the Seventeenth-Century Anglican Tradition », dans John Coulson et Arthur Macdonald Allchin (éd.), *The Rediscovery of Newman. An Oxford Symposium*, Londres, S.P.C.K., 1967, p. 31-49.

POTTER (George Richard), *Zwingli*, Cambridge, Cambridge University Press, 1976, XIX-432 p.

RAHNER (Karl), *Schriften zur Theologie*, Einsiedeln, Benzinger Verlag, 1964-1975, 12 vol.

– *Écrits théologiques*, Paris, Desclée de Brouwer, 1959-1970, 12 vol.

Realencyklopädie für protestantische Theologie und Kirche, Johann Jacob Herzog, Gustav Leopold Plitt, Albert Hauck (éd.), Leipzig, J. C. Hinrichs'sche Buchhandlung, 1896-1913 [3], 24 vol.

RICHARDS (Michael), « Les théologiens récusants anglais et les Pères de l'Église », dans Institut de Recherche Universitaire d'Histoire de la Connaissance, des Idées et des Mentalités (Université Paris-Val de Marne), Groupe de Recherches sur l'Histoire et la Pensée Religieuses Anglaises (éd.), *L'Influence de la patristique sur la pensée religieuse anglaise*, Paris, diffusion Didier-Érudition, 1983, p. 9-32.

SMEETON (Donald Dean), (éd.), *English religion, 1500-1540: a bibliography*, Macon, Mercer University Press, 1988, XIII-114 p.

SPANNEUT (Michel), *Le Stoïcisme des Pères de l'Église, de Clément de Rome à Clément d'Alexandrie*, Paris, Seuil, 1957, 478 p.

STAUFFER (Richard), *Dieu, la création et la Providence dans la prédication de Calvin*, Berne, P. Lang, 1978, 344 p.

– *Interprètes de la Bible. Études sur les Réformateurs du XVIe siècle*, Paris, Beauchesne, 1980, 275 p.

STEAD (George Christopher), « Divine substance in Tertullian », *The Journal of Theological Studies*, vol. XIV (n. s.), Part 1, avril 1963, p. 46-66.

STEINMETZ (David Curtis), *Luther in context* (1986), Grand Rapids (Mich.), Baker Academic, 2002, XIII-195 p.

– *Calvin in context*, Oxford, Oxford University Press, 1995, IX-235 p.

– (éd.) *The Bible in the sixteenth century*, Durham, Duke University Press, 1990, VI-263 p.

STEVENSON (Kenneth), « The mystery of sacrifice », dans Henry Robert McAdoo et Kenneth Stevenson, *The mystery of the Eucharist in the anglican tradition*, Norwich, The Canterbury Press Norwich, 1995, p. 105-201.

TALIAFERRO (Charles), « The Incorporeality of God », *Modern Theology*, vol. 3, n° 2, 1987, p. 179-188.

TROELTSCH (Ernst), « Moralisten, englische », *Realencyklopädie für protestantische Theologie und Kirche*, Johann Jacob Herzog, Gustav Leopold Plitt, Albert Hauck (éd.), Leipzig, J. C. Hinrichs'sche Buchhandlung, 1896-1913 [3], t. 13, p. 436-461.

TULLOCH (John), *Leaders of the Reformation : Luther, Calvin, Latimer, Knox*, Édimbourg, Edinb. &c., 1859.

– *English puritanism and its leaders : Cromwell, Milton, Baxter, Bunyan*, Édimbourg, Edinb. &c., 1861.

– *Rational theology and Christian philosophy in England in the seventeenth century* (1872), Hildesheim, G. Olms, 1966, 2 vol., XXI-463-IX-500 p.

VOS (Arvin), *Aquinas, Calvin, and contemporary Protestant thought : a critique of Protestant views on the thought of Thomas Aquinas*, Washington, Christian University Press, 1985, XVII-178 p.

WETZER (Heinrich Joseph), WELTE (Benedikt), (éd.), *Kirchen-Lexikon, oder Encyklopädie der katholischen Theologie und ihrer Hilfswissenschaften*, Fribourg-en-Brisgau, Herder, 1847-1860, 13 vol.

WILLIAMS (George Huntston), *The radical Reformation* (1962), Kirksville, Sixteenth Century Journal, 1992 [3], XLVI-1516 p.

Histoire et philosophie de la religion

AYLMER (Gerard Edward), « Unbelief in Seventeenth-Century England », dans Donald Henshaw Pennington et Keith Thomas (éd.), *Puritans and revolutionaries : essays in seventeenth-century history presented to Christopher Hill*, Oxford, Clarendon Press, 1978, p. 22-46.

BAKER (Wayne J.), « *Sola Fide, Sola Gratia :* The Battle for Luther in Seventeenth-Century England », *The Sixteenth Century Journal*, vol. 16, n° 1, printemps 1985, p. 115-133.

COLLINSON (Patrick), *The religion of Protestants : the Church in English society, 1559-1625* (1982), Oxford, Clarendon Press, 1998, XIV-297 p.

CONKLIN (George Newton), *Biblical criticism and heresy in Milton*, New York, King's Crown Press, 1949, X-137 p.

DELUMEAU (Jean), WANEGFFELEN (Thierry), *Naissance et affirmation de la Réforme*, Paris, P.U.F., 1998 [9], LXXIX-441 p.

DICKENS (Arthur Geoffrey), *The English Reformation* (1964), Londres, B. T. Batsford, 1989, 461 p.

HARRISON (Peter), *The Bible, Protestantism, and the Rise of Natural Science*, Cambridge, Cambridge University Press, 1998, XI-313 p.

HILL (Christopher), *The English Bible and the Seventeenth-Century Revolution*, Harmondsworth, Penguin Books, 1993, XIII-466 p.

HUNTER (Michael), « The Problem of Atheism in Early Modern England », *Transactions of the Royal Historical Society*, vol. XXXV, 1985, p. 135-157.

– « Science and Heterodoxy : An Early Modern Problem Reconsidered », dans David C. Lindberg et Robert S. Westman (éd.), *Reappraisals of the Scientific Revolution*, Cambridge, Cambridge University Press, 1990, p. 437-460.

KENDALL (R. T.), *Calvin and English Calvinism to 1649*, Oxford, Oxford University Press, 1979, XII-238 p.

KROLL (Richard), ASCHCRAFT (Richard), ZAGORIN (Perez), (éd.), *Philosophy, Science and Religion in England, 1640-1700*, Cambridge, Cambridge University Press, 1992, XV-287 p.

LAKE (Peter), *Anglicans and Puritans ? Presbyterianism and English Conformist Thought from Whitgift to Hooker*, Londres, Unwin Hyman, 1988, 262 p.

– « Calvinism and the English Church, 1570-1635 », *Past & Present*, vol. 114, 1987, p. 32-76.

LAPLANCHE (François), *L'Évidence du Dieu chrétien : religion, culture et société dans l'apologétique protestante de la France classique, 1576-1670*, Strasbourg, Association des publications de la Faculté de théologie protestante, 1983, 342 p.

– *L'Écriture, le sacré et l'histoire : érudits et politiques protestants devant la Bible en France au XVIIe siècle*, Amsterdam, APA, 1986, XXXVI-1017 p.

– *Bible, sciences et pouvoirs au XVIIe siècle*, Naples, Bibliopolis, 1997, 145 p.

– (éd.), *Les Religions du paganisme antique dans l'Europe chrétienne, XVIe-XVIIIe siècle*, Paris, Presses de l'Université de Paris-Sorbonne, 1988, 222 p.

LAUX (Henri), SALIN (Dominique), (éd.), *Dieu au XVIIe siècle. Crises et renouvellements du discours*, Paris, Éditions Facultés jésuites de Paris, 2002, 195 p.

MACCULLOCH (Diarmaid), *The later Reformation in England, 1547-1603*, New York, St Martin's Press, 1990, [X]-205 p.

MCLACHLAN (Herbert John), *Socinianism in Seventeenth-Century England*, Oxford, Oxford University Press, 1951, VIII-352 p.

MCNEILL (John Thomas), *The history and character of Calvinism*, New York, Oxford University Press, 1967, X-470 p.

MILLER (John), (éd.), *L'Europe protestante aux XVIe et XVIIe siècles*, Paris, Belin et De Boeck, 1997, 362 p.

MULSOW (Martin), ROHLS (Jan), (éd.), *Socinianism and Arminianism : Antitrinitarians, Calvinists, and cultural exchange in seventeenth-century Europe*, Leyde, E. J. Brill, 2005.

NUTTALL (Anthony David), *The alternative Trinity : Gnostic heresy in Marlowe, Milton, and Blake*, Oxford, Clarendon, 1998, 282 p.

OSIER (Jean-Pierre), *Faust Socin ou Le christianisme sans sacrifice*, Paris, Cerf, 1996, 251 p.

ROUSSEL (Bernard), « "Faire la Cène" dans les Églises réformées du Royaume de France au seizième siècle (ca. 1555-ca. 1575) », *Archives de sciences sociales des religions*, vol. 85, janvier-mars 1994, p. 99-119.

SPINKS (Bryan D.), *Luther's liturgical criteria and his reform of the canon of the Mass*, Bramcote, Grove Books, 1982, 40 p.

– *From the Lord and the best Reformed Churches : a study of the eucharistic liturgy in the English Puritan and Separatist traditions, 1550-1633*, Rome, CLV-Edizioni Liturgiche (Bibliotheca « Ephemerides liturgicae ». Subsidia ; n° 33), 1984, 212 p.

– *Two faces of Elizabethan Anglican theology : sacraments and salvation in the thought of William Perkins and Richard Hooker*, Lanham et Londres, Scarecrow (« Drew studies in liturgy series » ; n° 9), 1999, XVI-191 p.

– *Sacraments, ceremonies and the Stuart divines : sacramental theology and liturgy in England and Scotland, 1603-1662*, Aldershot, Ashgate, 2002, XIV-240 p.

TREVOR-ROPER (Hugh), *Catholics, Anglicans and Puritans : Seventeenth Century Essays*, Londres, Secker & Warburg, 1987, XIII-317 p.

TYACKE (Nicholas), *Anti-Calvinists : The Rise of English Arminianism, c. 1590-1640*, Oxford, Oxford University Press, 1987, 312 p.

WILBUR (Earl Morse), *A history of Unitarianism : Socianism and its antecedents*, Cambridge (Mass.), Harvard University Press, 1945, XIII-617 p.

WOOTTON (David), « Unbelief in Early Modern Europe », *History Workshop Journal*, vol. XX, 1985, p. 82-100.

INDEX NOMINUM

TABLE DES MATIÈRES

ACHEVÉ D'IMPRIMER
EN JANVIER 2009
PAR L'IMPRIMERIE
DE LA MANUTENTION
A MAYENNE
FRANCE
N° 377-08

Dépôt légal : 1er trimestre 2009